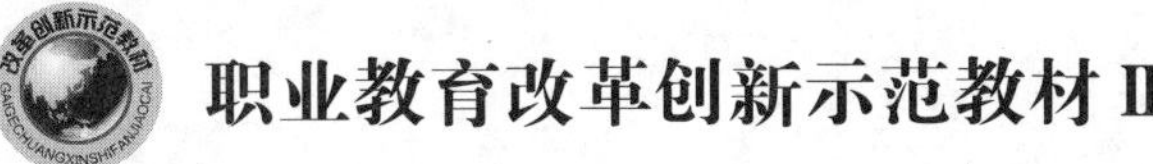

汽车电气设备维修

QICHE DIANQI SHEBEI WEIXIU

主　编　朱　帆　牛伟华

副主编　李　雷　刘小锋

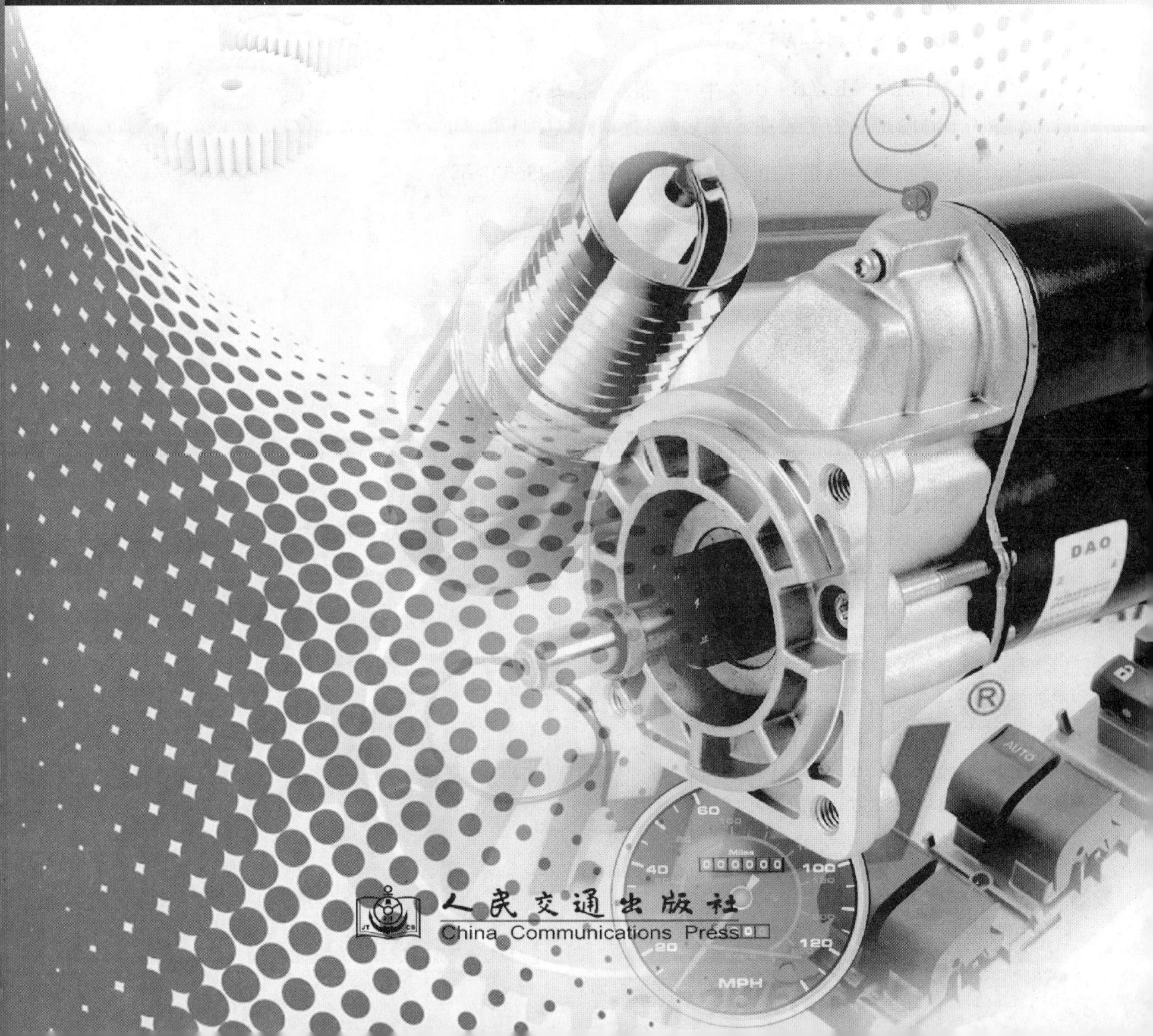

人民交通出版社

China Communications Press

内 容 提 要

本书是职业教育改革创新示范教材之一，其主要内容包括：蓄电池的检查和更换、充电指示灯常亮的检修、起动机不转的检修、火花塞的检查和更换、前照灯不亮的检修、转向信号灯不亮的检修、燃油表显示不准的检修、电动刮水器不工作的检修、中控门锁不能锁止的检修、电动车窗不能升降的检修、电动后视镜调节异常的检修、电动座椅不能调整的检修、安全气囊警告灯常亮的检修。

本书可作为职业院校汽车运用与维修专业、汽车制造与检修专业、汽车电子技术应用专业的教材，也可供汽车维修及相关技术人员参考阅读。

图书在版编目(CIP)数据

汽车电气设备维修 / 朱帆，牛伟华主编. -- 北京：人民交通出版社，2012.4

ISBN 978-7-114-09543-6

Ⅰ. ①汽…　Ⅱ. ①朱…②牛…　Ⅲ. ①汽车－电气设备－车辆修理－中等专业学校－教材　Ⅳ. ①U472.41

中国版本图书馆 CIP 数据核字(2011)第 256333 号

职业教育改革创新示范教材Ⅱ

书　　名：汽车电气设备维修
著 作 者：朱　帆　牛伟华
责任编辑：钟　伟
出版发行：人民交通出版社
地　　址：(100011)北京市朝阳区安定门外外馆斜街 3 号
网　　址：http://www.ccpress.com.cn
销售电话：(010)59757973
总 经 销：人民交通出版社发行部
经　　销：各地新华书店
印　　刷：北京鑫正大印刷有限公司
开　　本：787×1092　1/16
印　　张：13.75
字　　数：307 千
版　　次：2012 年 4 月　第 1 版
印　　次：2015 年 1 月　第 2 次印刷
书　　号：ISBN 978-7-114-09543-6
定　　价：28.00 元
(有印刷、装订质量问题的图书由本社负责调换)

职业教育改革创新示范教材编委会

（排名不分先后）

前言 FOREWORD

《国家中长期教育改革和发展规划纲要(2010—2020年)》中提出:大力发展职业教育,把职业教育纳入经济社会发展和产业发展规划,把提高质量作为重点;以服务为宗旨,以就业为导向,推进教育教学改革。实行工学结合、校企合作、顶岗实习的人才培养模式;满足人民群众接受职业教育的需求,满足经济社会对高素质劳动者和技能型人才的需要。

职业教育的发展已作为国家当前教育发展的战略重点之一,但目前学校所使用的教材普遍存在以下几个方面的问题:

(1)学生反映难理解,教师反映不好教;

(2)企业反映脱离实际,与他们的需求距离很大;

(3)不适应新一轮教学改革的需要,汽车车身修复、汽车商务、汽车美容与装潢等专业教材急缺;

(4)立体化程度不够,教学资源质量不高,教学方式相对落后。

针对以上问题,结合人民交通出版社汽车类专业教材的出版优势,我们开发了“职业教育改革创新示范教材”。本套教材以“积极探索教学改革思路,充分考虑区域性特点,提升学生职业素质”的指导思想,采用职教专家、行业一线专家、学校教师、出版社编辑“四结合”的编写模式。教材内容的特点是:准确体现职业教育特点(以工作岗位所需的知识和技能为出发点);理论内容“必需、够用”;实训内容贴合工作一线实际;选图讲究,易懂易学。

该套教材将先进的教学内容、教学方法与教学手段有效地结合起来,形成课本、课件(部分课程配)和习题集(部分课程配)三位一体的立体教学模式。

本书由湖北黄冈交通学校朱帆、武汉市汽车应用工程学校牛伟华担任主编,由湖北十堰职业技术(集团)学校李雷、湖北交通职业技术学院(中职部)刘小锋担任副主编。

限于编者的经历和水平,书中难免有不妥或错误之处,敬请广大读者批评指正,提出修改意见和建议,以便再版修订时改正。

职业教育改革创新示范教材编委会

2012年1月

目录 CONTENTS

学习任务一

蓄电池的检查和更换

学习目标

完成本学习任务后,你应当能:

1. 叙述蓄电池的作用、结构、工作原理与使用要点;
2. 正确地使用工具和设备;
3. 规范地检查蓄电池电解液液面高度和蓄电池放电程度;
4. 规范地更换蓄电池。

建议完成本学习任务的时间为 8 课时。

学习任务描述

一辆桑塔纳 2000GSi 轿车,行驶 60000km,车主要求对整车进行维护。需要你按照"维护标准和要求",对蓄电池进行检查和更换。

学习内容

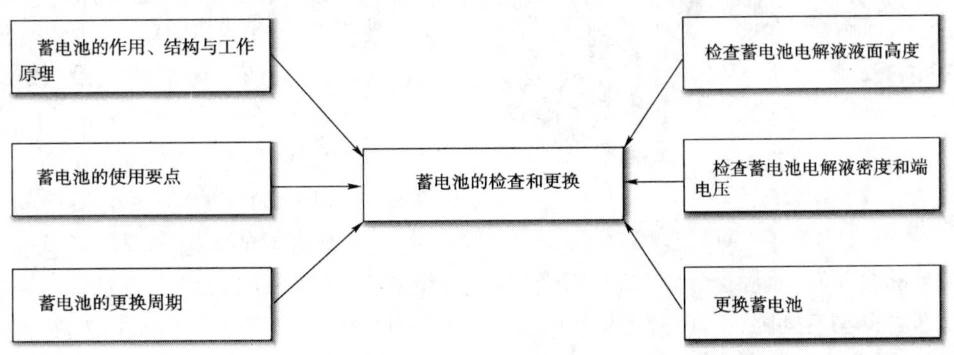

一、资料收集

引导问题1　汽车蓄电池的用途有哪些?

蓄电池是一种储存与释放电能的装置。当连接外部负载或接通充电电路,蓄电池便进行能量转换,即放电和充电。在蓄电池放电过程中,蓄电池的化学能转变成电能,向用电设备供电;在蓄电池充电过程中,外部电源的电能转变成化学能储存起来。

汽车蓄电池主要用于发动机起动。发动机起动时,蓄电池向起动机提供大电流,一般可达200~600A,通常称为起动用蓄电池。此外,蓄电池还具有以下用途:

(1)当发动机停止运转或低怠速运转时,向用电设备供电;

(2)当用电负荷超过发电机供电能力时,协助发电机供电;

(3)稳定整车电气系统电压,缓和电气系统中的冲击电压,保护电子部件;

(4)在发电机正常工作时,将发电机发出的多余的电能存储起来。

引导问题2　普通铅酸蓄电池由哪几部分组成?

汽车蓄电池一般为铅酸蓄电池。普通铅酸蓄电池的结构如图1-1所示,由极板、隔板、电解液、连接条与极柱、外壳和加液孔盖等组成。

1 极板

极板是蓄电池的核心部分,蓄电池充、放电过程中,电能和化学能的相互转换,就是依靠极板上活性物质和电解液中硫酸的化学反应来实现的。极板由栅架和活性物质组成,活性物质填充在铅锑合金铸造成的栅架上,如图1-2所示。极板分为正极板和负极板,正极板上的活性物质是深棕色二氧化铅(PbO_2),负极板上的活性物质是青灰色海绵状纯铅(Pb)。在栅架的铅锑合金中,加入锑是为了提高栅架的机械强度,并改善铸造性能。

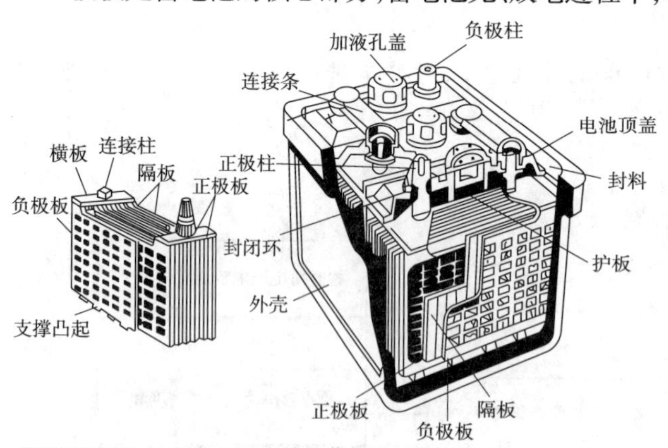

图1-1　普通铅酸蓄电池的结构

由于单片极板上的活性物质数量少,所存储的电量少,为了增大蓄电池的容量,通常将多片正、负极板分别并联,用横板焊接,组成正、负极板组,如图1-3所示。横板上连有极柱,各片间留有间隙,正、负极板相互嵌合,中间插入隔板。由于正极板的机械强度差,单面工作会使两侧活性物质体积变化不一致而造成极板拱曲,使活性物质脱落,因此,在每个单格电池

中,负极板的数量总比正极板多一片,正极板处于负极板之间,使正极板两侧放电均匀。

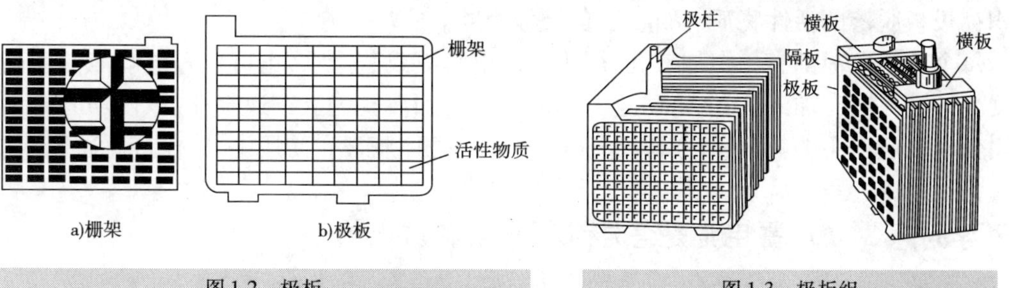

图 1-2　极板

图 1-3　极板组

2 隔板

隔板置于正、负极板之间,以避免正、负极板之间接触而短路。隔板具有多孔性,以便电解液渗透,且化学稳定性好,具有耐酸和抗氧化性。

隔板的材料有木质、微孔橡胶、微孔塑料等。微孔塑料隔板孔径小、孔率高、薄而软,生产效率高、成本低。

隔板带槽的一面朝向正极板,且沟槽与外壳底部垂直。因为正极板在充、放电过程中化学反应剧烈,沟槽既能使电解液上下沟通,也能使气泡沿槽上升,还能使脱落的活性物质沿槽下沉。

3 电解液

电解液是蓄电池发生化学反应的主要物质。它由化学纯净硫酸(密度为 1.84g/cm^3)和蒸馏水按一定的比例配制而成。配制电解液时,必须使用耐酸的器皿,只能将硫酸慢慢地倒入蒸馏水中,并不断搅拌。电解液的密度一般为 1.24 ~ 1.30g/cm^3(25℃),应根据地区、气候条件和制造厂的要求而定。

在蓄电池使用中应注意,电解液的腐蚀性极强,溅到皮肤上或眼睛里会受伤。如果接触了蓄电池电解液,要立即用苏打水(苏打能中和酸)冲洗,酸液溅到眼睛里要立即用凉水或医用冲眼器冲洗,并请医生处置。

4 壳体

蓄电池的极板、隔板和电解液置于壳体中。壳体要耐酸、耐热、耐振动、绝缘性好,通常采用硬橡胶或聚丙烯塑料制成。

蓄电池的正、负极板之间所能产生的电压大约为 2.1V。为了获得更高的电压,壳体内部一般分成 3 个或 6 个互不相通的单格,构成 3 个或 6 个 2.1V 单格电池。蓄电池内单格电池之间均用铅质联条串联,形成 6V 或 12V 蓄电池。联条有外露式和穿壁式,其中,采用穿壁式联条连接单格电池,联条在蓄电池内部,尺寸较小,可减小蓄电池内阻,如图 1-4 所示。

图 1-4　单格电池穿壁式连接示意图

壳体内每个单格的底部制有凸起的肋条，用来安置极板组与隔板。肋条之间的空隙可以积存极板脱落的活性物质，防止正、负极板短路。

每个单格电池都有一个加液孔，用于加注电解液或蒸馏水，也可检查电解液液面高度和密度。加液孔装有加液孔盖，可防止电解液溅出。加液孔盖上有通气孔，以便随时排出蓄电池内化学反应产生的氢气（H_2）和氧气（O_2），防止壳体胀裂。使用中，应保持此通气孔畅通。

引导问题3　蓄电池是怎样进行充电和放电的？

蓄电池的充、放电过程就是化学能与电能的相互转化过程，如图1-5所示。

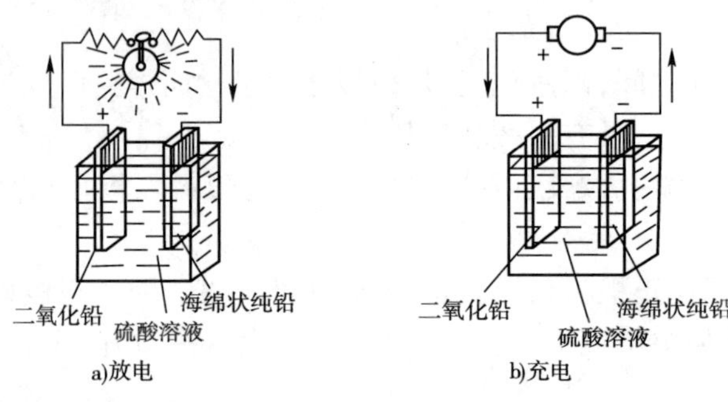

图1-5　蓄电池的工作过程

1 蓄电池的放电

1 放电过程

蓄电池的放电过程如图1-6所示。

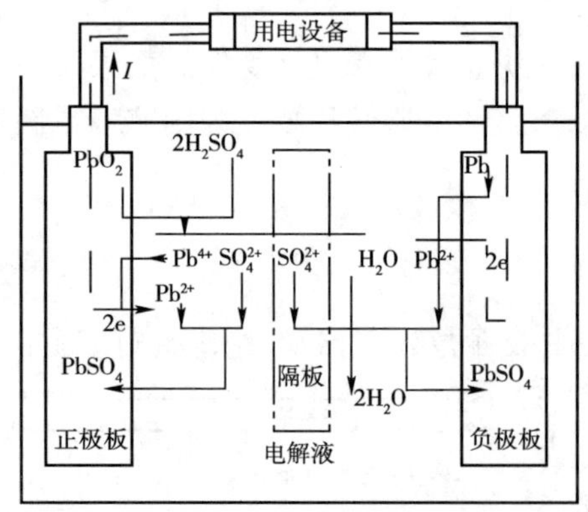

图1-6　蓄电池的放电过程示意图

当蓄电池的电量充足时，正极板上的活性物质是PbO_2（二氧化铅），负极板上的活性物质是Pb（铅）。正极板上二氧化铅电离为Pb^{4+}（正四价铅离子）和O^{2-}（氧离子），Pb^{4+}（正四价铅离子）附着在正极板上，O^{2-}（氧离子）进入电解液中，使正极板具有2.0V的正电位。负极板上的Pb（铅）电离为Pb^{2+}（正二价铅离子）和e^-（电子），Pb^{2+}（正二价铅离子）进入电解液中，e^-（电子）留在负极板上，使负极板具有−0.1V的负电位。这样正负极板之间就有了2.1V电位差。

当接通电路时，在2.1V电位差作用下，电流从正极流出，经过灯泡流回负极，灯泡发光（图1-5a）。在放电过程中，正极板上Pb^{4+}（正四价铅离子）与电子结合生成Pb^{2+}（正二价铅离子），再与电解液中SO_4^{2+}（硫酸根离子）结合生成$PbSO_4$（硫酸铅），附着在正极上，同时，O^{2-}（氧离子）和电解液中H^-（氢离子）结合生成H_2O（水）；负极板上Pb^{2+}（正二价铅离子）也同SO_4^{2+}（硫酸根离子)结合生成 $PbSO_4$(硫酸铅),附着在负极板上。

放电时,电解液中的 H_2SO_4(硫酸)被消耗,而 H_2O(水)增多,电解液密度逐渐下降。

2 放电特性

蓄电池放电特性是指充足电的蓄电池在恒电流放电过程中,蓄电池的端电压、电解液密度随放电时间的变化规律。蓄电池以 20h 放电率恒流放电的特性曲线如图 1-7 所示。电解液相对密度 $\rho_{25℃}$ 随着放电的进行按直线规律下降,这是因为在恒流放电过程中,单位时间内消耗的硫酸和生成水的数量是一定的。端电压 U 的变化规律不是均衡的,放电开始时,端电压下降较快,中间较平缓,接近放电终了时,又迅速下降,当电压降到 1.75V 时(若继续放电,电压将急剧下降到零),若切断放电电流,端电压 U 又上升到一定值(1.95V)。

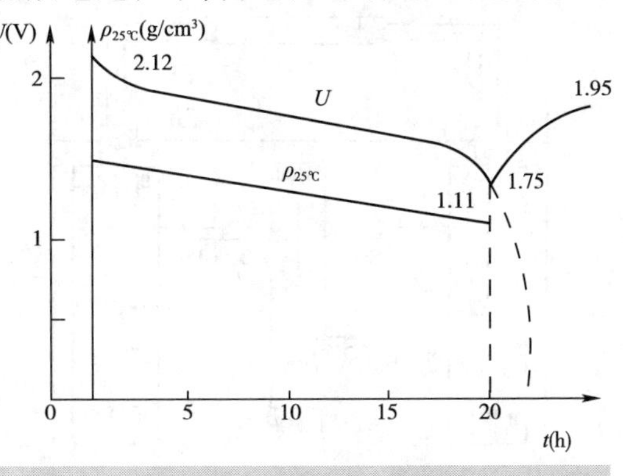

图 1-7 蓄电池放电特性曲线

3 放电终了标志

通常把端电压急剧下降的临界点,称为放电终了。当蓄电池到放电终了时,必须停止放电,否则,将影响蓄电池的使用寿命和容量。

蓄电池是否放完电,通常测量其电压和电解液密度来判断,须同时符合放电终了标志。

蓄电池放电终了的标志为:

(1)单格电池电压下降到放电终了电压值(以 20h 放电率放电时,此值为 1.75V);

(2)电解液密度下降到最小允许值(约为 $1.11g/cm^3$)。

2 蓄电池的充电

1 充电过程

蓄电池的充电过程如图 1-8 所示。

将放电后的蓄电池与外部直流电源(充电机或发电机)连接(图 1-5b),蓄电池正极连接直流电源正极,蓄电池负极连接直流电源负极,当外加直流电源电压高于蓄电池电动势时,电流将以放电电流相反的方向流过蓄电池,使蓄电池正、负极发生与放电相反的化学反应。

充电时,外加电流将正极板处上 e^-(电子)经外电路输送到负极板,正极板上 Pb^{2+}(正二价铅离子)因失去电子成为 Pb^{4+}(正四价铅离子),再与水反应生成 PbO_2(二氧化铅),附在正极板上;在负极板上 Pb^{2+}(正二价铅离子)得到 e^-(电子)生成 Pb(铅),附在负极板上,同时从正、负极上 SO_4^{2+}(硫酸根离子)与 H^-(氢离子)结合生成 H_2SO_4(硫酸)。

充电时,H_2O(水)被消耗,而 H_2SO_4(硫酸)增多,电解液密度逐渐上升。

2 充电特性

蓄电池充电特性是指在恒流充电过程中,单格电池的端电压和电解液密度随时间的变化规律。蓄电池恒流充电的特性曲线如图 1-9 所示。电解液相对密度 $\rho_{25℃}$ 随充电的进行而

呈直线上升，这是因为充电电流恒定，单位时间内生成的硫酸数量是一定的。端电压 U 的变化规律不是均衡的，开始充电时，端电压 U 迅速上升，然后端电压 U 缓慢上升到 2.4V，有气泡产生，接着端电压又迅速上升到 2.7V 左右稳定不变，若切断充电电流，电压下降到一定值（2.12V）。

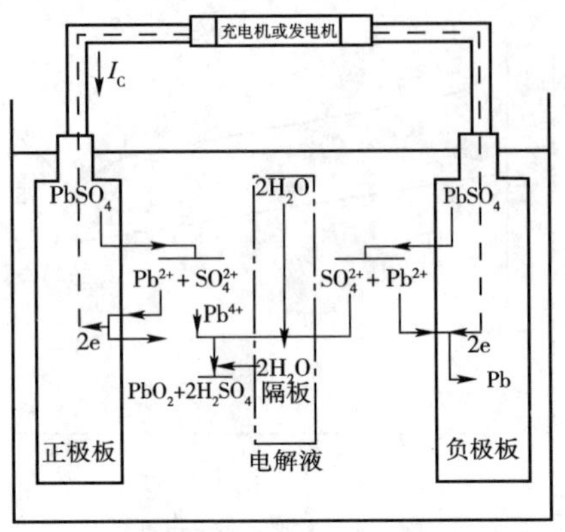

图 1-8　蓄电池充电过程示意图

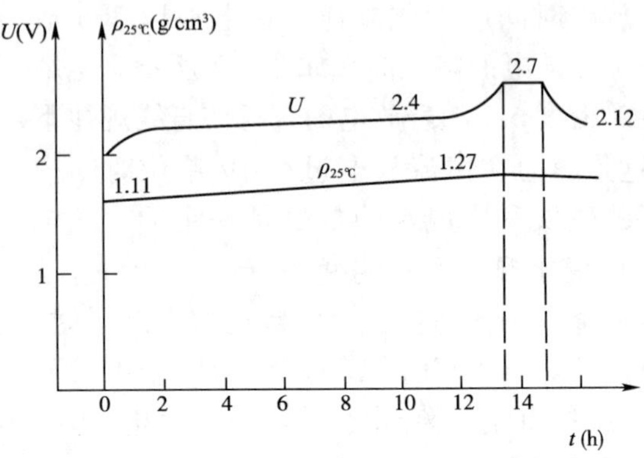

图 1-9　蓄电池充电特性曲线

3 充电终了标志

蓄电池是否充足电，须同时符合充电终了标志。

蓄电池充电终了标志为：

（1）电解液呈沸腾状（电解水产生氢气和氧气）；

（2）电解液密度上升至最大值，且 2～3h 内不再上升；

（3）单格电池端电压上升至最大值（2.7V），且 2～3h 内不再升高。

引导问题 4　什么是蓄电池容量？影响蓄电池容量的因素有哪些？

1 蓄电池容量

蓄电池容量是指完全充足电的蓄电池在规定的放电条件下所能输出的电量，用 C 表示，单位为 A·h（安·时）。蓄电池容量表示蓄电池对外供电的能力，是衡量蓄电池性能的优劣和选用蓄电池的重要指标。

蓄电池容量等于放电电流和持续放电时间的乘积，即

$$C = It$$

式中：C——蓄电池容量（A·h）；

I——放电电流（A）；

t——放电时间（h）。

蓄电池容量与放电电流及电解液的温度等因素有关，为了准确地表示出蓄电池容量，要规定蓄电池的放电条件。在一定放电条件下，蓄电池容量分为额定容量和起动容量。

1 额定容量

额定容量是指完全充足电的蓄电池在电解液平均温度为25℃情况下以20h率放电电流（相当于额定容量的1/20）连续放电至单格电池电压为1.75V时所输出的电量。额定容量是设计容量，是蓄电池性能的重要指标。

例如，3-Q-90型蓄电池，其“90”就是额定容量，是在电解液平均温度为25℃时，以4.5A放电电流连续放电20h后，单格电池电压降至1.75V时得到的，即额定容量为90A·h（C = 4.5A×20h）。

2 起动容量

起动容量有常温起动容量和低温起动容量两种，表示蓄电池接起动机时的供电能力。

常温起动容量即电解液温度为25℃时，以5min率放电电流（3倍额定容量的电流）连续放电至规定的终止电压（12V蓄电池为9V）所输出的电量。其放电持续时间应在5min以上。

低温起动容量即电解液温度为-18℃时，以2.5min（3倍额定容量的电流）连续放电至规定的终止电压（12V蓄电池为6V）所放出的电量。其放电持续时间应在2.5min以上。

2 影响蓄电池容量的因素

蓄电池容量与很多因素有关，包括结构因素和使用因素。在结构方面，如增大极板的面积、提高活性物质的多孔率等都可提高蓄电池的容量。蓄电池在使用过程中，使用条件对蓄电池容量的影响尤为重要，影响蓄电池容量的因数有放电电流、电解液温度、电解液密度等。

1 放电电流

放电电流大，蓄电池容量减小，如图1-10所示。因放电电流大时，极板孔隙内硫酸消耗快，同时，产生的硫酸铅多，硫酸铅堵塞极板孔隙现象明显，阻碍电解液向极板内渗透，致使极板内部大量的活性物质不能参加化学反应，端电压迅速下降，从而极大地缩短了放电时间，使得蓄电池容量减小。

由于放电电流过大直接影响蓄电池容量，因此，起动发动机（蓄电池大电流放电）的时间不应超过5s，再次起动时应间歇10～15s，以便使电解液充分渗透，使更多活性物质参加反应，否则，会导致蓄电池容量减小，缩短使用寿命。

2 电解液温度

电解液温度降低，蓄电池容量减小，如图1-11所示。因温度低时，电解液黏度增加，渗

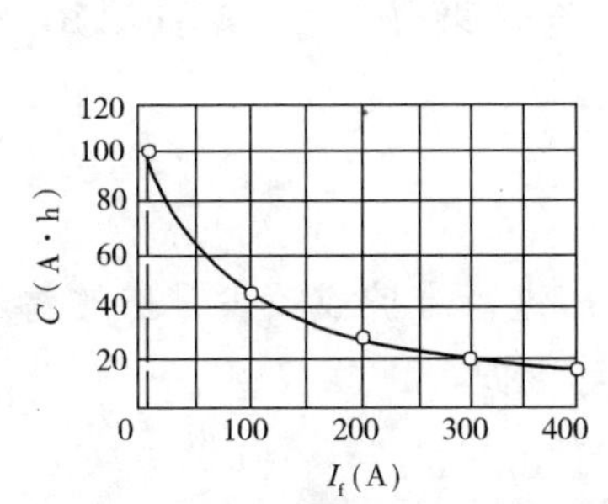

图1-10 蓄电池容量与放电电流的关系

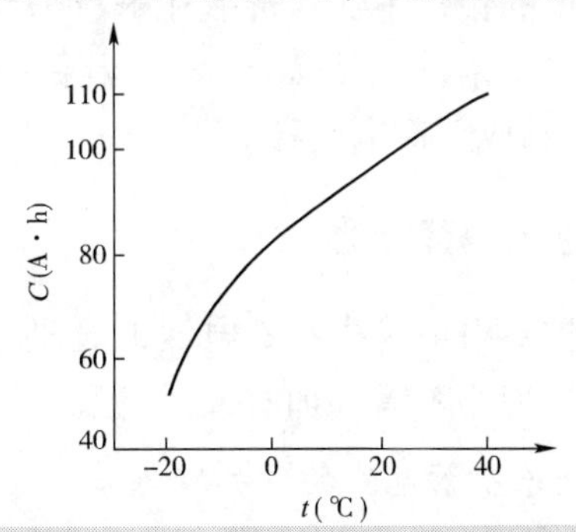

图1-11 蓄电池容量与电解液温度的关系

入极板内部困难；同时，电解液电阻增大，使蓄电池内阻增加，蓄电池端电压下降，导致蓄电池容量减小。

由于电解液温度对蓄电池容量影响很大，因此，在寒冷地区冬季使用蓄电池时，应特别注意蓄电池的保暖。

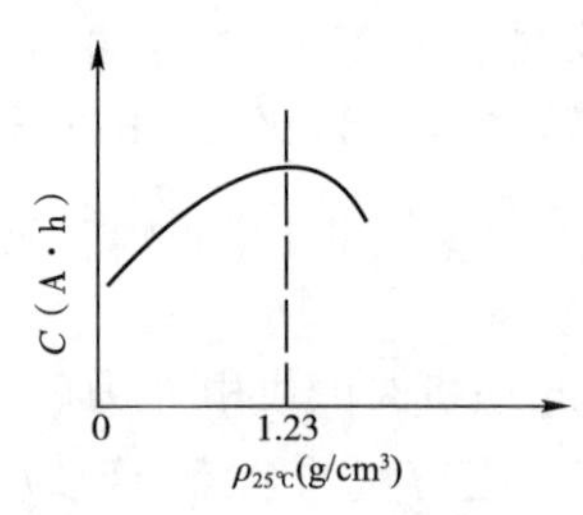

图 1-12　蓄电池容量与电解液密度的关系

3 电解液密度

适当增加电解液密度，可以提高电解液向极板内的渗透能力，减小蓄电池内阻，使蓄电池容量增加，但电解液密度超过某一值时，由于电解液黏度增加使渗透能力下降，蓄电池内阻增加，又会使蓄电池容量减小，如图 1-12 所示。

一般情况下，电解液密度稍低，有利于提高蓄电池的放电电流和容量，同时也有利于延长铅蓄电池的使用寿命。冬季使用蓄电池时，在保证电解液不结冰的前提下，尽可能使用密度稍低的电解液。

引导问题 5　新型蓄电池有什么特点？

普通蓄电池性能较差、使用寿命短、维护量大。目前，在汽车上广泛使用的蓄电池是在普通蓄电池基础上改进的新型蓄电池，如干式荷电铅蓄电池、免维护蓄电池、胶体电解质蓄电池等。

1 干式荷电铅蓄电池

干式荷电铅蓄电池是指极板在完全干燥的状态下能够较长时间（通常为两年）保存在制造过程中所得到电荷的蓄电池。

干式荷电铅蓄电池只要加入规定密度的电解液，静置 30min，在调整液面高度和密度至规定标准后，不需要进行充电即可使用。干式荷电铅蓄电池现已大量在汽车上应用。

干式荷电铅蓄电池主要是负极板的制造工艺与普通蓄电池不同。普通蓄电池负极板上的海绵状铅（Pb），由于面积大，化学活性高，容易氧化，而使其电量消失。干式荷电铅蓄电池在负极板的铅膏中加入抗氧化剂，并且在化成过程中反复地进行充电、放电，化成后的负极板上海绵状铅（Pb）表面形成一层保护膜，可防止活性物质与空气接触而氧化，采用特殊干燥工艺，制成干荷电极板。

2 免维护蓄电池

免维护蓄电池是指在蓄电池的合理使用期内，无需进行维护或较少维护的蓄电池。通常在使用过程中不需补加蒸馏水，无需进行补充充电等维护。

1 免维护蓄电池的结构特点

（1）极板栅架采用铅钙锡合金材料制成，彻底消除锑的副作用；

(2)采用袋式聚氯乙烯隔板，将正极板装在隔板袋内，既能避免活性物脱落，又能防止极板短路；

(3)通气孔塞采用新型安全通气装置，孔塞内装有过滤器和催化剂；

(4)在内部装有一只密度计，如图1-13所示。如果密度计顶部的圆点呈绿色，表示蓄电池电量充足(大约65%充电)；如果圆点模糊，表示蓄电池电量不足；如果圆点呈黄色，给蓄电池再充电也无济于事，如果此“眼睛”是透亮的，是电解液不足，必须更换蓄电池。

(5)外壳用聚丙烯塑料热压而成，槽底无筋条，极板组直接安放在壳底上，使极板上部容积增大，增大了电解液储存量。

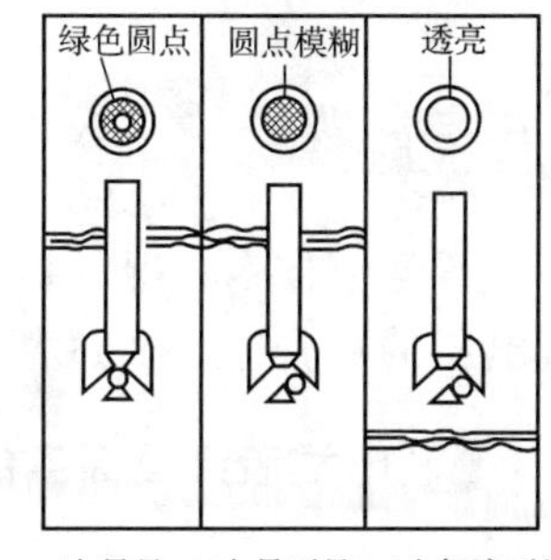

图1-13 内装密度计

❷ 免维护蓄电池的使用特点

(1)在整个使用过程中不需补加蒸馏水，减少了维护工作量；

(2)在通气孔塞上设有安全通气装置，可阻止水蒸气和硫酸气体通过，减少了电解液的消耗；

(3)极柱腐蚀小；

(4)自放电少，可储存2年以上；

(5)使用寿命长，一般为普通蓄电池的2~3倍；

(6)耐过充电性能好，在充足电时充电电流可接近零；

(7)内阻小，起动性能好。

3 胶体电解质蓄电池

胶体电解质蓄电池的电解质为胶状电解质，是用经过净化的硅酸钠(Na_2SiO_4)溶液与硫酸(H_2SO_4)的水溶液混合后凝结成稠状胶体物质。

胶体电解质蓄电池使用中，无电解液溅出，活性物质不易脱落，蓄电池使用寿命可延长20%，只需加蒸馏水，无需调整密度。但胶体电解质电阻较大，使蓄电池内阻增大，容量降低，自放电较严重。

引导问题6 怎样识别蓄电池型号？

1 蓄电池型号的规定

我国蓄电池的型号按《铅酸蓄电池产品型号编制方法》(JB/T 2599—1993)规定，其型号的组成部分及含义：

Ⅰ Ⅱ Ⅲ

Ⅰ——串联的单格电池数，用阿拉伯数字表示。

Ⅱ——蓄电池的类型和特征，用汉语拼音字母表示。一般第一个字母用Q，表示起动型

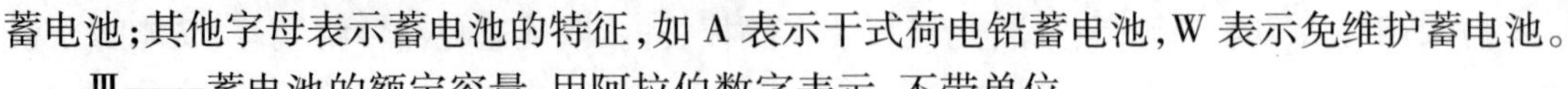

蓄电池；其他字母表示蓄电池的特征，如 A 表示干式荷电铅蓄电池，W 表示免维护蓄电池。

Ⅲ——蓄电池的额定容量，用阿拉伯数字表示，不带单位。

2 蓄电池型号示例

（1）6-Q-90 型蓄电池，表示由 6 个单格电池组成，额定电压为 12V，额定容量为 90A · h 的起动型蓄电池。

（2）6-QA-90 型蓄电池，表示由 6 个单格电池组成，额定电压为 12V，额定容量为 90A · h 的起动型干式荷电铅蓄电池。

（3）6-QW-90 型蓄电池，表示由 6 个单格电池组成，额定电压为 12V，额定容量为 90A · h 的起动型免维护蓄电池。

引导问题 7　蓄电池技术状况的检查项目有哪些?

蓄电池技术状况的检查项目包括电解液液面高度的检查、电解液密度的检查、蓄电池端电压的检查等。通过蓄电池电解液密度和端电压的检查，可判断蓄电池的放电程度。

1 电解液液面高度的检查

蓄电池电解液液面高度的检查方法要根据蓄电池的结构形式而定，如图 1-14 所示。

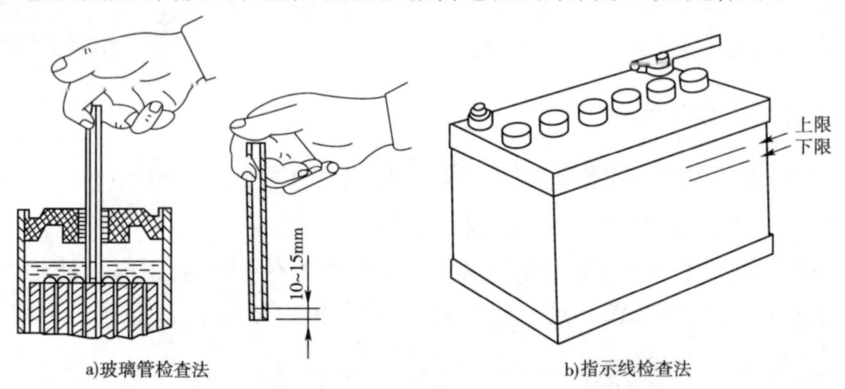

图 1-14　蓄电池电解液液面高度检查

1 玻璃管检查法

用一根空心玻璃管从加液孔插入蓄电池内极板上平面处，用大拇指按紧玻璃管上端，使管口密封，提起玻璃管，测量玻璃管内的电解液高度，即为蓄电池电解液液面高出极板的高度，其标准值为 10 ~ 15mm，如图 1-14a）所示。

2 液面高度指示线检查

对于采用透明塑料壳体的蓄电池，在壳体上刻有两条液面高度指示线，通过观察液高度指示线可以检查电解液的液面高度，正常液面高度应介于两线之间，如低于下线，表明液面过低，如图 1-14b）所示。

当电解液液面过低时，应及时补加蒸馏水，不允许加入硫酸溶液，电解液液面降低通常是因电解液中的蒸馏水电解和蒸发所致。

2 电解液密度的检查

测量蓄电池电解液密度时，拧下加液孔盖，将密度计下端的橡胶管伸入加液孔内，用手捏一下橡胶球，再慢慢放开，电解液就会被吸到管中，吸入的电解液不要过多或过少，使管内浮子浮起在合适位置，读取密度计的读数，读数时使密度计刻度线与眼睛平齐，如图1-15所示。

将所测量的密度换算为25℃时的密度。换算公式为

$$\rho_{25℃}=\rho_t+\beta(t-25)$$

式中：$\rho_{25℃}$——25℃时的密度；

ρ_t——实际测得的电解液密度；

β——密度温度系数（β为0.00075，即温度升高1℃，密度下降0.00075g/cm^3）；

t——实际测得的电解液温度。

通过测量电解液密度，可以判断蓄电池的放电程度，即电解液密度每下降0.01g/cm^3，相当于蓄电池放电6%。当电解液密度降到1.21g/cm^{3}以下时，说明蓄电池放电超过50%，应及时进行补充充电。

3 端电压的检查

用高率放电计测量蓄电池端电压，可以比较准确地判断蓄电池放电程度和起动能力。

高率放电计由一只直流电压表和一个定值电阻组成。它是一种模拟发动机起动时蓄电池在短时间内向起动机提供大电流（12V电系为200～600A）的检测仪器，用于测量蓄电池所能维持的端电压来判断蓄电池放电程度。由于不同的高率放电计负荷电阻不同，电压读数也就不同，因此，使用时应参照说明书。

测量蓄电池单格端电压的高率放电计，如图1-16所示。它适合测量外露式联条蓄电池

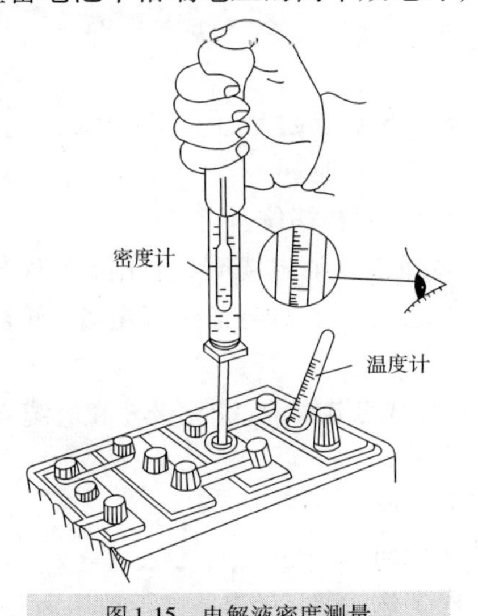

图1-15　电解液密度测量

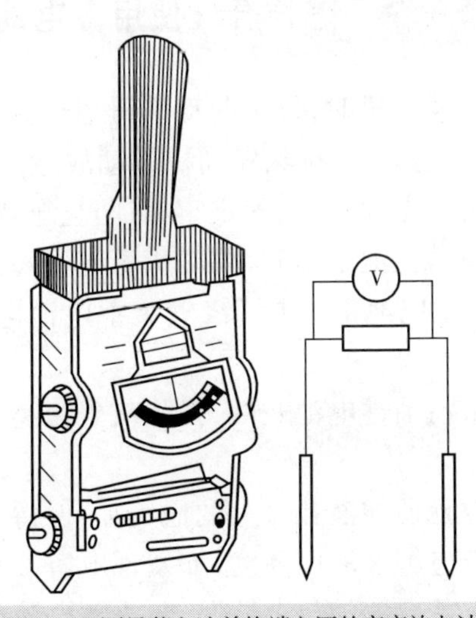

图1-16　测量蓄电池单格端电压的高率放电计

单格端电压。测量时,将两叉尖压紧在单格电池的正、负极桩上,约保持5s,观察高率放电计的电压,即单格电池在大电流放电情况下的端电压。如果单格电池的端电压低于1.5V,但5s内尚能稳定,则为放电过多,应及时进行补充充电。

测量蓄电池端电压的高率放电计如图1-17所示。测量时,将高率放电计两触针压紧在蓄电池正、负极柱上,约保持5s,观察高率放电计的电压,即蓄电池是在大电流放电情况下的端电压。如果端电压在9.6V以下,则为放电过多,应及时进行补充充电;如果端电压稳定在10.6~11.6V,则表明蓄电池充足电。

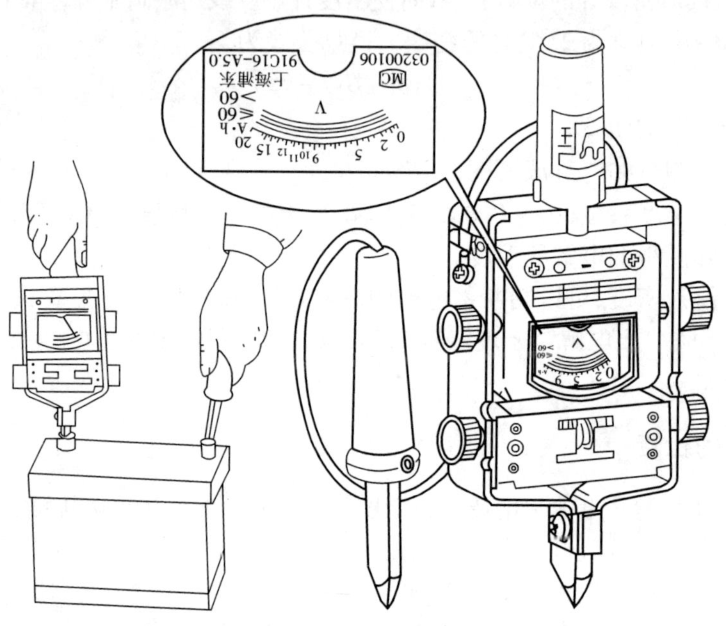

图1-17　测量蓄电池端电压的高率放电计

引导问题8　怎样合理使用蓄电池?

(1)起动发动机时,每次起动不得超过5s,如果一次未能起动,应停顿15s以上再起动,连续三次不能起动,应排除发动机起动故障,以免损坏蓄电池。

(2)安装蓄电池时,应固定牢靠,防止车辆行驶时振动和移位。

(3)拆装蓄电池电缆时,要防止蓄电池短路。拆卸蓄电池电缆时,应先拆下蓄电池负极电缆,再拆下蓄电池正极电缆。安装蓄电池电缆时,应先装上蓄电池正极电缆,再装上蓄电池负极电缆。

(4)经常清洁蓄电池表面,去除灰尘污物,擦净溅出的电解液,清除极柱和电缆夹上的氧化物。

(5)经常疏通加液孔盖上的通气孔,保持通气孔畅通。

(6)检查电解液液面高度,如发现电解液不足,应及时补充。

(7)检查蓄电池的放电情况,冬季蓄电池放电程度达25%、夏季蓄电池放电程度达50%

时,应及时充电。

(8)在冬季,应使蓄电池处于充足电状态,以免电解液密度降低而结冰。

(9)放完电的蓄电池,应在24h内及时充电。

(10)对于储存的蓄电池,将蓄电池充足电后,存放在通风、干燥的室内,室温以5~30℃为宜,且在存放期间,每月补充充电一次。储存时间一般不要超过六个月。

引导问题9 怎样对蓄电池进行充电?

新蓄电池、使用中蓄电池和存放蓄电池都需要充电。对蓄电池充电时,应选择合适的充电方法和充电种类。

1 充电方法

蓄电池充电方法有定流充电、定压充电和脉冲快速充电三种。

1 定流充电

定流充电是指蓄电池在充电过程中,充电电流保持恒定的充电方法。可将多个蓄电池串联在一起充电,蓄电池充电过程中,其电动势逐渐升高,需要不断增加充电电压,当单格电池端电压上升至2.4V(电解液开始冒气泡)时,再将充电电流减半,直到蓄电池完全充足电为止,如图1-18所示。定流充电有较大适应性,可任意选择和调整充电电流,充电时间较长,如初充电需要60~70h。适合于新蓄电池初充电、使用中的蓄电池补充充电及去硫化充电。

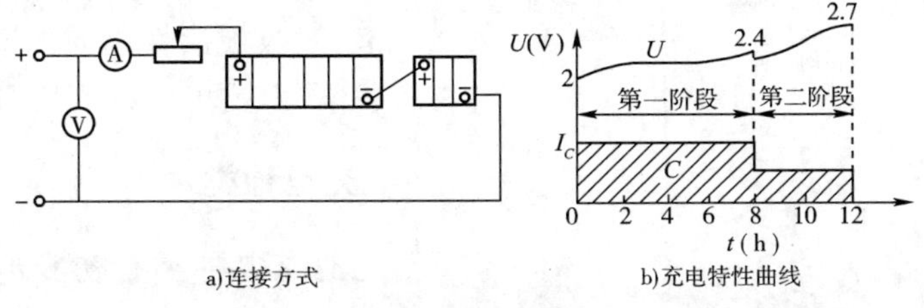

图1-18 定流充电

2 定压充电

定压充电是指在蓄电池充电过程中,充电电压保持恒定的充电方法。汽车上发电机对蓄电池充电就是定压充电。可将多个蓄电池并联在一起充电,充电开始时,充电电流很大,随着蓄电池电动势的不断增高,充电电流逐渐减小,充电终了,充电电流将自动减小至零,在充电过程中不需要调整充电电压,如图1-19所示。在定压充电过程中,要选择合适的充电电压,如果充电电压过低,则蓄电池充电不足;如果充电电压过高,则充电初期充电电流过大,易导致过充电。定压充电速度较快,充电时间缩短,如补充充电需要13~16h。适合于不同容量蓄电池的补充充电。

3 脉冲快速充电

脉冲快速充电又称分段充电,充电初期采用大电流(0.8~$1C_{20}$)对蓄电池进行定流充

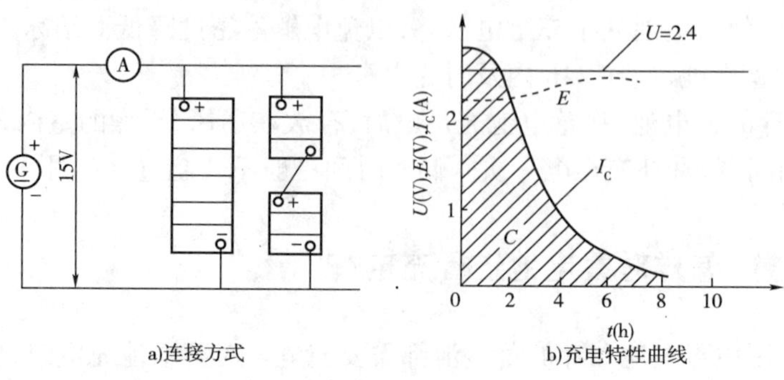

图 1-19 定压充电

电，使蓄电池容量在短时间内达到60%左右的额定容量，当单格电池端电压达2.4V、电解液开始冒气泡时，自动转入脉冲快速充电阶段，如图1-20所示。因蓄电池充电后期会出现极化（极板间电位差高于极板活性物质的平衡电极电位），极化阻碍了蓄电池充电过程的正常化学反应，使得充电效率低和充电时间长。脉冲快速充克服了充电过程中所产生的极化现象，有效地提高了充电效率。脉冲快速充电速度快，充电时间大大缩短，一般初充电只需5h左右，补充充电只需1～2h。可以增加蓄电池容量，去极板硫化作用明显，但充电过程中会产生大量气泡，对极板活性物质的冲刷力强，易使活性物质脱落，对蓄电池的使用寿命有一定影响。

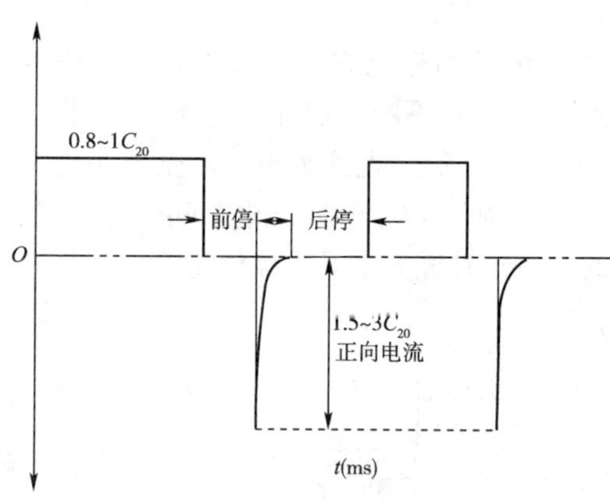

图 1-20 脉冲快速充电

2 充电种类

蓄电池充电种类有初充电、补充充电和去硫化充电三种。

1 初充电

初充电是指新蓄电池或修复后的蓄电池（更换极板）在使用之前的首次充电。

初充充电过程如下：

(1)将合适密度的电解液加入到蓄电池中，加入的电解液温度不得超过35℃，静置3～6h，电解液液面要高出极板上沿10～15mm。

(2)连接充电机，将充电机的正极接到蓄电池的正极，充电机的负极接到蓄电池的负极。

(3)采用定流充电，充电分两个阶段进行：第一阶段的充电电流约为蓄电池额定容量的1/15，充电至电解液中有气泡析出，单格电池端电压达到2.4V为止；第二阶段的充电电流减半，继续充电到蓄电池充足电。

(4)充电终了时，应测量电解液密度，如果电解液密度不符合规定，则用蒸馏水或密度为1.40g/cm^{3}的稀硫酸进行调整，再充电2h。

充电过程中，应经常测量电解液的密度和温度。充电初期电解液密度有降低情况，不需要调整密度，但要以相同的电解液将液面调整到规定值。如果充电时，电解液的温度上升到40℃，要将充电电流减半，温度继续上升到45℃时，则应停止充电，待电解液温度降至35℃以下时再继续充电。

2 补充充电

补充充电是指蓄电池使用后的充电。

使用中的蓄电池，常有电量不足现象，如起动机运转无力、发动机不工作时前照灯灯光暗淡或喇叭声音小等，应及时进行补充充电。由于蓄电池在车上使用的是定压充电（发电机充电），不一定能使蓄电池充足电，为了防止极板硫化，最好2～3月进行一次补充充电。对于存储或放置时间超过一月的蓄电池，也要进行补充充电。对蓄电池进行补充充电时，需要从汽车上拆下蓄电池或拆下蓄电池电缆，清除极柱和导线接头上的氧化物。

补充充电过程如下：

(1)检查电解液液面高度。如果液面过低，只需补加蒸馏水，一般不要加电解液，使液面符合规定。

(2)连接充电机，将蓄电池正极接充电机正极，蓄电池负极接充电机负极。

(3)可以采用定流充电，也可以采用定压充电。如采用定流充电，分两个阶段充电：第一阶段的充电电流约为蓄电池额定容量的1/10，充电至有气泡冒出，单格电池端电压为2.4V转入第二阶段；第二阶段的充电电流减半，继续充电到蓄电池充足电。

3 去硫化充电

当蓄电池极板有轻微硫化时，可用去硫化充电进行清除。

去硫化充电过程如下：

(1)首先倒出原有的电解液，并用蒸馏水清洗两次，然后再加入足够的蒸馏水。

(2)连接充电机，将蓄电池正极接充电机正极，蓄电池负极接充电机负极。

(3)将充电电流调到初充电的第二阶段电流值进行充电。当电解液密度上升到1.15g/cm^{3}时，倒出电解液，换加蒸馏水再进行充电，直到电解液密度不再增加为止。

(4)以10h率放电电流放电至单格电池端电压下降到1.7V时，再充电，充足电后再放电，如此循环，直到容量达到额定容量的80%以上，即可使用。

3 充电设备

大众/奥迪轿车VW1266A型充电机如图1-21所示。

4 充电注意事项

(1)充电前，应将充电机导线夹子与蓄电池极柱连接牢固；停止充电时，应先切断电源，再取下导线夹子，防止火花产生。

(2)充电过程中，要密切观察各单格电池的电压和密度变化，及时判断其充电程度和技术状况。

(3)在充电过程中,应经常测量电解液的温度,超过45℃时,应立即停止充电。

(4)初充电时,应连续进行,不能长时间间断。

(5)配制和灌入电解液时,要注意安全操作。

(6)如直接在汽车上对蓄电池进行充电,应拆下蓄电池正、负极柱上导线。

(7)充电室要安装通风装置,并严禁明火。

(8)充电设备不应和蓄电池放置在同一工作间。

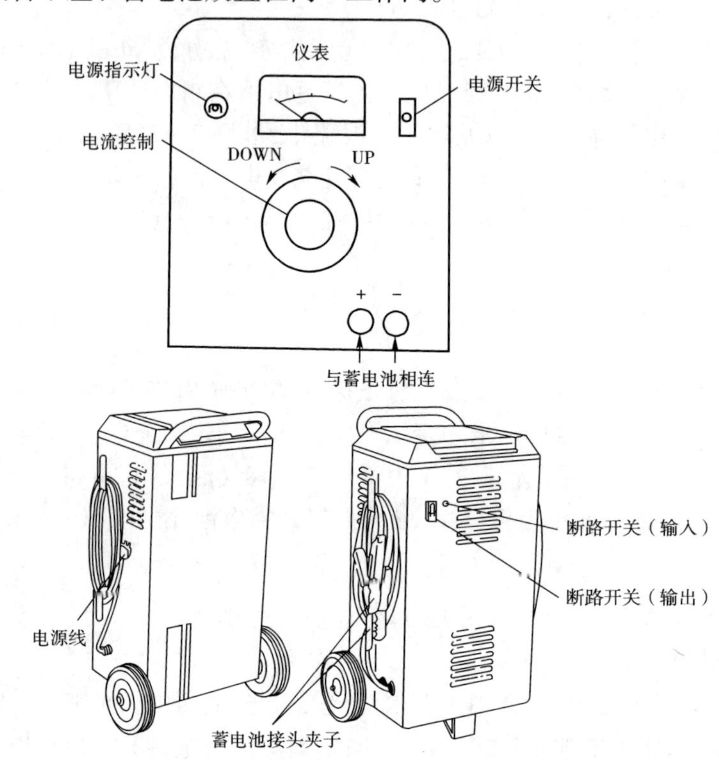

图1-21　大众/奥迪轿车VW1266A型充电机

引导问题10　汽车电路有何特点？怎样识读电路图？

1 汽车电路的组成

汽车电气设备的种类和数量较多,包括电源、起动系统、点火系统、照明装置、信号装置、仪表与报警系统、电动刮水器与风窗洗涤器、电动车窗、电动门锁、电动后视镜、电动座椅、空调、音响、导航、安全气囊等。要使这些电气设备工作,必须构成能使电流流通的路径,该路径称为汽车电路。

汽车电路一般由电源、用电器和配电装置组成。

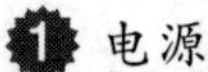

1 电源

汽车电源包括蓄电池和发电机。发动机不工作时,由蓄电池供电;发动机工作后,由发

电机供电。

2 用电器

用电器包括电动机、电磁线圈、灯泡、仪表等。

3 配电装置

配电装置包括过载保护器件(熔断器、断电器和易熔线)、控制器件(开关、电控单元)、导线及插接器等。

2 汽车电路的特点

不同车型的电气设备各不相同,除具有其他电路一般特性外,如电路的连接方式为串联与并联;电路的基本状态是通路、短路与断路等,汽车电路还具有以下特点:

(1)汽车电路采用低压直流电,即12V(汽油机汽车)和24V(柴油机汽车)。

(2)大多数汽车电路采用单线和负极搭铁,利用车身和金属机体作为搭铁线构成回路。

(3)用电器均采用并联连接,并由各自控制器件控制。

(4)大量使用继电器,利用控制器件控制继电器,再由继电器控制用电器,以保护控制器件。

3 汽车电路的基本形式

根据控制器件与用电器之间是否使用继电器,将汽车电路分为直接控制电路和间接控制电路。

1 直接控制电路

直接控制电路是一种简单电路,控制器件与用电器串联连接,由控制器件直接控制用电器。该电路适用于工作电流不大的用电器控制,如制动灯电路、报警灯电路等。

直接控制电路的分析应根据回路原则,即任何用电器只有与电源的正极和负极构成回路才能工作。

当接通开关,电流从蓄电池“+”接柱→熔断器→开关→灯泡→车身或金属机体(搭铁)→蓄电池“-”接柱,构成回路,灯泡亮,灯泡由开关直接控制,如图1-22所示。

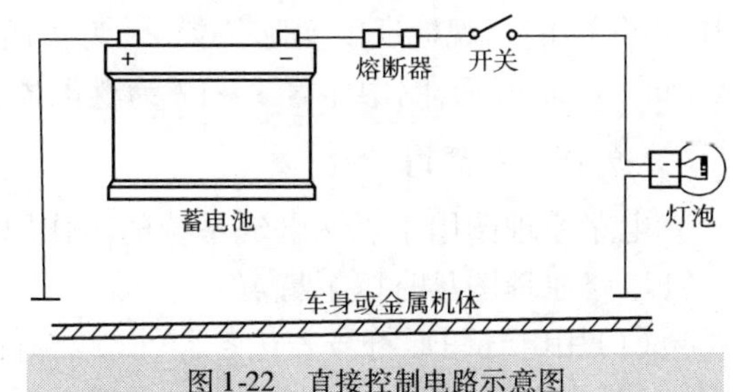

图1-22 直接控制电路示意图

2 间接控制电路

间接控制电路是一种在控制器件与用电器之间使用继电器的电路。继电器由电磁线圈和触点组成,控制器件与电磁线圈连接的电路为控制电路,用电器与触点连接的电路为主电路,如图1-23所示。

间接控制电路的分析应先区分控制电路和主电路,控制电磁线圈的通电与断电,然后根据回路原则分析控制电路和主电路。

当接通开关,电磁线圈通电产生电磁力,使触点闭合,因电磁线圈电阻大,通过电磁线圈

的电流较小，而触点通过较大电流，如图1-24所示。

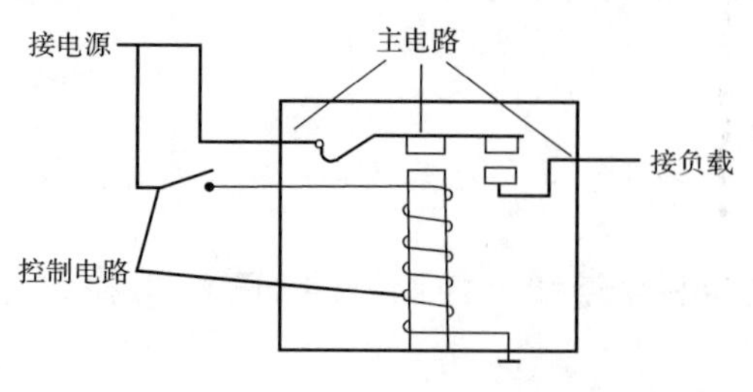

图1-23　间接控制电路示意图

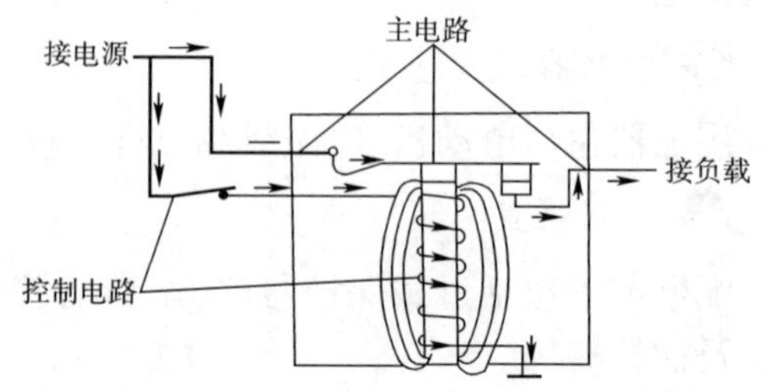

图1-24　间接控制电路工作示意图

将控制器件与电磁线圈串联，触点与用电器串联，解决了控制器件允许通过电流较小和用电器所需电流较大的矛盾。该电路适用于工作电流较大的用电器控制。

4 汽车电路图

汽车电路图用于表达电气系统的工作原理及器件（或部件）间的连接关系，或标示器件（或部件）、线束在汽车上的布置。汽车电路图可分为电气线路图、电气位置图和电路原理图。

1 电气线路图

电气线路图又称电气接线图，器件（或部件）以实物轮廓图表示，导线分布大致与实际线路走向相同。电气线路图能完整表达整车或系统的线路连接，但不能清晰地反映电气系统的工作原理。随着汽车电气设备的日益增多，这类电路图已不太实用。桑塔纳2000GSi轿车转向信号与危险警告信号系统线路图如图1-25所示。

2 电气位置图

电气位置图用于标示器件（或部件）、线束在汽车上的具体布置。采用立体图或实物照片的形式，能直观地反映实际位置，较为实用。桑塔纳2000GSi轿车中央线路板上继电器位置如图1-26所示，图中序号1～17为继电器，其中序号12为转向/危险警告灯继电器。

3 电路原理图

电路原理图用于表达电气系统的工作原理。它是电气系统维修最实用的资料。

电路原理图具有以下特点：

（1）用电气图形符号表达各器件（或部件），各图形符号旁标注了名称或代码。

（2）电源线在图上方，搭铁线在图下方，电流方向自上而下。

（3）器件（或部件）在图中合理布局，使各系统处于相对独立位置，便于电路分析。

（4）所有控制器件和用电器处于不工作状态。

（5）导线标注有颜色和规格代码，有的车型还标注有所属系统的代码。

电路原理图的识读方法：

（1）判断电路中是否使用了继电器。如使用了继电器，则要区分控制电路和主电路。

（2）从用电器入手，将与其相关的控制器件查找出来。

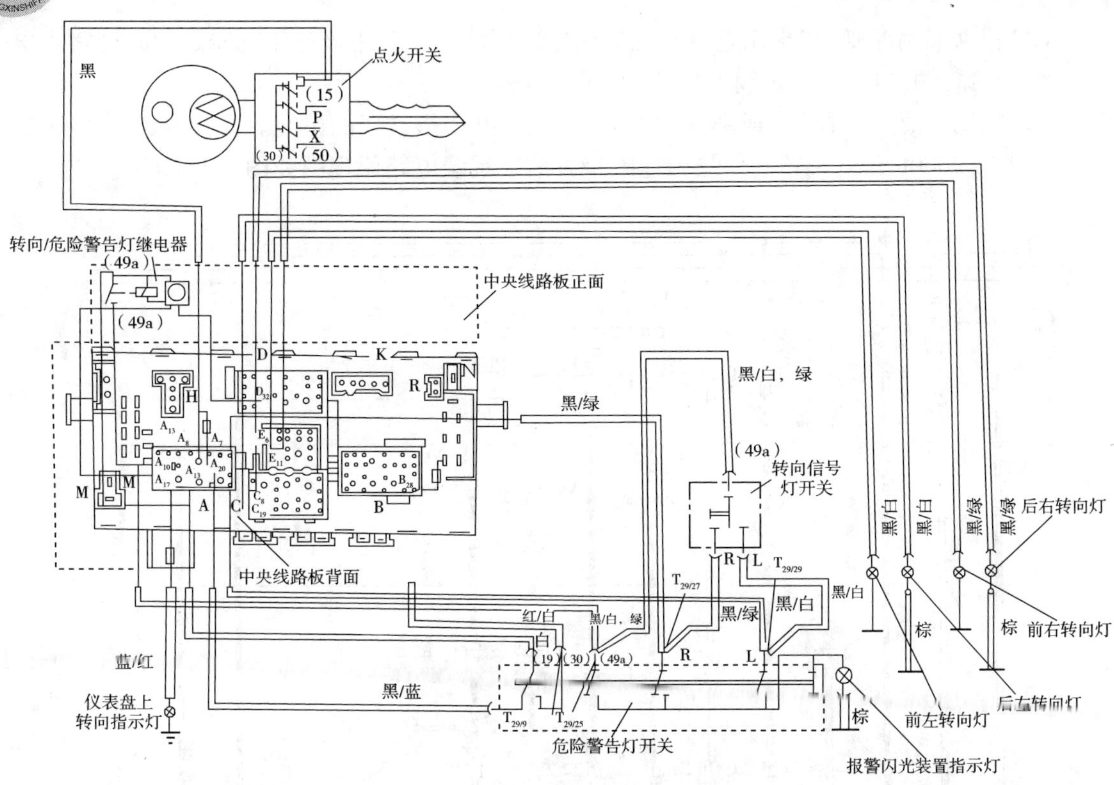

图 1-25　桑塔纳 2000GSi 轿车转向信号与危险警告信号系统线路图

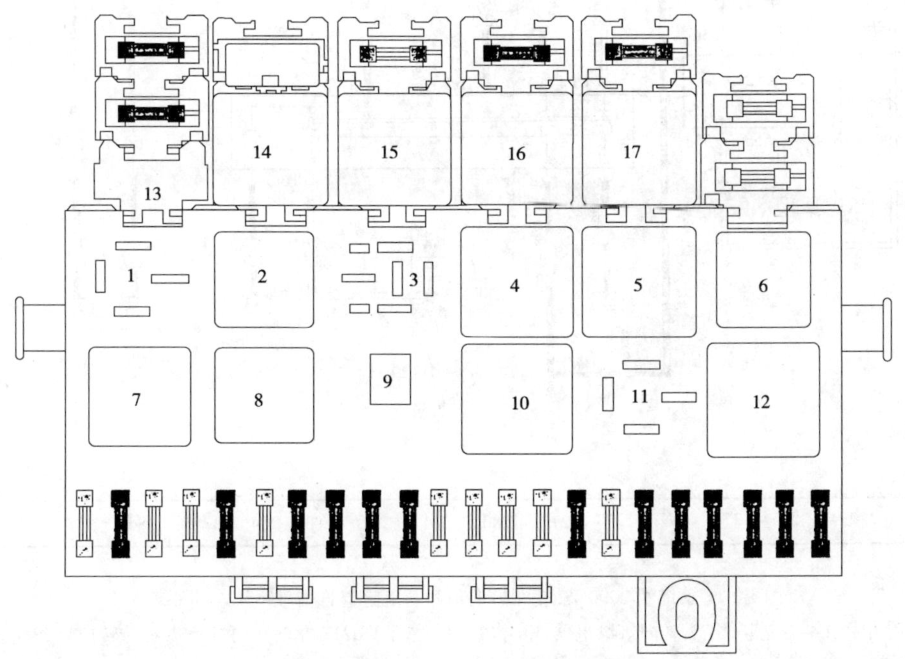

图 1-26　桑塔纳 2000GSi 轿车继电器位置图

(3)根据回路原则，找出用电器与电源构成的回路。电源正极与用电器之间的电路为电源电路，电源负极与用电器之间的电路为搭铁电路。

(4)特别注意几个器件(或部件)共用电源线和共用搭铁线的情况。

桑塔纳2000GSi轿车转向信号与危险警告信号系统电路原理图如图1-27所示。

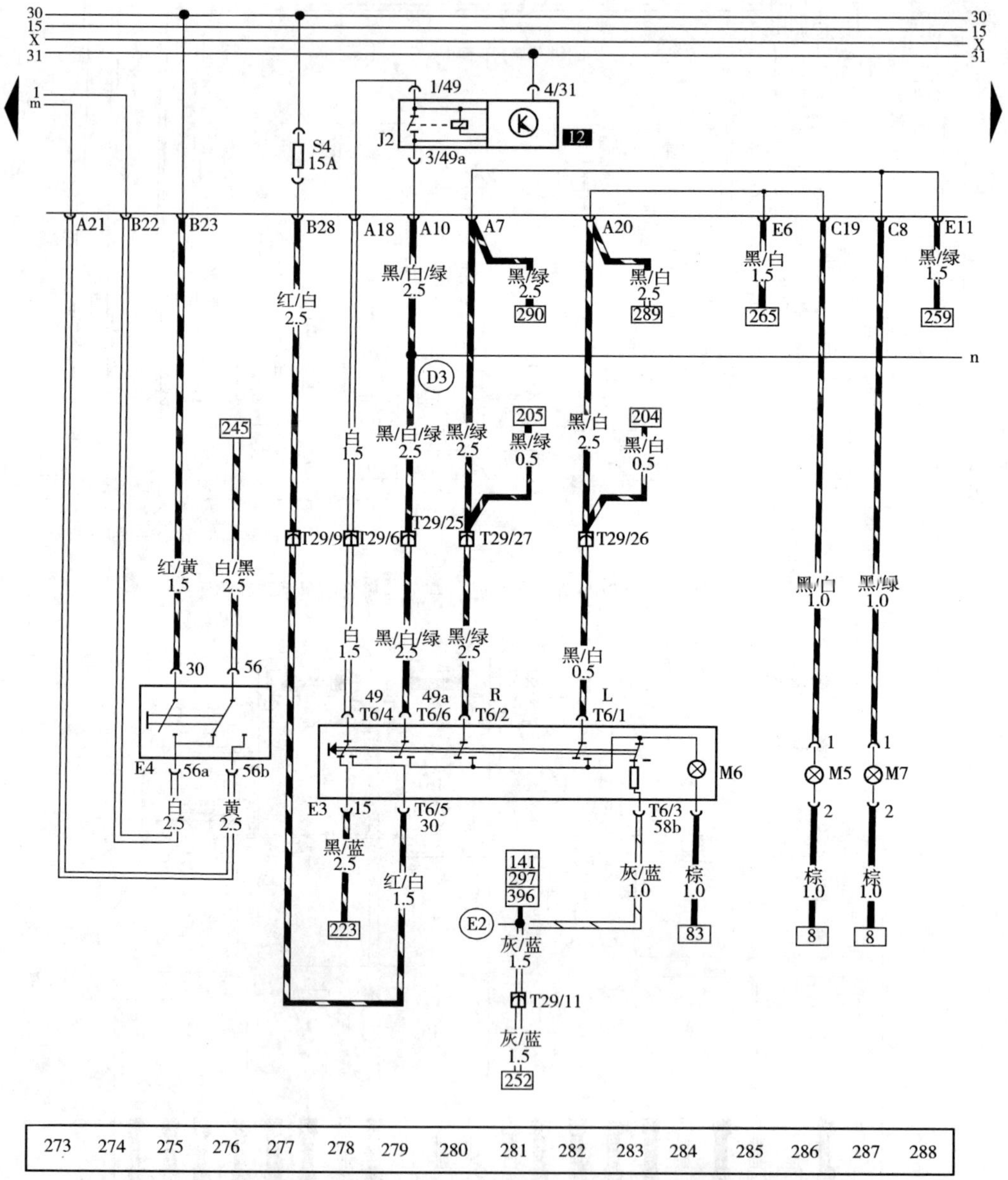

273	274	275	276	277	278	279	280	281	282	283	284	285	286	287	288

图1-27　桑塔纳2000GSi轿车转向信号与危险警告信号系统电路原理图

E3-报警灯开关；E4-变光开关；J2-转向灯继电器；K6-报警闪光指示灯；M5-左前转向灯；M7-右前转向灯；S4-危险警告灯熔断丝(15A)

二、实施作业

引导问题 11　作业需要哪些工具、设备和材料?

(1)扳手、万用表、温度计、电解液密度计、高率放电计。

(2)翼子板护裙、转向盘护套、变速杆护套、座椅护套和脚垫。

(3)蓄电池。

(4)上海大众桑塔纳 2000 轿车维修手册。

引导问题 12　通过查询与查找,填写车辆以下信息。

生产年份____________,车牌号码____________,行驶里程____________ km,车辆识别代码(VIN)____________________。

引导问题 13　作业前的准备工作有哪些?

(1)汽车进入工位前,将工位清理干净,准备好相关器材。

(2)将汽车停放在工位上。

(3)拉紧驻车制动器操纵杆。

(4)在车内拉动发动机罩手柄,在车外打开并支撑发动机罩,如图 1-28 所示。

(5)粘贴翼子板护裙,如图 1-29 所示。

(6)套上转向盘护套、变速杆护套、座椅护套,铺设脚垫,如图 1-30 所示。

图 1-28　支撑发动机罩

图 1-29　粘贴翼子板护裙

图 1-30　套上护套和铺设脚垫

引导问题 14　怎样规范地检查蓄电池电解液液面高度？

桑塔纳 2000GSi 轿车蓄电池为干荷电免维护蓄电池，在正常使用条件下，蓄电池几乎不需要进行维护。但在高温条件下，应定期对蓄电池液面高度进行检查。

（1）关闭点火开关。

（2）拆下蓄电池负极电缆。

（3）将蓄电池外部擦拭干净。

（4）检查蓄电池电解液是否泄漏。

（5）观察蓄电池电解液面高度，如图 1-31 所示。其高度应在隔板 5mm 以上或在外壳的“MAX”和“MIN”指示线之间，如果电解液不足，则用蒸馏水补充。

（6）装上蓄电池负极电缆。

引导问题 15　怎样规范地检查蓄电池电解液密度？

（1）关闭点火开关。

（2）拆下蓄电池负极电缆。

（3）使用电解液密度计测量电解液密度，如图 1-32 所示。各单格电池中电解液密度偏差不超过 0.02g/cm^3。如果电解液密度低，需要对蓄电池进行补充充电。如果一个或两个相邻单格电池的电解液密度明显下降，则说明蓄电池有短路故障，应更换蓄电池。

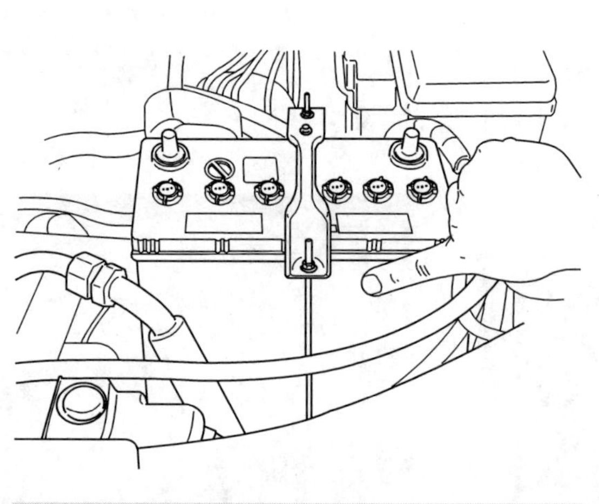

图 1-31　检查蓄电池电解液液面高度

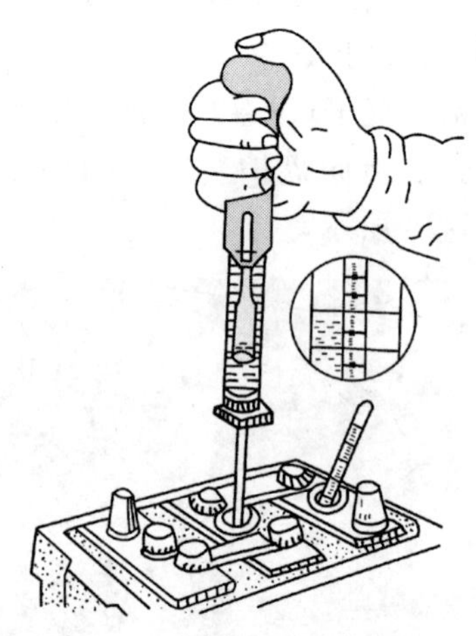

图 1-32　检查蓄电池电解液密度

（4）装上蓄电池负极电缆。

引导问题 16　怎样规范地检查蓄电池端电压?

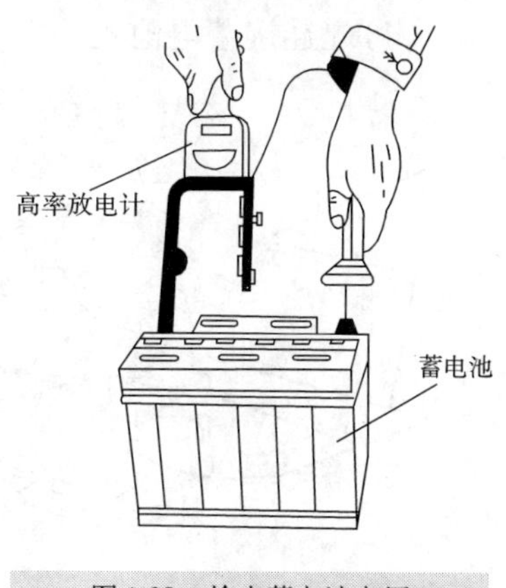

图 1-33　检查蓄电池电压

(1)关闭点火开关。

(2)拆下蓄电池电缆。

(3)清洁蓄电池极柱。

(4)使用高率放电计测量蓄电池两极柱间电压,测试时间为 5 ~ 10s,如图 1-33 所示。负载电流为 110A 时,最小电压不得低于 9.6V。如果蓄电池电压低于规定的数值,则需对蓄电池进行补充充电,或更换蓄电池。

(5)装上蓄电池电缆。

引导问题 17　怎样规范地更换蓄电池?

1 拆卸蓄电池

(1)关闭点火开关。

(2)先拆下蓄电池的负极电缆,再拆下蓄电池的正极电缆,如图 1-34 所示。

(3)拆下蓄电池压板。

(4)从支架中取出蓄电池,如图 1-35 所示。

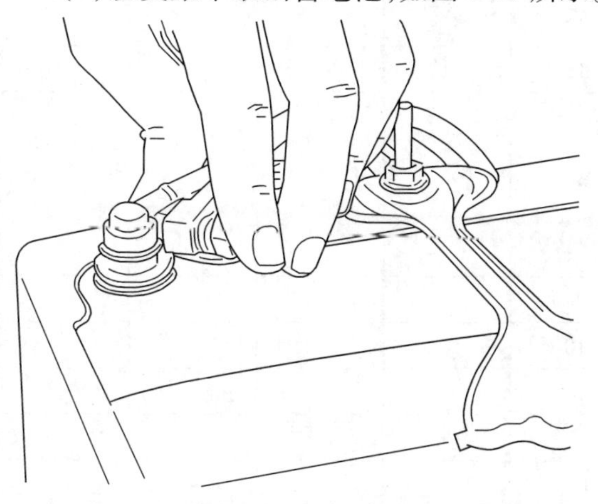
图 1-34　拆下蓄电池电缆

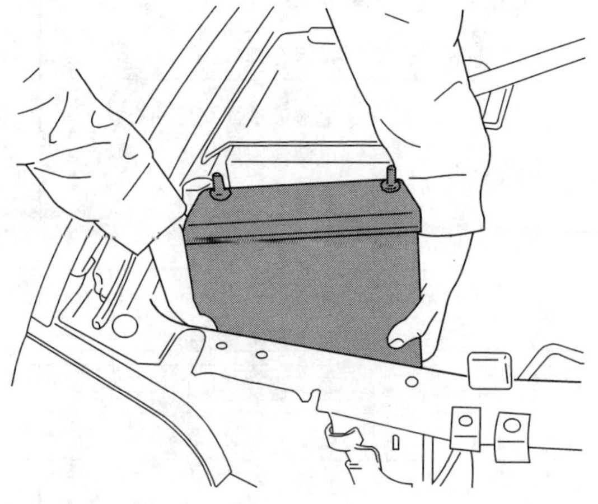
图 1-35　取出蓄电池

2 安装蓄电池

(1)将蓄电池放入支架内。

(2)装上蓄电池压板。

(3)安装电缆前,在电缆夹上涂少量的耐酸油脂,如图 1-36 所示。

(4)先连接蓄电池正极电缆,然后连接蓄电池负极电缆,如图 1-37 所示。

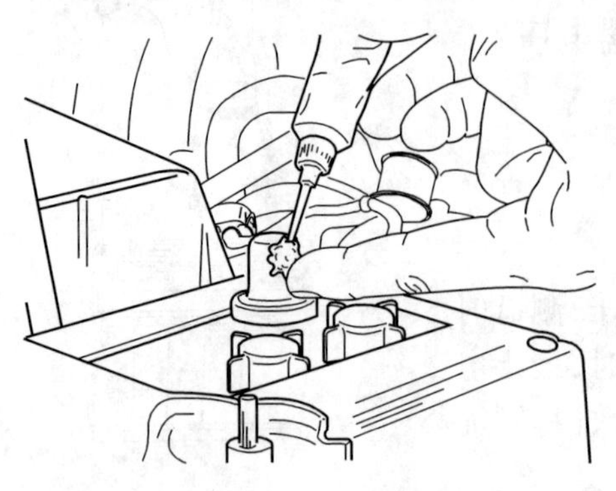

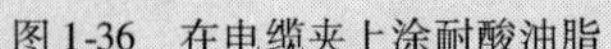

图 1-36　在电缆夹上涂耐酸油脂

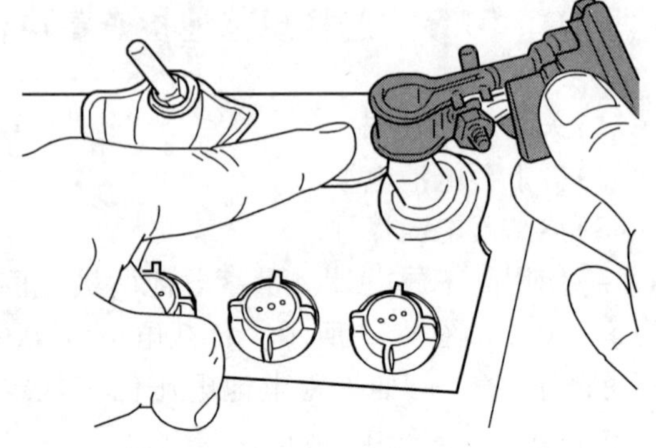

图 1-37　连接蓄电池电缆

三、评价与反馈

1. 对本学习任务进行评价,见表 1-1。

评　分　表　　表 1-1

考核项目	评分标准	分数	学生自评	小组评价	教师评价	小计
活动参与	是否积极主动	5				
安全生产	有无安全隐患	10				
现场 5S	是否做到	10				
任务方案	是否合理	15				
操作过程	电解液液面高度检查; 电解液密度检查; 蓄电池端电压检查; 蓄电池更换	30				
任务完成情况	是否圆满完成	5				
工具和设备使用	是否规范、标准	10				
劳动纪律	是否违反	10				
工单填写	是否完整、规范	5				
总分		100				
教师签名:			年　月　日		得分	

2. 在实施作业时,每一个安全事项都注意到了吗? 如没有,找出忽视的地方和原因。

3. 能否向客户解释蓄电池的检查与更换过程？如不能，分析原因并提出改进措施。

四、学习拓展

1. 安装蓄电池时，为什么要后装蓄电池负极电缆？

2. 查阅资料，说明爱丽舍轿车、雅阁轿车、卡罗拉轿车蓄电池的型号和维护周期。

学习任务二

充电指示灯常亮的检修

学习目标

完成本学习任务后,你应当能:

1. 叙述充电系统的组成、交流发电机及电压调节器的结构与工作原理;
2. 正确地使用工具和仪器;
3. 规范地检查与调整交流发电机V带松紧度;
4. 规范地检查充电系统电路。

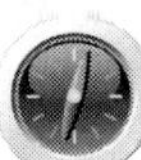

建议完成本学习任务的时间为8课时。

学习任务描述

一辆桑塔纳2000GLi轿车,车主反映:在发动机正常工作时,充电指示灯常亮。需要你对充电系统进行检测,确定故障部位并进行修理。

学习内容

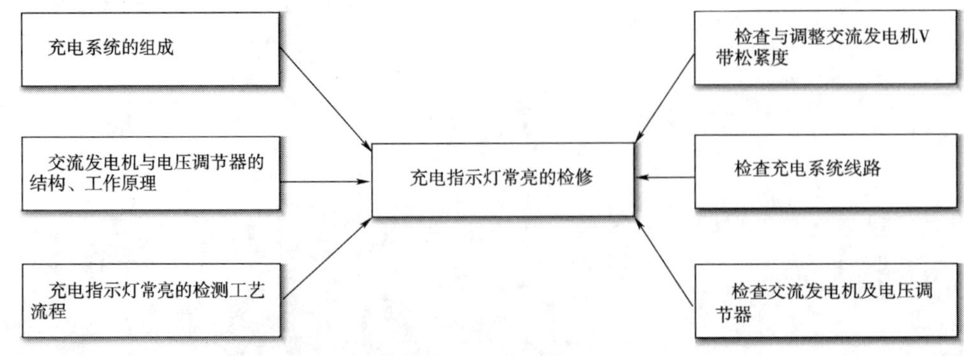

一、资料收集

引导问题 1 充电系统由哪些部件组成?

充电系统的组成如图 2-1 所示。汽车有两个电源,即蓄电池和发电机,蓄电池和发电机采用并联连接,并与用电设备并联。发动机停止运转或起动时,由蓄电池向用电设备供电;发动机正常工作时,发电机向用电设备供电和向蓄电池充电。电压调节器使发电机在转速变化时保持其输出电压恒定。充电指示灯(或电流表)用来指示蓄电池的充电、放电状态。

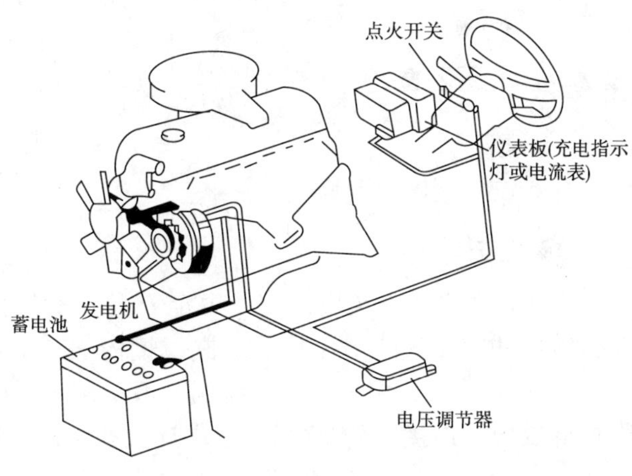

图 2-1 充电系统的组成

引导问题 2 交流发电机由哪几部分组成?各部分的结构和作用是怎样的?

发电机是汽车的主要电源,其作用是在发动机正常运转时,向除起动机以外的所有用电设备供电,同时还向蓄电池充电。

汽车用发电机为硅整流交流发电机,包括一个三相同步交流发电机和用硅二极管组成的整流器,如图 2-2 所示。

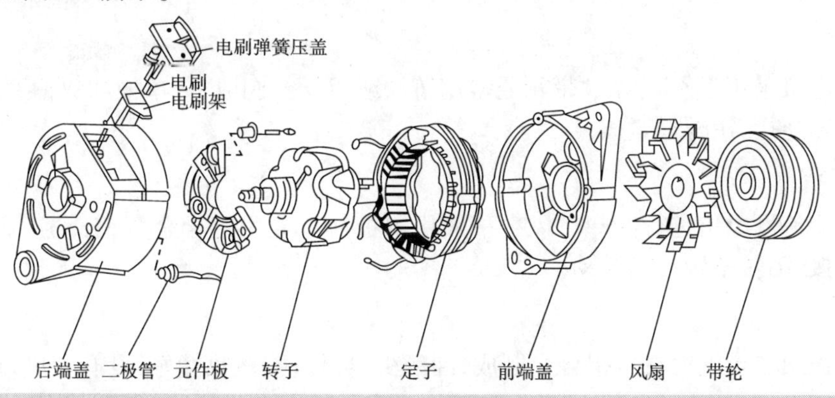

图 2-2 交流发电机的组成

1 三相同步交流发电机

三相同步交流发电机的作用是产生三相交流电。它由转子、定子、带轮、风扇、前端盖、

后端盖、电刷及电刷架等部件组成。

1 转子

转子用于建立磁场。转子由转子轴、励磁绕组、爪极、集电环等组成，如图 2-3 所示。两块爪形磁极与磁轭(导磁铁芯)压装在转子轴上。磁轭上绕有励磁绕组，励磁绕组的两根引出线分别焊接在与转子轴绝缘的两个集电环上。集电环与装在后端盖上的两个电刷相接触。

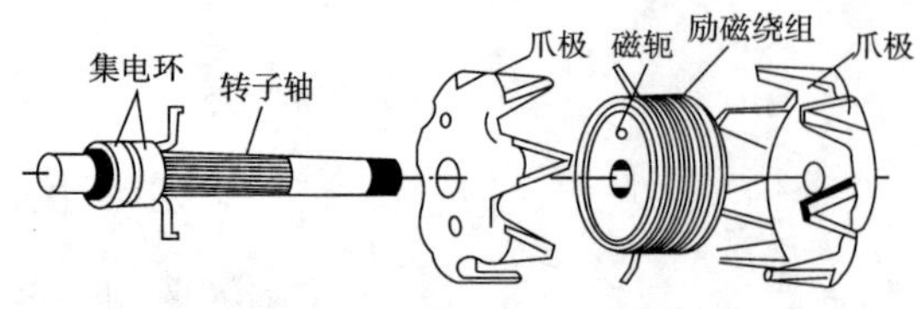

图 2-3　转子结构

2 定子

定子用于产生交流电。定子由定子铁芯和定子绕组组成。定子铁芯由相互绝缘的内圆带嵌线槽的圆环状硅钢片叠成。嵌线槽内嵌入三相对称定子绕组。定子绕组接法有星形(Y)和三角形(△)两种。定子绕组一般采用星形(Y)连接，即每相绕组的首端分别与整流器的硅二极管连接，每相绕组的尾端连接在一起，形成中性点，如图 2-4 所示。

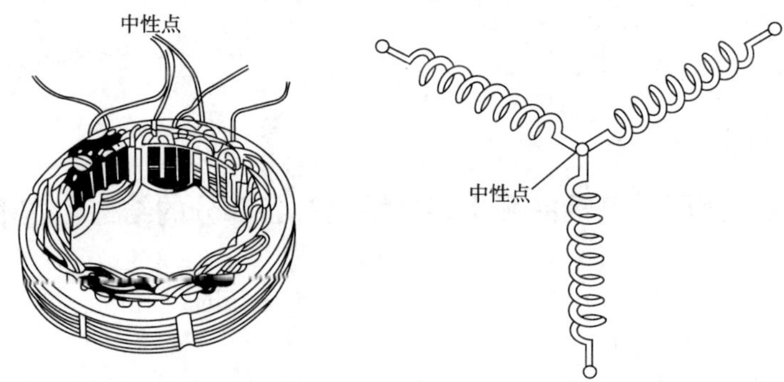

图 2-4　定子及定子绕组星形(Y)连接

3 带轮

交流发电机采用 V 带传动。带轮通常用铸铁或铝合金制成，分单槽和双槽两种，通过半圆键与转子轴连接，用螺母紧固。

4 风扇

风扇对交流发电机进行冷却。风扇一般用钢板冲压或用铝合金压铸而成，通过半圆键与转子轴连接，随转子轴一起转动。

5 端盖

前后端盖用非导磁性材料铝合金制成，漏磁少，且轻便、散热性好，设有通风口。

6 电刷与电刷架

电刷和电刷架装在后端盖上。电刷与电刷架的结构有外装式和内装式两种，两只电刷装在电刷架的方孔内，利用弹簧的压力使其与集电环保持接触，如图 2-5 所示。

交流发电机的搭铁方式有内搭铁和外搭铁两种方式。两个电刷通过引线分别接在两个

接线柱上，即"F"（磁场）接线柱和"E"（搭铁）接线柱，接线柱接直流电源，通过电刷向励磁绕组提供励磁电流，如图 2-6 所示。搭铁接线柱"E"直接与后端盖连接，称为内搭铁，如图 2-6a）所示；搭铁接线柱"F_2"与后端盖绝缘，称为外搭铁，如图 2-6b）所示。

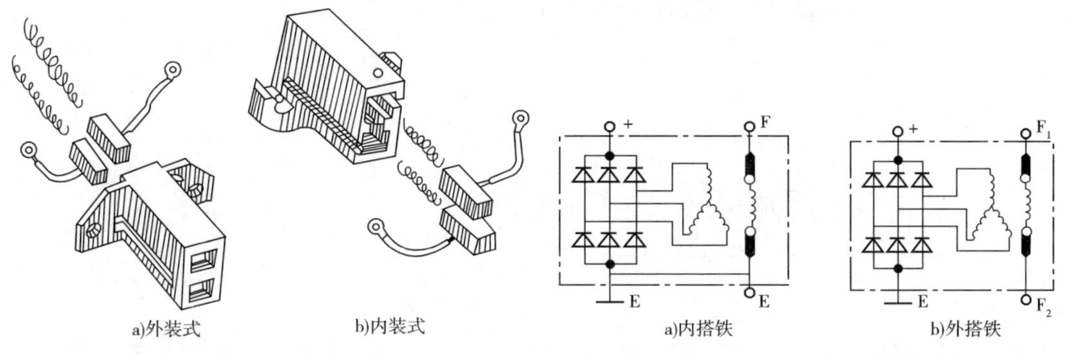

图 2-5　电刷和电刷架

图 2-6　交流发电机搭铁形式

2 整流器

整流器的作用是将三相同步交流发电机产生的三相交流电变成直流电输出。整流器由硅二极管组成，如图 2-7 所示。

整流器一般由 6 只硅二极管（3 只正极管和 3 只负极管）组成三相桥式全波整流电路，如图 2-8 所示。

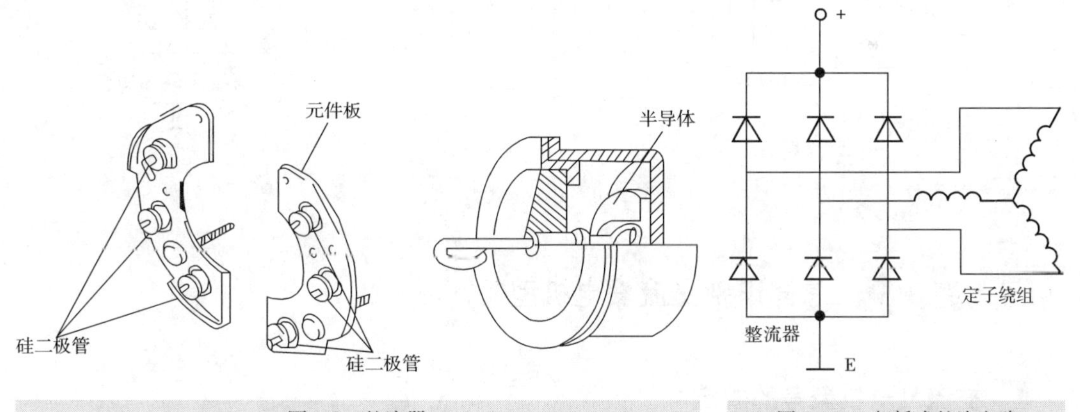

图 2-7　整流器

图 2-8　三相桥式整流电路

硅二极管的安装如图 2-9 所示。正极管中心引线为二极管的正极，外壳为负极，管壳底部一般标有红色标记，3 只正极管压装在元件板上，成为发电机的正极，由一个与后端盖绝缘的元件板固定螺栓通至壳体外，作为发电机的输出接线柱"＋"（"B"或"电枢"）。负极管中心引线为二极管的负极，外壳为正极，管壳底部一般有黑色标记，3 只负极管压装在后端盖上，成为发电机的负极"－"（"E"）。

有些交流发电机的整流器安装在后端盖外侧，只要打开塑料防尘罩，即可取出，不需将交流发电机解体，维修方便。

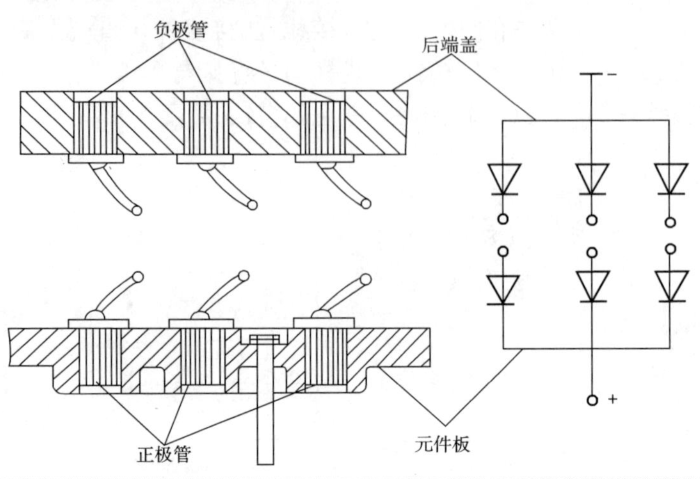

图 2-9　二极管安装示意图

其他形式的整流器如图 2-10 所示。八管整流器在中性点增加了 2 只二极管，提高了发电机输出功率，如图 2-10a）所示；九管整流器增加了 3 只小功率励磁二极管，用于供给励磁电流，可以提高电压调节精度，同时，可控制充电指示灯，用于指示发电机的发电状态，如图 2-10b）所示；十一管整流器兼有八管整流器和九管整流器的作用，如图 2-10c）所示。

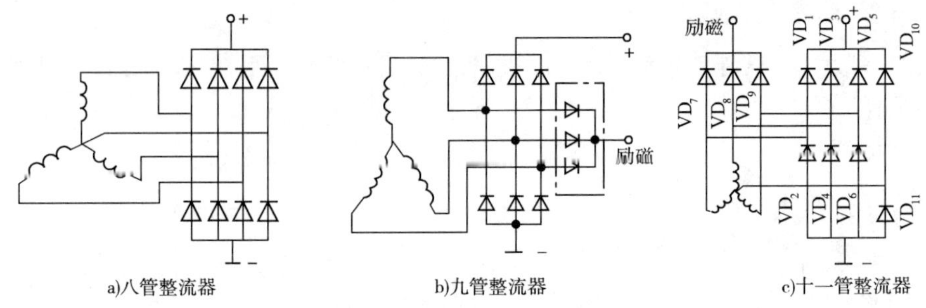

图 2-10　其他形式整流器

引导问题 3　怎样识别交流发电机型号？

1 交流发电机型号的规定

根据我国汽车行业标准《汽车电气设备产品型号编制方法》（QC/T 73—1993）的规定，国产交流发电机型号的组成如下：

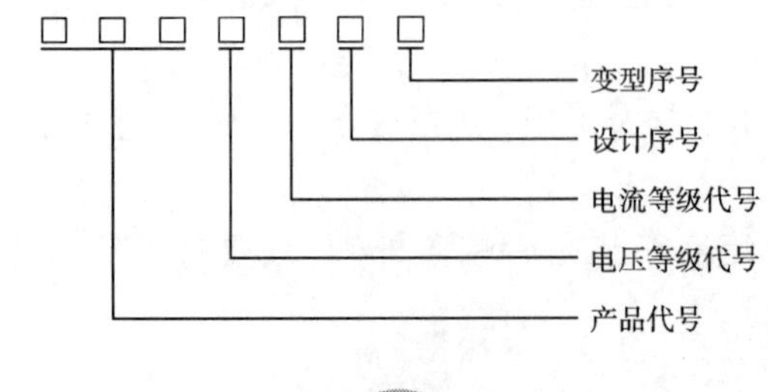

❶ 产品代号

交流发电机的产品代号有JF(交流发电机)、JFZ(整体式交流发电机,电压调节器装在交流发电机内)、JFB(带泵交流发电机)和JFW(无刷交流发电机)四种。

❷ 电压等级代号和电流等级代号

电压等级代号和电流等级代号分别用一位阿拉伯数字表示,其含义见表2-1、表2-2。

电压等级代号　　表2-1

电压等级代号	1	2	3	4	5	6
电压等级(V)	12	24	—	—	—	6

电流等级代号　　表2-2

电流等级(A) / 分组代号 / 产品	1	2	3	4	5	6	7	8	9
交流发电机 整体式交流发电机 带泵交流发电机 无刷交流发电机	~19	≥20~29	≥30~39	≥40~49	≥50~59	≥60~69	≥70~79	≥80~99	≥90

❸ 设计序号

按产品设计先后顺序,由1~2位阿拉伯数字组成。

❹ 变型代号

交流发电机以调整臂位置作为变型代号。从驱动端看,调整臂在中间时不加标记;调整臂在右边时用Y表示;调整臂在左边时用Z表示。

2 交流发电机型号示例

JFZ1913Z型交流发电机,表示电压等级为12V、电流等级为≥90A、第13次设计、调整臂在左边的整体式交流发电机。

引导问题4 交流发电机是怎样工作的?

1 发电

交流发电机是利用电磁感应原理产生交流电的。当励磁绕组有电流通过时,产生轴向磁场,两块爪极磁化(形成6对相间排列的磁极),磁极的磁力线经过转子与定子之间的气隙、定子铁芯形成闭合磁路。当转子旋转时,磁力线和定子绕组之间产生相对运动,在三相绕组中产生交流电动势,如图2-11所示。由于三相绕组是对称绕制的,所以产生的三相电动势也是对称的。

交流发电机每相绕组的电动势有效值的大小和转子转速及磁极磁通成正比，即

$$E_{\Phi} = C_1 n\Phi$$

式中：E_{Φ}——电动势有效值；

C_1——发电机常数；

n——转子转速；

Φ——磁极磁通。

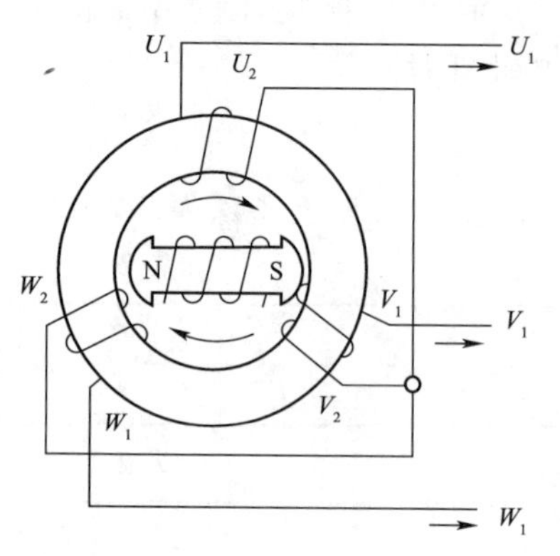

图 2-11　交流发电机工作示意图

2 励磁方式

交流发电机的励磁方式有它励和自励两种，由蓄电池供给励磁电流，称为它励；由交流发电机供给励磁电流，称为自励。

交流发电机在无外接直流电源时，转子的磁极剩磁很弱，交流发电机在低速运转时，仅靠较弱的剩磁产生很小电动势（小于 0.6V），不能使二极管导通，交流发电机不能发电。

交流发电机发电时，需先由蓄电池供给励磁电流（自励），使交流发电机在低速运转时电压能够迅速上升。当交流发电机输出电压高于蓄电池电压时，由交流发电机供给励磁电流（它励）。交流发电机与蓄电池并联，开始由蓄电池向励磁绕组供电，使发电机电压很快建立起来，并由它励转变为自励。

3 整流

整流就是将交流电变成直流电。二极管具有单向导电特性，当给二极管加上正向电压（正极电位高于负极电位）时，二极管导通；当给二极管加上反向电压（正极电位低于负极电位）时，二极管截止。通过由二极管组成的整流器将定子绕组产生的交流电变为直流电。整流过程如图 2-12 所示。

1 正极管导通原则

整流器的 3 只正极管（VD_1、VD_3、VD_5）的正极分别接在定子绕组的始端（A、B、C），负极连接在一起。3 只正极管导通原则是在某一瞬间正极电位最高者导通。

2 负极管导通原则

整流器的 3 只负极管（VD_2、VD_4、VD_6）的负极分别接在定子绕组的始端（A、B、C），正极连接在一起。3 只负极管的导通原则是在某一瞬间负极电位最低者导通。

4 工作特性

交流发电机的工作特性是指交流发电机端电压 U、输出电流 I 和转速 n 之间的关系，包括输出特性、空载特性和外特性，如图 2-13 所示。

汽车发动机转速从怠速到最高转速之间变化，由它带动旋转的交流发电机转速也相应在很大范围内变化。以转速为基准来分析交流发电机的工作特性，其中最重要的是输出特性。

❶ 空载特性

空载特性是指交流发电机在输出电流 I 为 0（空载运行）时，其端电压 U 随转速 n 变化的关系，如图 2-13a）所示。

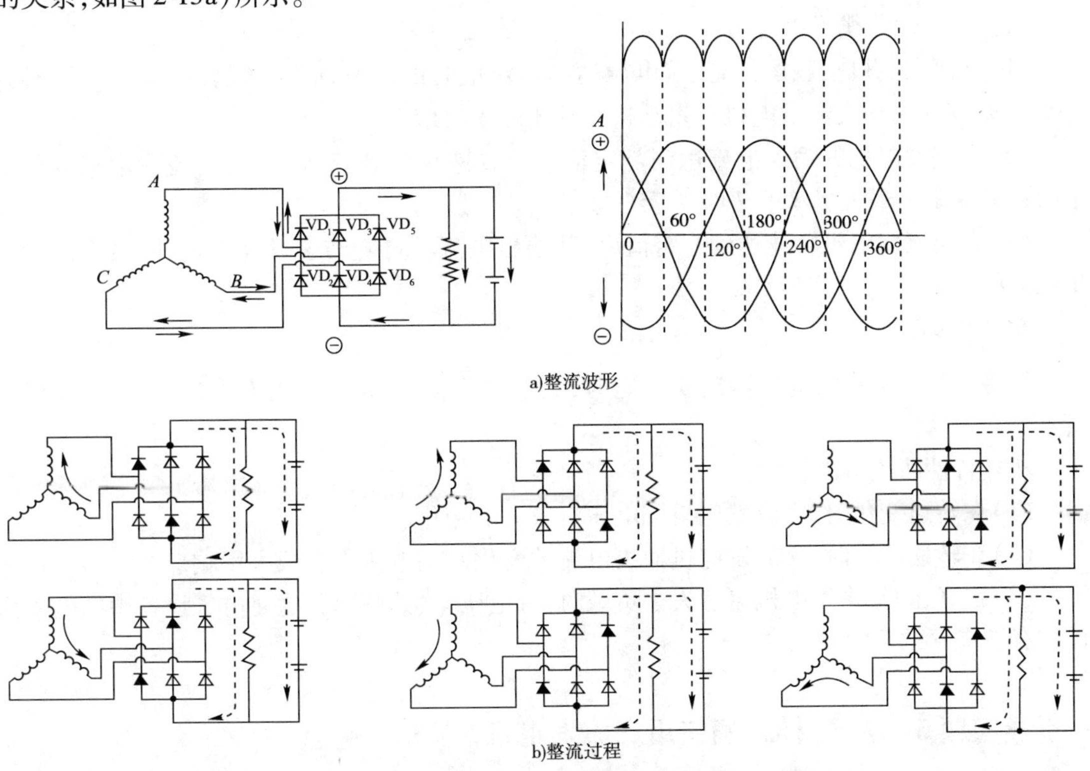

a)整流波形

b)整流过程

图 2-12　整流波形与整流过程示意图

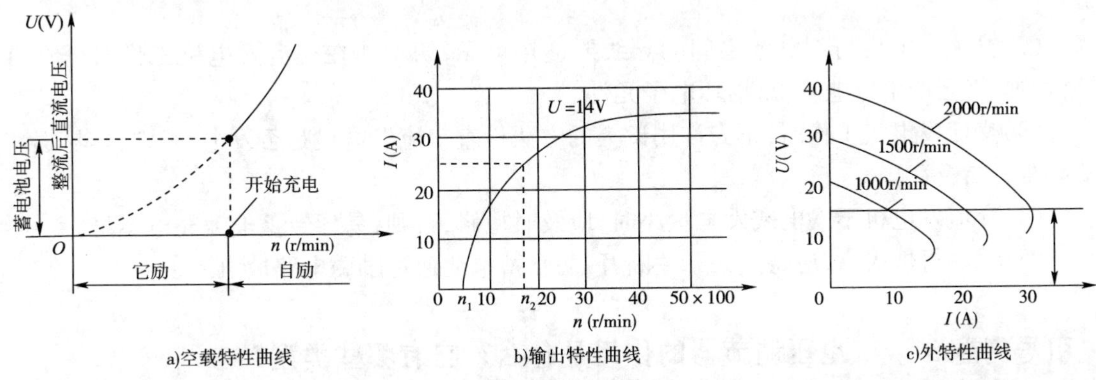

a)空载特性曲线　　b)输出特性曲线　　c)外特性曲线

图 2-13　交流发电机的特性曲线

从空载特性曲线可以看出：交流发电机的端电压是随着交流发电机的转速升高而增高的，可以判断发电机低速充电性能的好坏。

2 输出特性

输出特性是指交流发电机端电压 U 一定时，其输出电流 I 随转速 n 变化的关系，如图2-13b)所示。对于12V系列的交流发电机，规定端电压为14V；对于24V系列的发电机，规定端电压为28V。

从输出特性曲线可以看出：

(1)交流发电机空载运行时，端电压达到额定值时的转速称为空载转速 n_1。空载转速 n_1 常用来作为选择交流发电机与发动机传动比的主要依据。

(2)交流发电机的输出电流达到额定值时的转速称为满载转速 n_2，交流发电机的额定电流一般规定为最大电流的70%～75%。

(3)当交流发电机转速达到一定值后，其输出电流不再随转速升高而增加，具有限制输出电流的作用。

3 外特性

外特性是指交流发电机转速 n 一定时，其端电压 U 与输出电流 I 的关系，如图2-13c)所示。

从外特性曲线可以看出：

(1)在转速变化时，交流发电机端电压有较大的变化。

(2)在转速恒定时，交流发电机输出电流的变化对端电压也有很大影响。

(3)在高速时，当发电机突然失去负载时，端电压会急剧升高，这时电气设备中的电子元件将有被击穿的危险。

引导问题5　怎样正确使用交流发电机?

(1)交流发电机为负极搭铁，蓄电池必须负极搭铁，不得接反，否则，将损坏整流器的二极管。

(2)交流发电机与蓄电池之间的导线要连接可靠，切不能在交流发电机工作时任意拆开，否则，将会产生过电压，易损坏电子元件。

(3)交流发电机工作时，不允许用试火的方法检查交流发电机是否发电，否则，容易损坏整流器的二极管。

(4)交流发电机不发电或发电量小时，应及时检修，否则，易导致蓄电池充电不足。

(5)发动机熄火后，应将点火开关断开，防止蓄电池通过励磁电路放电。

引导问题6　电压调节器的作用是什么？它有哪些类型?

1 电压调节器的作用

电压调节器的作用是将交流发电机输出电压控制在规定范围内。因为交流发电机由发

动机带动，交流发电机转速随发动机转速在很大范围内变化，其输出电压也发生很大变化，无法保证用电设备的正常工作。为了满足用电设备恒定电压的要求，交流发电机必须配用电压调节器，使其输出电压在发动机转速变化时保持恒定。

2 电压调调节器的类型

电压调节器可分为触点式电压调节器和电子式电压调节器，电子式调节器包括晶体管电压调节器和集成电路电压调节器。

触点式电压调节器应用较早，它是通过触点开闭，使磁场电路的电阻改变来调节磁场电流。由于触点开闭频率慢，存在机械惯性和电磁惯性，电压调节精度低，可靠性差，现已被淘汰。

电子式电压调节器利用晶体管的开关特性，使磁场电路接通与切断来调节磁场电流，晶体管的开关频率高、调节精度高、体积小、质量轻、可靠性好，已广泛应用。

引导问题7　电压调节器是怎样调节电压的？

根据交流发电机的电动势公式（$E_{\varphi}=C_1 n\Phi$）可知，电动势 E_{φ} 与交流发电机转速 n 和磁极磁通 Φ 成正比。交流发电机转速 n 随发动机转速在很大范围内变化。如果要在交流发电机转速 n 变化时维持交流发电机输出电压恒定，则必须相应改变磁极磁通 Φ。因为磁极磁通 Φ 取决于励磁电流的大小，所以在交流发电机转速 n 变化时，只要自动调节磁场电流，就能使交流发电机输出电压保持恒定。电压调节器就是利用自动调节励磁电流使磁极磁通改变这一原理来调节交流发电机电压的。

尽管电压调节器形式各异，但各种电压调节器都是通过调节励磁电流使磁极磁通改变来控制发电机电压的。

1 晶体管电压调节器

如图2-14所示，电压调节器的“+”接点火开关，“F”接发电机励磁绕组，电压调节器“+”和“F”之间为晶体管VT的集电极与发射极，晶体管VT起开关作用，接通与断开励磁电路；电压感受元件是稳压管VS，在反向击穿时，电压基本保持不变；电压调节器“+”与搭铁之间有两个电阻 R_1、R_2 组成稳压管的分压器，其 O 点电压正比于交流发电机输出电压，O 点与放大器之间接有稳压管VS，用来感受交流发电机输出电压。

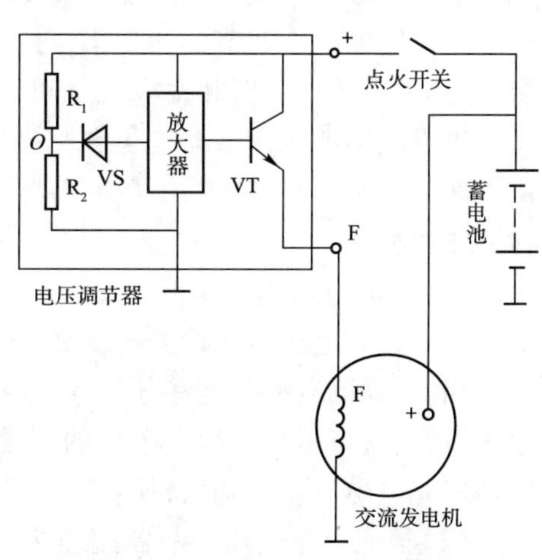

图2-14　晶体管电压调节器示意图

在交流发电机输出电压较低的情况下，O 点电压也较低，此时，稳压管VS处于截止状态，此状态经放大器放大，给晶体管VT的基极高电位，使晶体管

VT 导通，励磁电流可以通过晶体管 VT 流过交流发电机励磁绕组，产生励磁磁场，交流发电机输出电压升高，当其电压升高到电压调节值时，*O* 点电压升高至稳压管 VS 的击穿电压，稳压管 VS 被击穿，此状态经放大器放大后给晶体管 VT 低电位，使晶体管 VT 截止，切断了励磁电流，磁场消失，交流发电机输出电压降低，此时，又使晶体管 VT 导通。如此反复，使交流发电机输出电压稳定在设定值。

电子式电压调节器“+"、“F”和“－”在接线时不能接错。电子式电压调节器的接线方式根据发电机和电压调节器的形式有所不同，虽然电压调节器的接头标注都一样，但接法完全不同。发电机和电压调节器的两种接线方式如图 2-15 所示，内搭铁式发电机与电压调节器的连接如图 2-15a）所示，电压调节器接在发电机与点火开关之间，电压调节器控制励磁绕组电源；外搭铁式发电机与电压调节器的连接如图 2-15b）所示，电压调节器连接在发电机与搭铁之间，电压调节器控制励磁绕组搭铁。这两种形式的发电机与调节器不能互换，否则，将会造成发电机电压失调或发电机不发电。

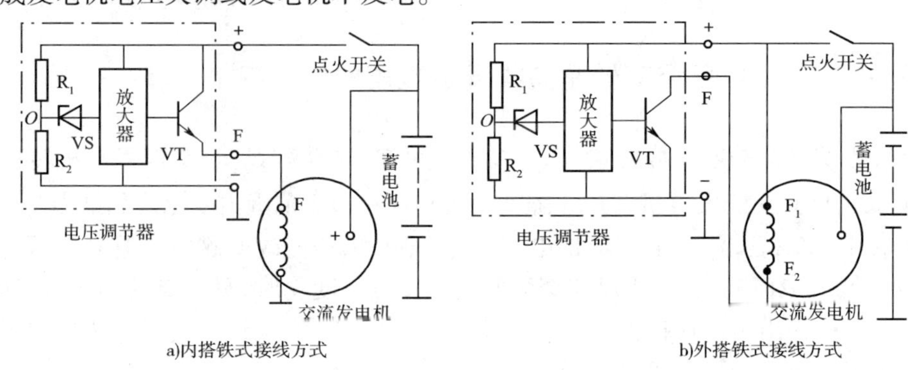

图 2-15　电子式电压调节器的接线方式

2 集成电路电压调节器

电压调节器采用集成电路（IC），将电路中的电子元件集成在一个基片上，制成一个芯片。集成电路电压调节器体积小，可以直接装在发电机内部或壳体上，构成整体式交流发电机，省去了电压调节器和发电机之间的导线，减少了线路故障。

集成电路电压调节器也是利用晶体管的开关特性控制发电机励磁电流，使发电机输出电压保持恒定。集成电路电压调节器的电压检测方法分为发电机电压检测法和蓄电池电压检测法两种。

（1）集成电路电压调节器直接在发电机上检测发电机输出电压来调节发电机输出电压的方法称为发电机电压检测法。如图 2-16 所示，加在分压器 R_1 和 R_2 上的电压与发电机端电压相等，检测点 P 加到稳压管 VS_1 两端的反向电压与发电机端电压成正比。采用发电机电压检测法，可以少一根发电机的引出线，但当发电机至蓄电池电路上的电压降较大时，蓄电池的充电电压将会降低，使蓄电池充电不足。

（2）集成电路电压调节器用连接导线检测蓄电池的端电压来调节发电机输出电压的方法称为蓄电池电压检测法。如图 2-17 所示，加在分压器 R_1 和 R_2 上的电压为蓄电池端电

压，检测点P加到稳压管上的反向电压与蓄电池端电压成正比。采用蓄电池电压检测法，当发电机至蓄电池线路（B—BAT）或电压检测线（S—BAT）断路时，电压调节器不能检测出发电机输出电压，发电机会失控，在实际应用中，采取了一定的控制措施。一般大功率发电机多采用蓄电池电压检测法。

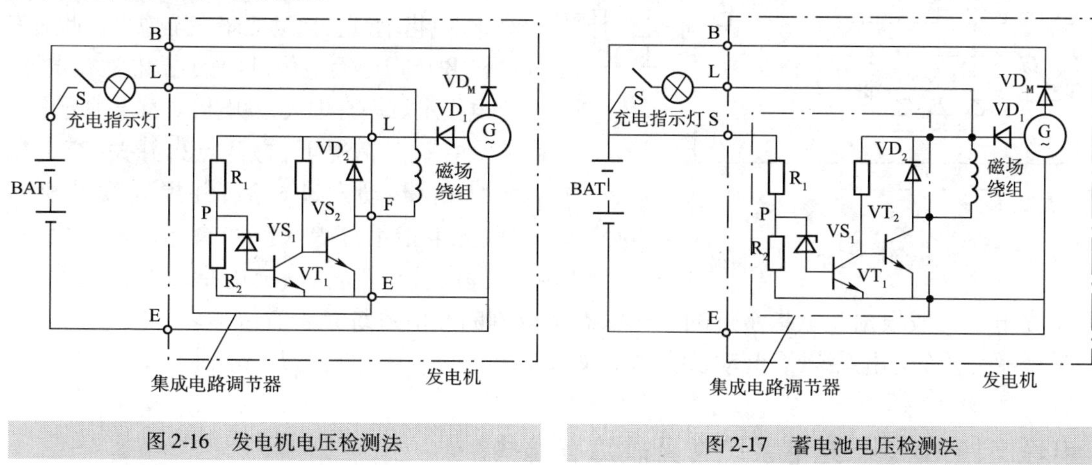

图2-16　发电机电压检测法

图2-17　蓄电池电压检测法

引导问题8　如何正确使用电压调节器？

（1）电压调节器与交流发电机的电压等级必须一致，否则，电源系统不能正常工作。

（2）电压调节器与交流发电机的搭铁形式必须一致，内搭铁型电压调节器只能与内搭铁型发电机配用，而外搭铁型电压调节器只能与外搭铁型发电机配用，否则，发电机无磁场电流而不能输出电压。

（3）交流发电机的功率不得超过电压调节器设计时所能配用的交流发电机功率。因为交流发电机的功率大，励磁电流也大（如14V 750W交流发电机，其励磁电流为3～4A；14V 1000W交流发电机，其励磁电流为4～5A）。励磁电流越大，对电压调节器中控制励磁电流的大功率晶体管的技术要求越高，成本也越高。大功率交流发电机的电压调节器配用小功率交流发电机，虽然可用，但成本较高，不经济。而小功率交流发电机的电压调节器不能与大功率交流发电机配用，否则，会降低交流发电机的输出性能，影响充电系统正常工作。

（4）线路连接必须正确。使用时必须根据使用说明书所给出的电路图正确连接电源系统线路，否则，充电系统不能正常工作，甚至会损坏电压调节器和发电机的器件。

（5）电压调节器必须受点火开关（或电源开关）控制。发动机熄火后，应及时将点火开关（或电源开关）断开。否则，可能烧坏电压调节器，还会造成蓄电池亏电。

引导问题9　充电指示灯在什么情况下常亮？

充电指示灯电路如图2-18所示。充电指示灯受发电机B_+电压和发电机D_+电压的差值所控制。

接通点火开关，不起动发动机，电流从蓄电池“+”→点火开关→充电指示灯→电压调节器“D_+”→电压调节器“F”→励磁绕组→搭铁→蓄电池“-”，充电指示灯亮。

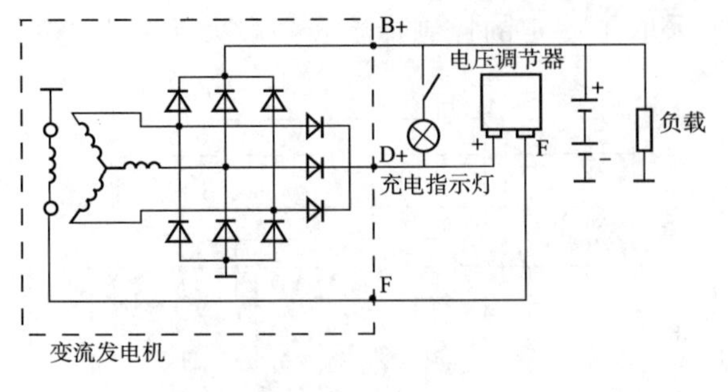

图 2-18 充电指示灯电路

起动发动机，随发电机转速的升高，发电机 D_+ 电压升高，充电指示灯两端的电位差减小，充电指示灯会自动变暗直至熄灭。此后发电机 B_+ 与 D_+ 等电位，且高于蓄电池端电压，充电指示灯一直熄灭，发电机对蓄电池充电。

在正常情况下，打开点火开关，充电指示灯亮，起动发动机后，并提高发动机转速，充电指示灯熄灭。如果起动发动机后，且提高发动机转速，充电指示灯常亮，则表明不充电。一般根据充电指示灯的工作状态可以判断充电系统是否有故障。

爱丽舍轿车充电系统（含起动系统）电路如图 2-19 所示。发电机为九管整体式交流发电机。

引导问题 10 充电系统常见故障有哪些？

充电系统常见故障及诊断见表 2-3。

充电系统常见故障及诊断 表 2-3

故障现象	故障原因	故障处理方法
不发电	二极管损坏	更换二极管
	调节器损坏	更换调节器
	励磁绕组断路、短路或搭铁	更换转子
	定子绕组断路、短路或搭铁	更换定子
	电刷与集电环不接触	检修电刷或清洁集电环
	接线柱搭铁	检查接线柱
发电量小	个别二极管损坏	更换二极管
	调节器电压调整值偏低	更换调节器
	励磁绕组有局部短路	更换转子
	电刷接触不良	检修电刷或清洁集电环
发电不稳定	传动带过松	调整传动带松紧度
	电刷弹簧压力不足	更换电刷
	定子绕组时断时开	更换定子
	接线柱松动或接触不良	检查接线柱
发电机异响	发电机装配不当	重新装配发电机
	定子与转子表面相擦	检修定子或转子
	定子绕组搭铁	检修定子绕组
	发电机轴承损坏	更换轴承

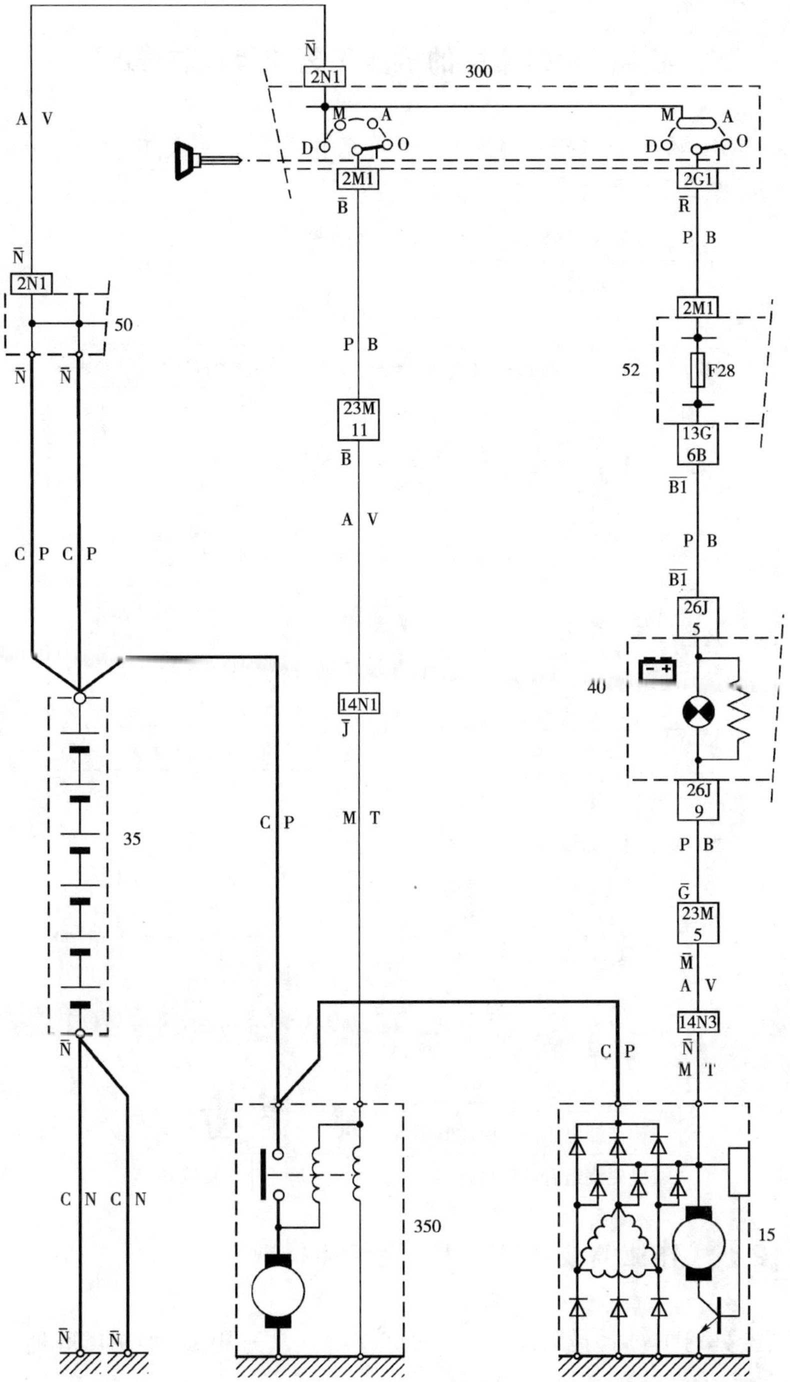

N̄ 2N1 300
A V
M A D O 2M1 B̄
M A D O 2G1 R̄
P B
N̄ 2N1 50 N̄ N̄
2M1 52 F28 13G 6B
P B 23M 11 B̄
A V B̄1 P B B̄1
C P C P
26J 5 40 26J 9
14N1 J̄
35 C P M T
P B Ḡ 23M 5 M̄ A V 14N3 N̄ M T
N̄ C P
C N C N 350 15
N̄ N̄

图2-19 爱丽舍轿车充电系统(含起动系统)电路

15-交流发电机;35-蓄电池;40-组合仪表(充电指示灯);50-发动机舱熔断器盒;52-驾驶室熔断器盒;300-点火开关;350-起动机

引导问题 11　充电指示灯常亮的检测工艺流程是怎样的?

桑塔纳 2000GLi 轿车充电指示灯常亮，说明充电系统有故障，应按规定的检测工艺流程进行故障分析，如图 2-20 所示。

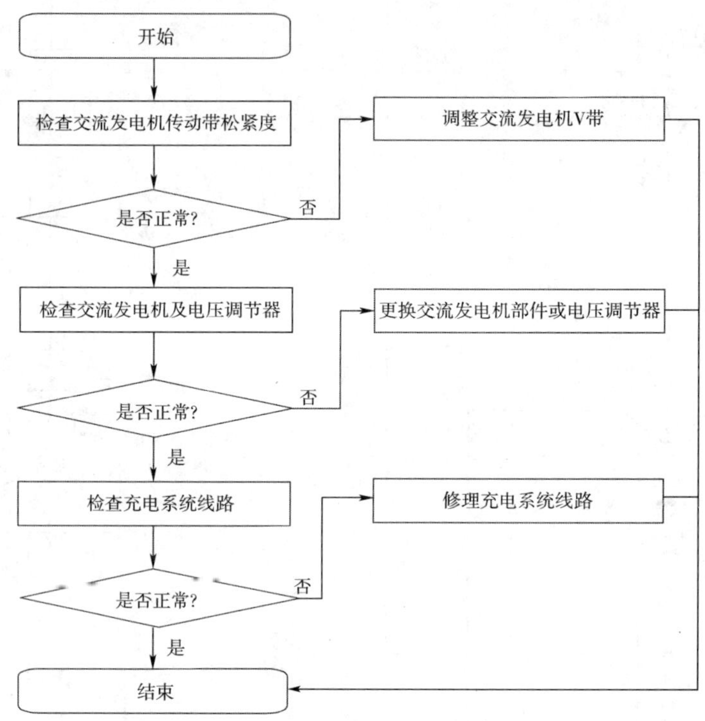

图 2-20　充电指示灯常亮的检测工艺流程

二、实 施 作 业

引导问题 12　作业需要哪些工具、设备和材料?

(1)扳手、旋具、弹簧加力器、跨接线、试灯、欧姆表、万用表、多用试验器 V. A. G1315A、游标卡尺。

(2)翼子板护裙、转向盘护套、变速杆护套、座椅护套和脚垫。

(3)SAV13VI 型交流发电机及部件、蓄电池、点火开关。

(4)上海大众桑塔纳 2000 轿车维修手册。

引导问题 13 通过查询与查找,填写车辆以下信息。

生产年份____________,车牌号码____________,行驶里程____________ km,车辆识别代码(VIN)____________________。

相关引导问题

以下“实施作业”的详细内容见本书“学习任务一　蓄电池的检查和更换”:

(1)作业前的准备;

(2)检查蓄电池;

(3)更换蓄电池。

引导问题 14 怎样规范地检查与调整交流发电机 V 带松紧度?

由于交流发电机 V 带的挠度能反映交流发电机的传动状况,通过检查 V 带的挠度(或张紧力)可以确定其松紧度是否合适。

(1)用弹簧加力器在水泵带轮与发电机带轮之间 V 带的中部施加 40 ~ 50N 的力,其挠度应为 8 ~ 12mm,如图 2-21 所示。

(2)或用拇指在水泵带轮与交流发电机带轮之间 V 带的中部压下 V 带时,其挠度应为 2mm(新带)或 5mm(旧带)。如果不符合要求,则对 V 带进行调整。

(3)拧松张紧卡板和交流发电机支架紧固螺栓(至少松开一圈,紧固螺栓松开后,交流发电机靠自重倒向一侧),用扭力扳手转动张紧螺母使 V 带挠度符合规定数值,然后用 35N · m的力矩拧紧张紧螺母上的紧固螺栓,用 20N · m 的力矩拧紧交流发电机支架紧固螺栓,如图 2-22 所示。

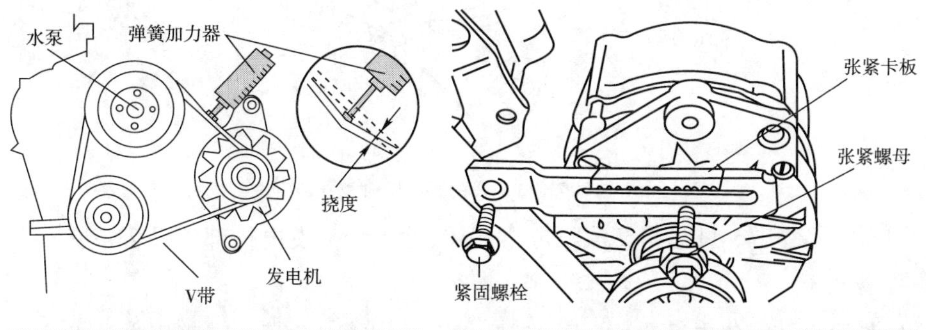

图 2-21　检查发交流电机 V 带挠度

图 2-22　调整交流发电机 V 带挠度

(4)再检查 V 带松紧度是否合适。如果不符合要求,则重新调整。

引导问题 15　怎样规范地检查交流发电机及电压调节器?

1 检查交流发电机发电

(1)将万用表的负表笔接发电机外壳,正表笔接交流发电机“B_+”接线柱,测得的电压应为蓄电池电压。如果无电压,则表明交流发电机“B_+”接线柱至蓄电池断路,应检修线路。

(2)如果测得的电压为蓄电池电压,则起动发动机,并提高发动机转速,此时测得的电压应高于蓄电池电压,否则,说明交流发电机不发电,应检修交流发电机及电压调节器。

2 检查交流发电机部件

桑塔纳 2000GLi 轿车的 SAV13VI 型交流发电机结构如图 2-23 所示。

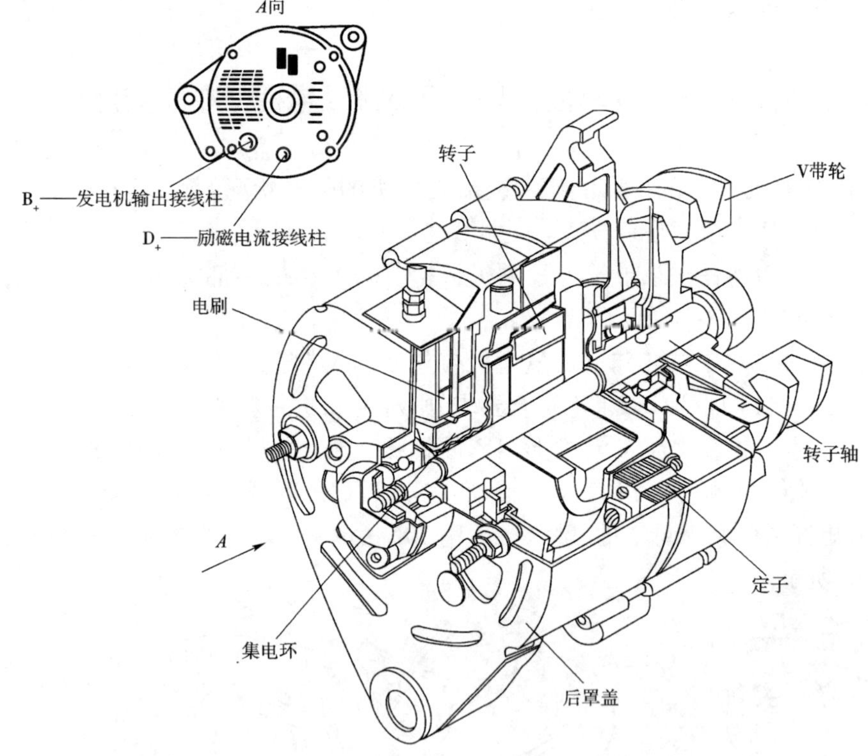

图 2-23　桑塔纳 2000GLi 轿车的 SAV13VI 型交流发电机结构

从车上拆下交流发电机,将交流发电机解体,检查交流发电机部件是否正常。

1 检查转子

(1)目测检查转子集电环表面是否光滑、清洁。如果有油污,则可用布沾些汽油将其擦净;如果有烧伤或轻微划痕,则可用“00”号砂布打磨。用游标卡尺测量集电环的磨损,如图 2-24 所示,如果磨损超过 0.2mm,则更换转子。

(2)检查励磁绕组搭铁,如图 2-25 所示。用欧姆表(R×kΩ 挡)检查集电环与转子爪极(或转子轴)之间电阻,应为∞,否则,说明励磁绕组搭铁,应更换转子。

(3)检查励磁绕组短路或断路,如图 2-26 所示。用欧姆表(R×Ω 挡)检查两个集电环之间的电阻,应为 3~4Ω,如果电阻值小于 2Ω,则表明励磁绕组间短路,应更换转子;如果电阻值过大,则表明励磁绕组断路,应更换转子。

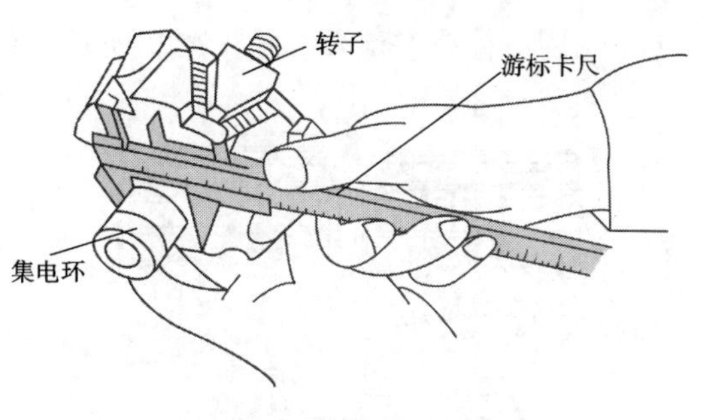

图 2-24 检查集电环磨损

2 检查定子

(1)检查定子绕组搭铁,如图 2-27 所示。用欧姆表(R×kΩ 挡)检查定子绕组引线和定子铁芯之间电阻,其电阻应为∞,否则,说明定子绕组搭铁,应更换定子。

(2)检查定子绕组断路,如图 2-28 所示。用欧姆表(R×Ω 挡)检查定子绕组引线和中性点引线之间电阻,其电阻应约为 0Ω,否则,说明定子绕组断路,应更换定子。

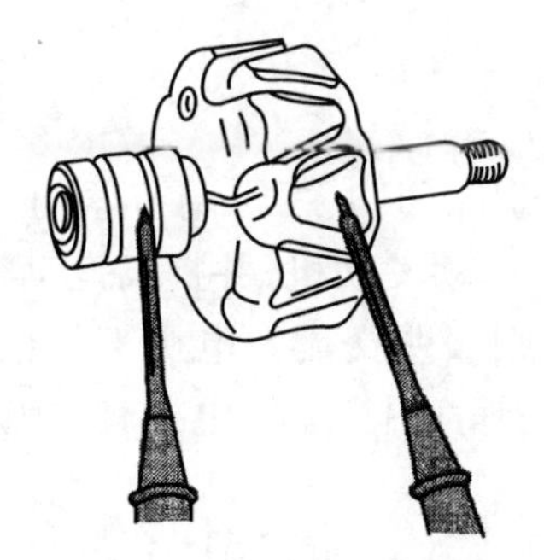

图 2-25 检查励磁绕组搭铁

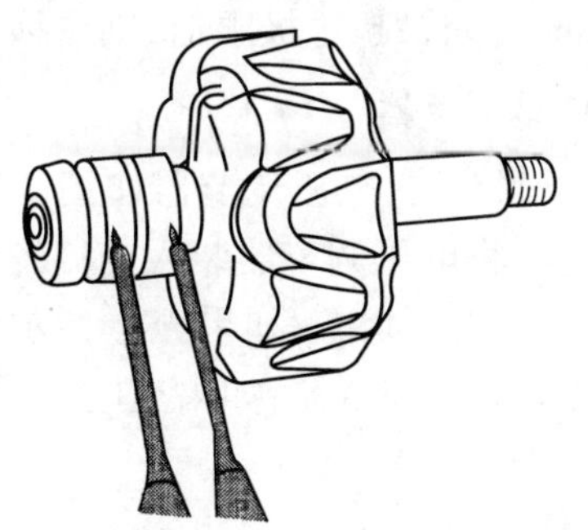

图 2-26 检查励磁绕组短路或断路

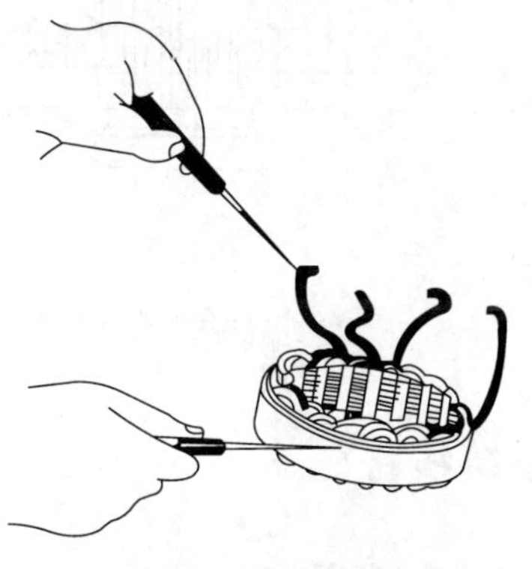

图 2-27 检查定子绕组搭铁

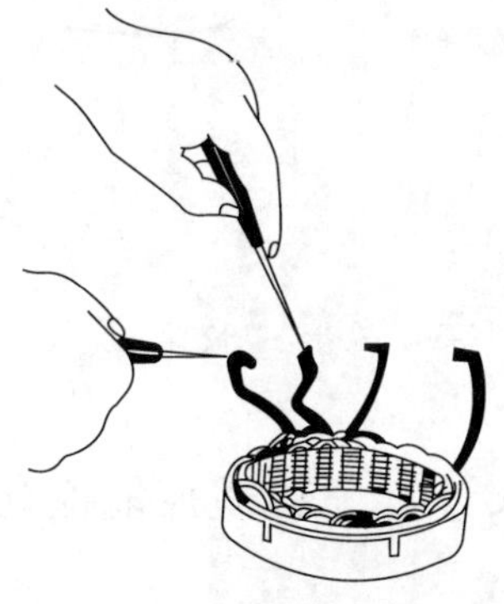

图 2-28 检查定子绕组断路

3 检查整流器

用电烙铁断开定子绕组与二极管板(元件板)的连线。使用多用试验器 V. A. G1315A

(或万用表)检查整流器,如图 2-29 所示。使用多用试验器 V. A. G1315A 需同时按下电阻测量按钮和电压测量按钮。检查正二极管时,将黑色端子连接在正极散热器片(B_+)上,红色端子依次放在二极管的焊点上,如图 2-29a)所示;检查负二极管时,将红色端子连接在负极散热片上,黑色端子依次放在焊点上,如图 2-29b)所示;检查励磁二极管时,将黑色端子连接在磁场接线柱(D_+)上,红色端子依次放在二极管焊点上,如图 2-29c)所示。均需要进行三次测量,并且显示值应为 50 ~ 80Ω,否则,应更换二极管板。

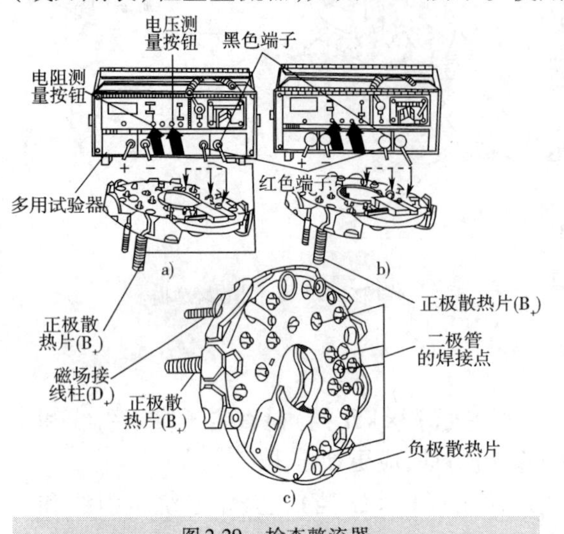

图 2-29　检查整流器

4 检查电刷

检查电刷时,用游标卡尺测量电刷长度,如图 2-30 所示。电刷的标准长度为 13mm,使用极限为 5mm。如果超过极限值,则更换电刷。

5 检查电压调节器

先拆下电压调节器,电压调节器如图 2-31 所示,用一根电线将调节器的“F” 接线柱与“ - ”连接起来,再将电压调节器装入交流发电机中。起动发动机,并提高发动机转速,此时,电压调节器处于不工作状态,如果充电指示灯熄灭,则表明交流发电机工作正常,电压调节器有故障,应更换电压调节器;如果充电指示灯仍亮,则表明交流发电机有故障。

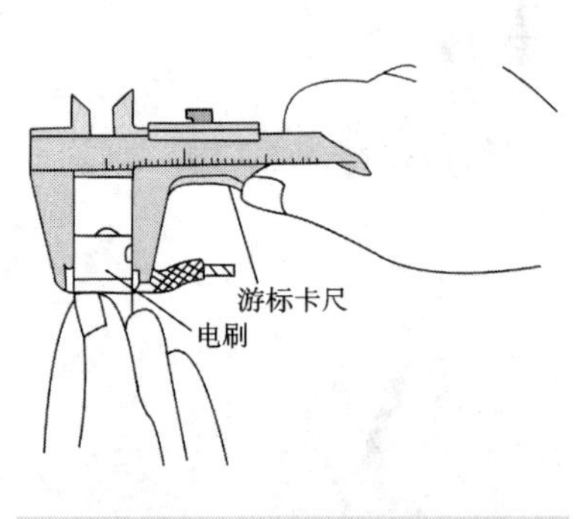

图 2-30　检查电刷长度

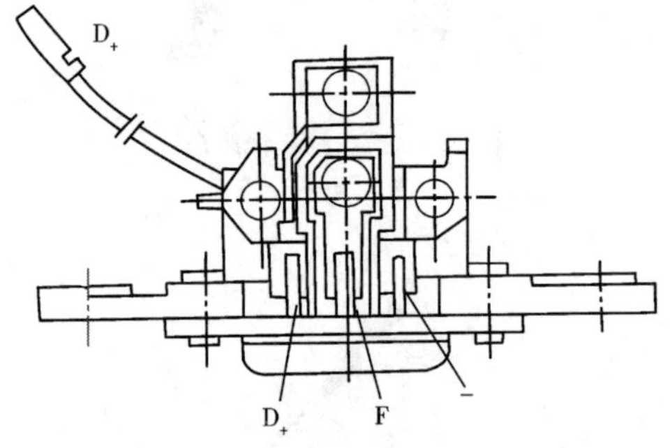

图 2-31　检查电压调节器

引导问题 16　怎样规范地检查充电系统线路?

桑塔纳 2000GLi 轿车充电系统电气线路图如图 2-32 所示。

(1)检查交流发电机“B_+”接线柱、起动机电磁开关“30”接线柱,导线连接是否松脱。如有,则将其连接紧固。

(2)用万用表检查交流发电机“B_+”接线柱有无电压(蓄电池电压)。如果无电压,则表明交流发电机“B₊”接线柱至起动机电磁开关“30”接线柱导线断路。

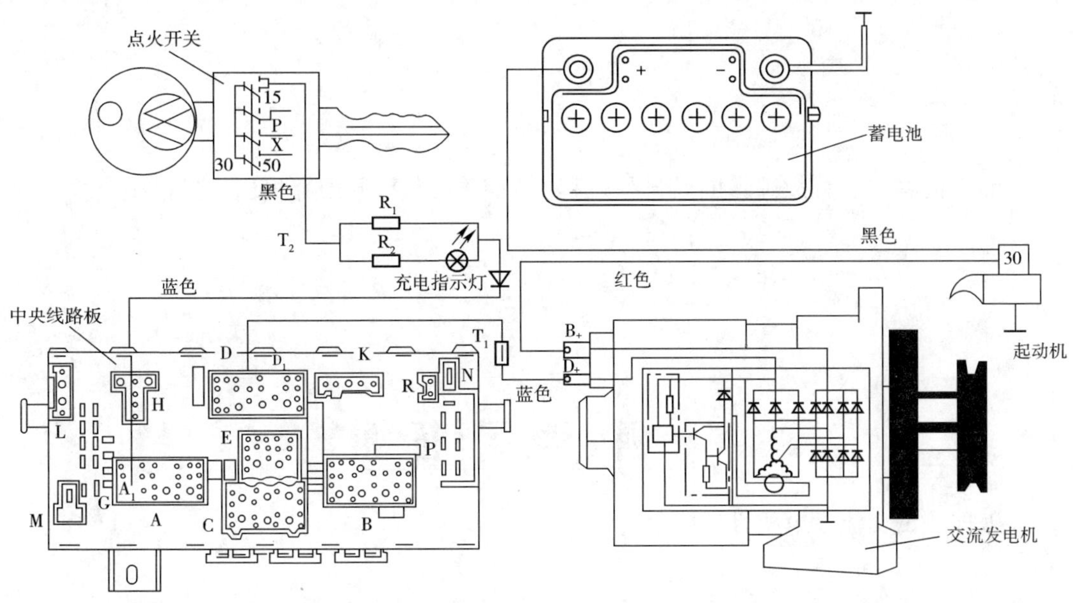

图 2-32　桑塔纳 2000GLi 轿车充电系统电气线路图

三、评价与反馈

1. 对本学习任务进行评价，见表 2-4。

评　分　表　　　　表 2-4

考核项目	评分标准	分数	学生自评	小组评价	教师评价	小计
活动参与	是否积极主动	5				
安全生产	有无安全隐患	10				
现场 5S	是否做到	10				
任务方案	是否合理	15				
操作过程	V 带松紧度检查与调整； 发电机与电压调节器检查； 充电系统线路检查	30				
任务完成情况	是否圆满完成	5				
工具和设备使用	是否规范、标准	10				
劳动纪律	是否违反	10				
工单填写	是否完整、规范	5				
总分		100				
教师签名：			年　月　日		得分	

2. 在实施作业时,每一个安全事项都注意到了吗?如没有,找出忽略的地方和原因。

3. 能否向客户解释故障诊断及排除过程?如不能,分析原因并提出改进措施。

四、学习拓展

1. 怎样测试交流发电机性能?

2. 查阅资料,说明哪些车型采用了整体式交流发电机。

3. 查阅资料,说明爱丽舍轿车、卡罗拉轿车、蒙迪欧轿车充电指示灯控制电路。

学习任务三

起动机不转的检修

学习目标

完成本学习任务后，你应当能：

1. 叙述起动系统的作用与组成、起动机的结构与工作原理；
2. 能读懂给定的“检测工艺流程”，对测试结果进行分析；
3. 正确地使用工具和设备；
4. 规范地检查起动机及线路。

建议完成本学习任务的时间为 8 课时。

学习任务描述

一辆桑塔纳 2000GSi 轿车，车主反映：起动发动机时，起动机不转。需要你对起动系统进行检测，确定故障部位并进行修理。

学习内容

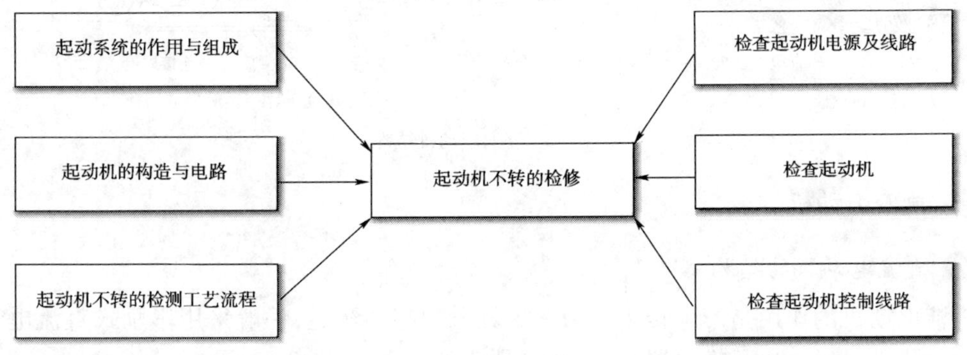

一、资料收集

引导问题1　起动系统的作用是什么？它由哪些部件组成？

发动机从静止状态到自行运转的过程，称为发动机起动。汽车发动机是靠外力起动的，常用的起动方式有人力起动和电力起动。人力起动简单，但不方便，费力，只在部分汽车上作为后备方式保留着。电力起动操作简便，起动迅速可靠，重复起动能力强，还可以远距离控制，在现代汽车上被广泛采用。

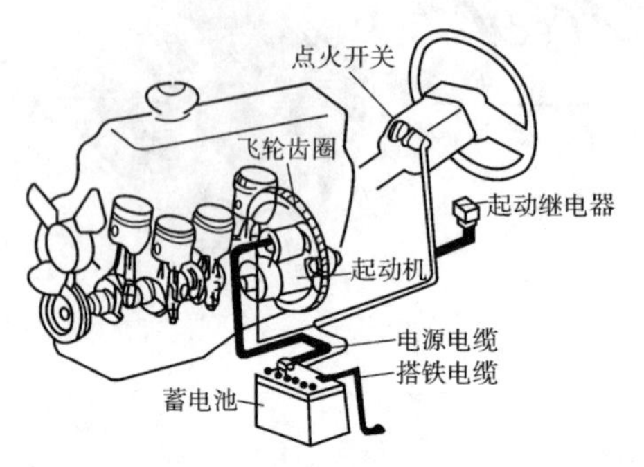

图3-1　起动系统组成

起动系统的作用是起动发动机。起动系统由起动机及控制电路两大部分组成，其主要部件包括蓄电池、起动机、起动继电器、点火开关等，如图3-1所示。在点火开关和起动继电器的控制下，起动机产生转矩，带动发动机飞轮转动，使发动机起动。

引导问题2　起动机由哪几部分组成？各部分的结构和作用是怎样的？

起动机是起动系统的主要组成部分，其作用是产生转矩，带动发动机曲轴转动，使发动机起动。起动机的种类有普通起动机、减速起动机和永磁起动机，采用电磁操纵。

普通起动机由直流电动机、传动机构和电磁开关组成，如图3-2所示。

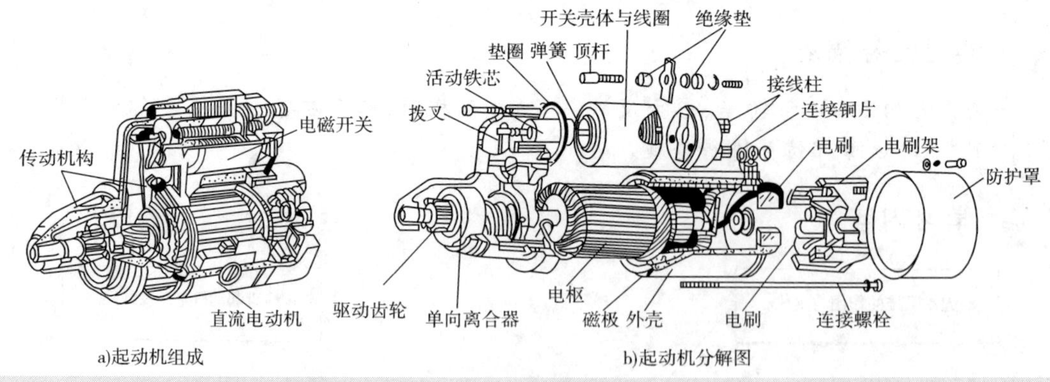

图3-2　普通起动机结构

1 直流电动机

1 直流电动机的结构

直流电动机的作用是产生转矩。为获得较大的起动转矩，一般采用串励式直流电动机。直流电动机由磁极、电枢、换向器、电刷及电刷架等组成，如图3-3所示。

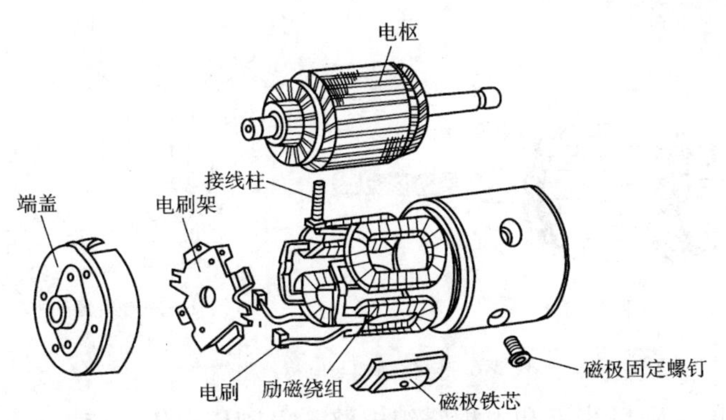

图 3-3　直流电动机结构

（1）磁极用来产生磁场。磁极由铁芯和励磁绕组组成，如图 3-4 所示。大多数采用 4 个磁极。铁芯用螺钉固定在直流电动机外壳上。励磁绕组由较粗的矩形裸铜线绕制而成。

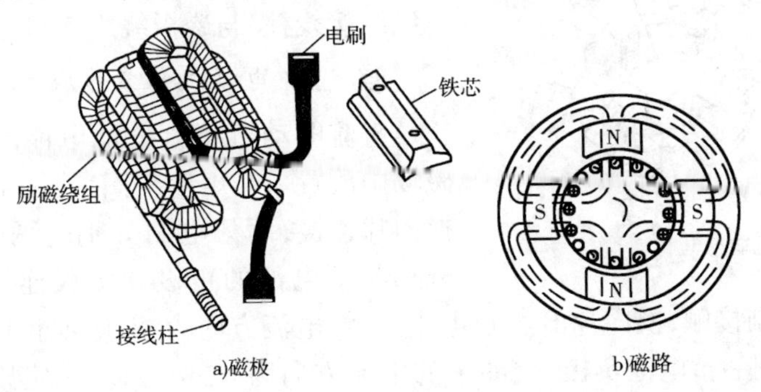

a)磁极　　b)磁路

图 3-4　磁极

励磁绕组一端接在外壳的绝缘接线柱上，另一端与两个绝缘电刷相连，励磁绕组与电枢绕组串联，这种直流电动机称为串励式直流电动机，如图 3-5 所示。

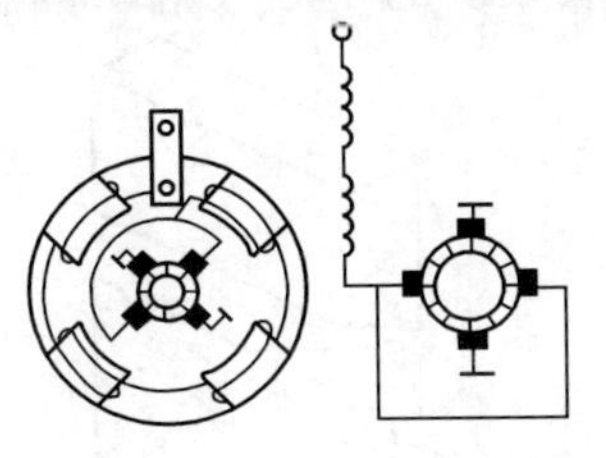

a)四个串联励磁绕组与电枢绕组串联

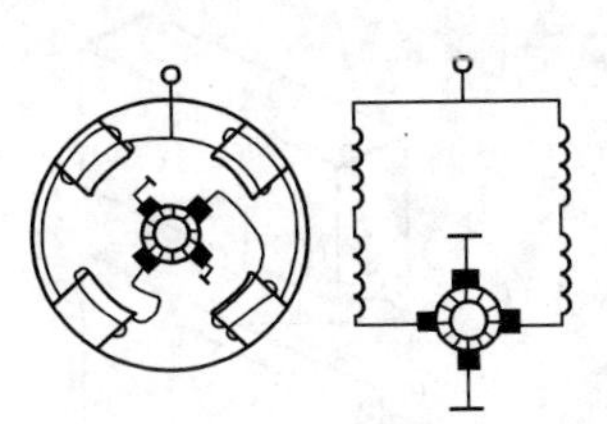

b)两个串联再并联励磁绕组与电枢绕组串联

图 3-5　励磁绕组与电枢绕组接法

（2）电枢用来产生电磁转矩。电枢由电枢轴、电枢绕组、换向器和铁芯组成，如图 3-6a）所示。铁芯由外圆带槽的硅钢片叠成后固定在电枢轴上。电枢绕组由较粗的矩形裸铜线绕制而成，一般采用波绕法，每一绕组相连接的换向片相隔 90°，如图 3-6b）所示。换向器由换向片组成，换向片之间均用云母绝缘。电枢绕组的两端焊接在换向片上。

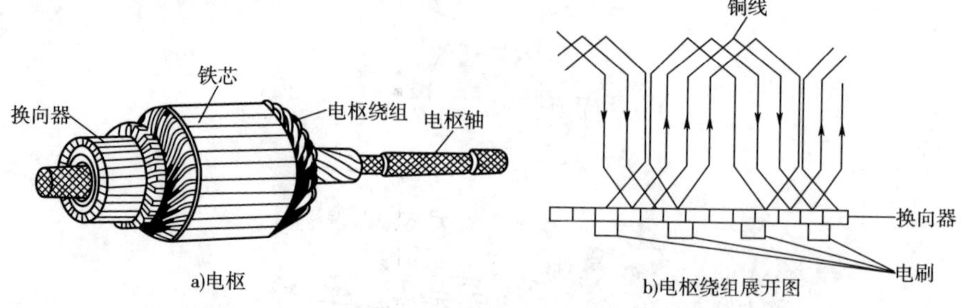

a)电枢　　b)电枢绕组展开图

图 3-6　电枢结构与电枢绕组绕法

(3)电刷用于连接励场绕组和电枢绕组电路。电刷用含铜石墨制成,装在端盖上的电刷架中,通过电刷弹簧使电刷压在换向器上,如图 3-7 所示。4 个磁极的电动机装有 4 个电刷,其中两个电刷与电刷架绝缘为绝缘电刷,另两个电刷为搭铁电刷。

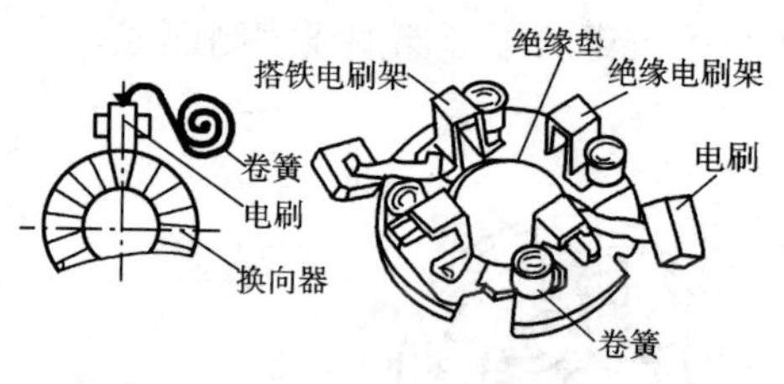

图 3-7　电刷与电刷架

(4)外壳制成圆筒状,磁极安装外壳内,其上有一绝缘接线柱,与磁极绕组连接。

❷ 直流电动机的工作原理

直流电动机将蓄电池电能转变为机械能。在磁场中放置一个矩形线圈,线圈的两端分别与两个换向片连接,两只电刷分别与两片换向片接触,并分别与蓄电池的正极和负极连接,如图 3-8 所示。换向片 A 与正电刷接触,换向片 B 与负电刷接触,电流方向为:蓄电池正极→正电刷→换向片→线圈→负电刷→蓄电池负极,线圈中的电流方向为 $a \to d$,由左手定则可以确定线圈的 ab 段所受的作用力 F 向左,cd 段所受的作用力 F 向右,线圈受到力矩作用逆时针方向转动,如图 3-8a)所示。当线圈转过半周,换向片 B 与正电刷接触,换向片 A 与负电刷接触,线圈中的电流方向变为 $d \to a$,线圈受力矩作用仍按逆时针方向转动,如图 3-8b)所示。在电源连续向直流电动机供电时,线圈就不停地按同一方向转动。为了增大电动机输出转矩和运转

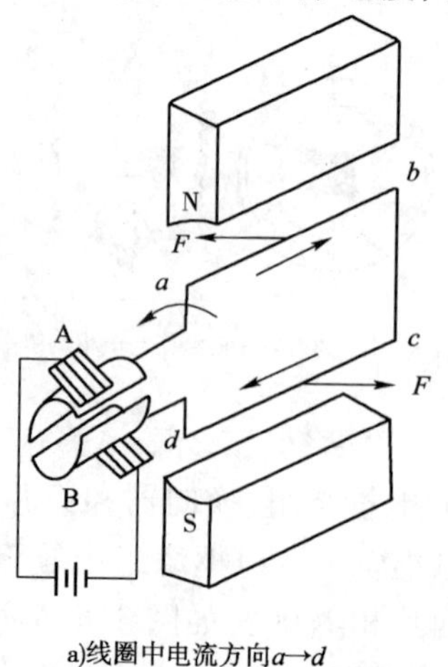

a)线圈中电流方向$a \to d$

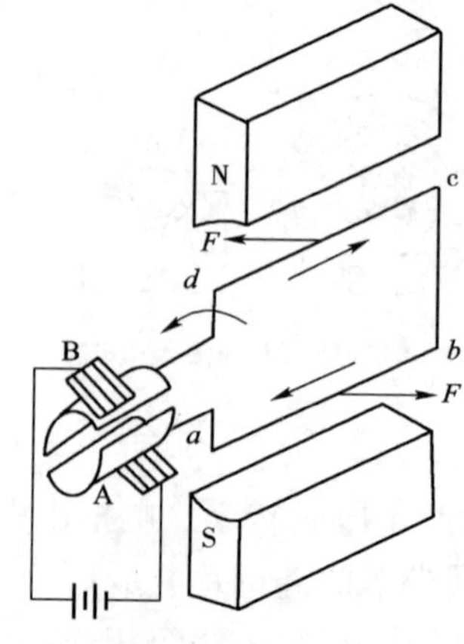

b)线圈中电流方向$d \to a$

图 3-8　直流电动机的工作原理图

均匀,电枢绕组采用多个线圈。

3 直流电动机的工作特性

串励式直流电动机的工作特性是指转矩 M、转速 n 和功率 P 随电枢电流 I 变化的关系,包括转矩特性、转速特性和功率特性。串励式直流电动机的特性曲线如图 3-9 所示。

(1)转矩特性是指直流电动机转矩 M 随电枢电流 I 变化的关系。由转矩特性可知,电枢转速 n 为零时,电流达到最大值 I_{max},转矩也相应达到最大值。在起动机开始工作的瞬间,因发动机的阻力矩很大,起动机处于完全制动状态,此时直流电动机产生的转矩很大,足以克服发动机阻力矩,有利于发动机的起动。这就是汽车起动机采用串励式直流电动机的主要原因。

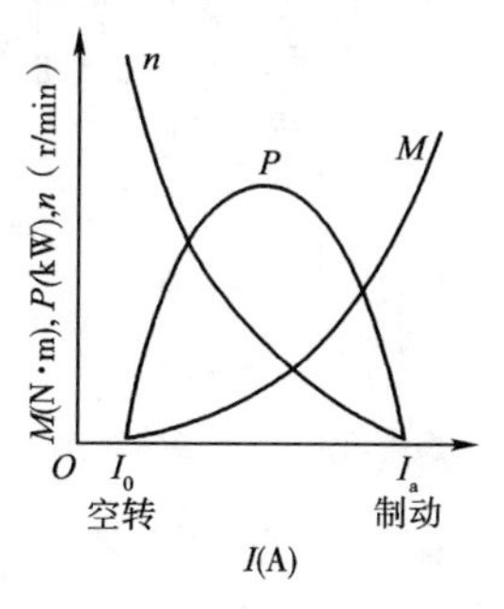

图 3-9 串励式直流电动机特性曲线

(2)转速特性是指电枢转速 n 随电枢电流 I 变化的关系。由转速特性可知,直流电动机输出转矩 M 大时,电流 I 也大,转速 n 随电流 I 的增加而急剧下降,在输出转矩 M 较小时,转速 n 又随电流 I 的减小而很快上升。串励式直流电动机具有轻载转速高,重载转速低的特性,对保证安全可靠起动是非常有利的。这是汽车上采用串励式直流电动机的又一重要原因。但是,轻载或空载时,转速过高,容易使直流电动机发生“飞车”事故,串励式直流电动机不可在轻载或空载情况下使用。

(3)功率特性指直流电动机功率 P 随电枢电流 I 变化的关系。直流电动机的输出功率 P 可用下式表示:

$$P = Mn/9550$$

式中:M——电枢轴输出转矩(N·m);

n——电枢转速(r/min)。

直流电动机完全制动时,转速 n 和输出功率 P 均为零,转矩达到最大值。空载时电流 I_0 最小,转速 n 最大,输出功率 P 也为零。当电流 I 接近制动电流一半时,电动机输出功率 P 最大。

2 传动机构

传动机构的作用是在发动机起动时,使驱动齿轮与飞轮齿圈啮合,将电动机的转矩传给发动机飞轮,带动曲轴旋转;在发动机起动后,使驱动齿轮打滑或与飞轮齿圈自动脱开。

传动机构由驱动齿轮、单向离合器、拨叉、啮合弹簧等组成,与电枢轴花键滑动连接。发动机起动时,由拨叉将驱动齿轮沿电枢轴移出与飞轮齿圈啮合,将电动机产生的转矩通过飞轮传递给发动机曲轴,使发动机起动;发动机起动后,飞轮转速提高,将通过驱动齿轮带动电枢轴高速旋转,造成电枢绕组“飞散”事故,因此,在发动机起动后,驱动齿轮自动打滑或与飞轮齿圈脱开,如图 3-10 所示。

单向离合器用来传递电动机转矩,在发动机起动后自动打滑,保护起动机电枢不致飞散。常用的单向离合器主要有滚柱式单向离合器、摩擦片式单向离合器和弹簧式单向离合器。

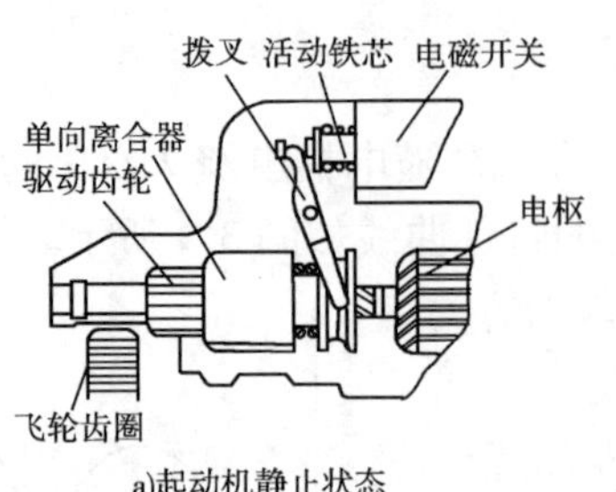

a)起动机静止状态

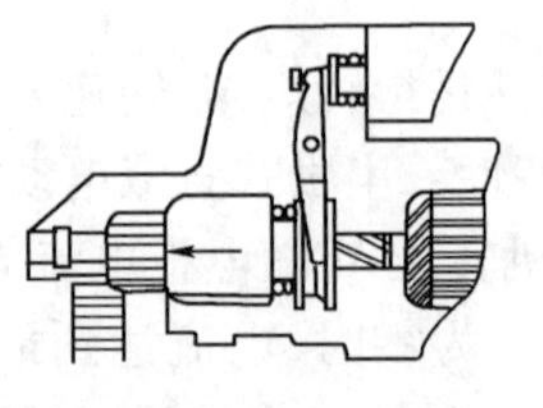
b)驱动齿轮正在与飞轮齿圈啮合

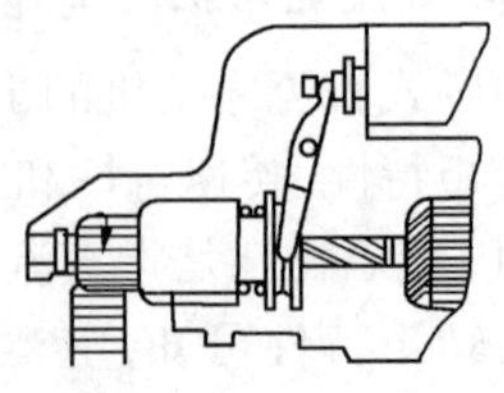
c)驱动齿轮与飞轮齿圈完全啮合

图 3-10　传动机构工作示意图

1 滚柱式单向离合器

滚柱式单向离合器的结构如图 3-11 所示。驱动齿轮与外壳制成一体，外壳内装有十字块和 4 套滚柱、压帽和弹簧，十字块与花键套筒固定连接在一起，外壳与护盖相互扣合密封，花键套筒的外面装有啮合弹簧及衬圈，末端安装拨环与卡簧。单向离合器套装在电枢轴的花键部位上，可作轴向移动和随轴转动。

在外壳与十字块之间，形成 4 个宽窄不等的楔形槽，槽内分别装有一套滚柱、压帽及弹簧。滚柱的直径略大于楔形槽的窄端，略小于楔形槽的宽端，当十字块作为主动部分旋转时，滚柱滚入窄端，将十字块与外壳卡紧，使十字块与外壳之间能传递转矩；当外壳作为主动部分旋转时，滚柱滚入宽端，放松打滑，不能传递转矩。滚柱式单向离合器是通过改变滚柱在楔形槽中的位置来实现自动接合与分离的。

滚柱式单向离合器的工作过程如图 3-12 所示。起动机起动时，拨叉将单向离合器推出，驱动齿轮与飞轮齿圈啮合后，直流电动机通电产生转矩，带动十字块旋转。十字块处于主动状态，滚柱滚入窄端，将十字块与外壳卡紧，传递转矩，驱动飞轮旋转，起动发动机，如图 3-12a）所示。起动后，飞轮齿圈带动驱动齿轮与外壳高速旋转，当转速超过十字块时，滚柱滚入宽端，十字块与外壳打滑，自由转动，如图 3-12b）所示。

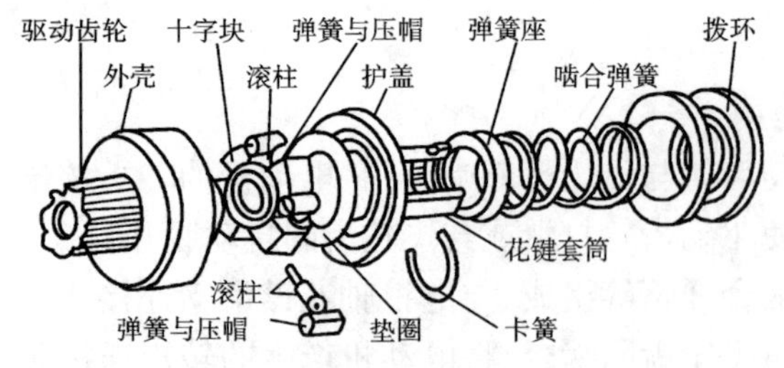

图 3-11　滚柱式单向离合器结构

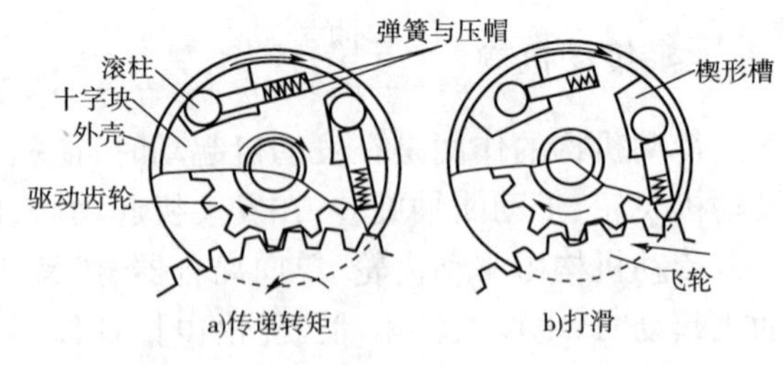

图 3-12　滚柱式单向离合器工作示意图

滚柱式单向离合器结构简单，但在传递较大转矩时，滚柱易变形卡死，广泛应用在中、小功率起动机上。

2 摩擦片式单向离合器

摩擦片式单向离合器的结构如图 3-13 所示。外接合毂用半圆键装配在电枢轴上，弹性圈和压环依次沿电枢轴装入外接合毂中，主动摩擦片（青铜材料）的外凸齿装入外接合毂的切槽中，从动摩擦片（钢制）的内凸齿插入内接合毂的切槽中，内接合毂的内圆制有螺旋花键，并装在驱动齿轮柄的三线螺旋花键上。齿轮柄自由地套在电枢轴上，其内垫有减振弹簧，并用螺母固定，防止从轴上脱落。

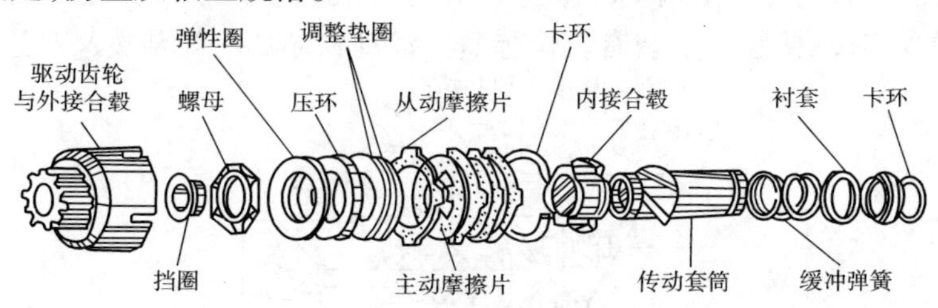

图 3-13　摩擦片式单向离合器结构

摩擦片式单向离合器是通过主动摩擦片、从动摩擦片的压紧与放松来来实现自动接合与分离的。起动机工作时，驱动齿轮与飞轮齿圈啮合后，电动机通电旋转，内接合毂在螺旋花键的作用下向右移动，摩擦片被压紧，将电动机的转矩传递给驱动齿轮，当发动机的阻力矩较大时，内接合毂会继续向右移动，增大摩擦片之间的压力，直到摩擦片之间的摩擦力足够传递所需的起动力矩，从而带动曲轴旋转，起动发动机。发动机起动后，驱动齿轮被飞轮齿圈带动，其转速超过电枢转速时，内接合毂沿螺旋花键向左退出，摩擦片之间的压力消除，这时驱动齿轮虽然高速旋转但不会带动电枢。

摩擦片式单向离合器可以传递较大转矩，通常在大功率的起动机上应用。但在使用过程中，由于摩擦片磨损后传递的转矩将会下降，因此，需要经常调整，而且其结构较复杂。

❸ 弹簧式单向离合器

弹簧式单向离合器的结构如图 3-14 所示。花键套筒套装在电枢轴的螺旋花键上，驱动齿轮则套在电枢轴的光滑部分上，两者之间由两个月牙键连接，月牙键可使驱动齿轮与花键套筒之间不能轴向移动，但可相对转动。在驱动齿轮柄与花键套筒外面包有扭力弹簧，其两端内径较小，分别箍紧在驱动齿轮柄和花键套筒上。

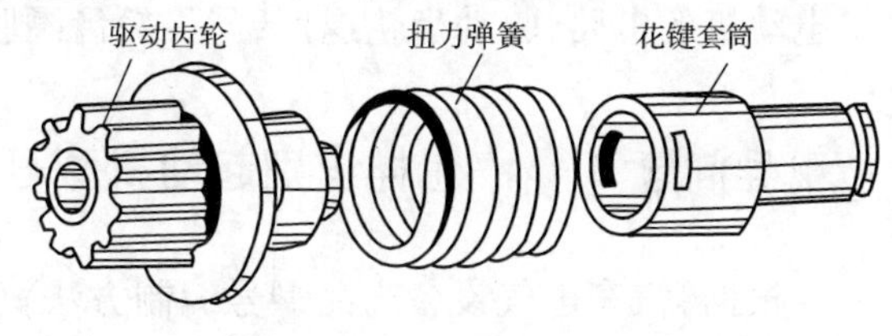

图 3-14　弹簧式单向离合器结构

起动机工作时，电枢轴带动花键套筒旋转，扭力弹簧顺其旋转方向扭转，圈数增加，内径变小，将驱动齿轮柄与花键套筒包紧，电动机的转矩传递给驱动齿轮，带动飞轮齿圈旋转，起动发动机。发动机起动后，驱动齿轮转速高于电动机转速，扭力弹簧被反向扭转，内径变大，驱动齿轮柄与花键套筒松脱，各自转动（驱动齿轮柄被飞轮齿圈带动高速旋转，花键套筒随电动机旋转）。

3 电磁开关

电磁开关又称控制机构，它的的作用是控制驱动齿轮与飞轮齿圈的啮合与分离，以及控

制电动机电路的通断。

电磁开关与起动机工作电路如图 3-15 所示。电磁开关主要由吸拉线圈、保持线圈、活动铁芯、固定铁芯、接触盘等组成。吸拉线圈与保持线圈的一端接起动接线柱，吸拉线圈另一端接主接线柱，与直流电动机串联，保持线圈另一端直接搭铁。固定铁芯的中心装有推杆，推杆与接触盘连接，接触盘上装有复位弹簧。活动铁芯的一端与拨叉相连。

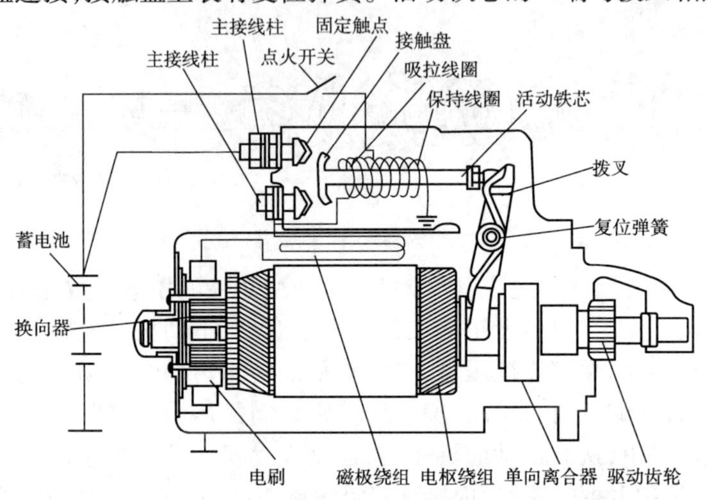

图 3-15　电磁开关与起动机工作电路

当电磁开关的吸拉线圈、保持线圈同时通电时，产生电磁力，使活动铁芯移动，通过拨叉带动驱动齿轮移向飞轮齿圈并啮合，推动接触盘移向两个主接线柱，在驱动齿轮与飞轮齿圈啮合后，接触盘将两个主接线柱接通，直流电动机通电运转。两个线圈通电后，在驱动齿轮与飞轮齿圈啮合前，吸拉线圈的电流经过电动机，电动机缓慢旋转，便于驱动齿轮与飞轮齿圈啮合。两个主接线柱接通之后，蓄电池的电流直接通过主接线柱和接触盘进入电动机，使电动机进入正常运转，此时，吸拉线圈被短路，驱动齿轮的啮合位置由保持线圈的电磁力来保持。发动机起动后，切断起动电路，保持线圈断电，在弹簧的作用下，活动铁芯复位，切断了电动机的电路，驱动齿轮退回，与飞轮齿圈脱开。

引导问题 3　怎样识别起动机型号?

根据《汽车电气设备产品型号编制方法》(JB 1546—1983)的规定，起动机的型号由下列部分组成：

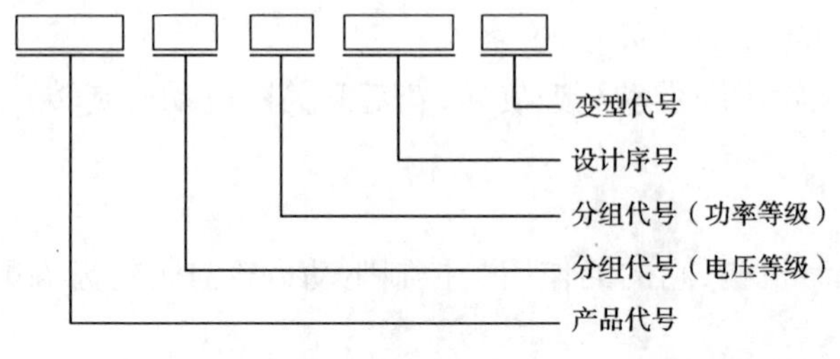

(1)产品代号。起动机的产品代号为QD,表示起动。

(2)分类代号。以电压等级作为分类代号,分类代号1表示电压等级为12V,分类代号2表示电压等级为24V。

(3)分组代号。以功率等级作为分组代号,见表3-1。

分组代号 表3-1

代号	1	2	3	4	5	6	7	8	9
功率等级(kW)	~0.736	>(1~2)×0.736	>(2~3)×0.736	>(3~4)×0.736	>(4~5)×0.736	>(5~7)×0.736	>(7~10)×0.736	>(10~15)×0.736	>15×0.736

(4)设计序号和变型代号。设计序号和变型代号与其他电器产品的有关规定相同。

引导问题4 减速起动机有何特点?

减速起动机在电枢轴与传动机构之间设置减速机构,常见的减速机构有齿轮式和行星齿轮式。其特点是在同样输出功率下,体积和质量比普通起动机均减少30%~50%,提高了起动转矩,有利于起动。

1 齿轮式减速起动机

齿轮式减速起动机的结构如图3-16所示。传动中心距为30mm左右,在电枢轴与驱动齿轮之间,利用惰轮作中间传动,电磁开关铁芯与驱动齿轮同轴线,电磁开关直接推动驱动齿轮,无需拨叉。减速传动效率高,成本适中,在丰田轿车的小功率起动机上应用。

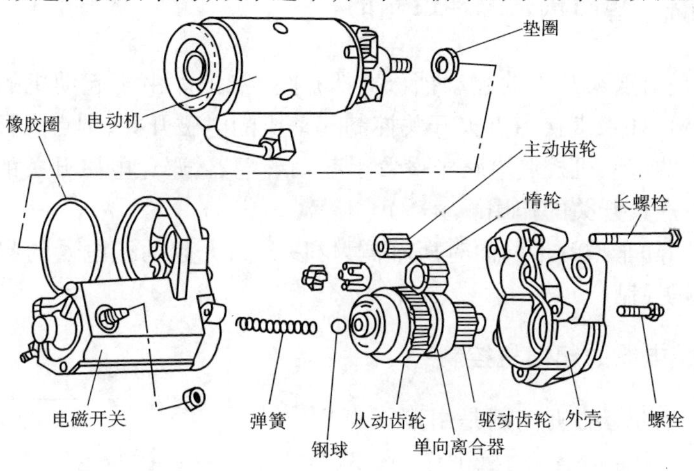

图3-16 外啮合齿轮式减速起动机结构

2 行星齿轮式减速起动机

行星齿轮式减速起动机的结构如图3-17所示。电枢轴与输出轴同轴线,尺寸较小,传动比大,减少了起动电流。行星齿轮减速机构由太阳轮、三个行星齿轮、齿圈组成,太阳轮与电枢轴连接,三个行星齿轮装在行星齿轮架上,行星齿轮架与输出轴连接,齿圈固定不动。

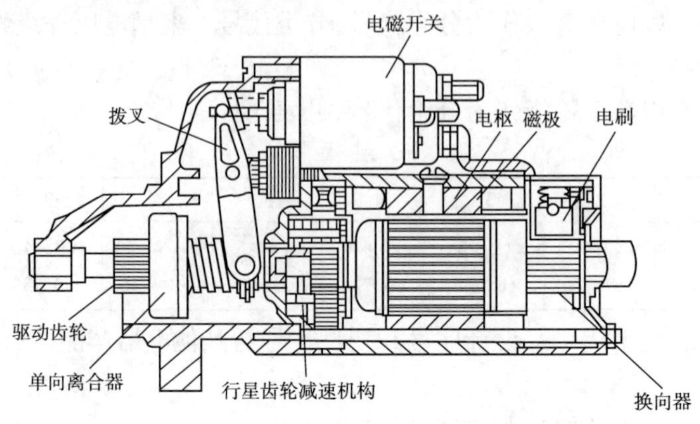

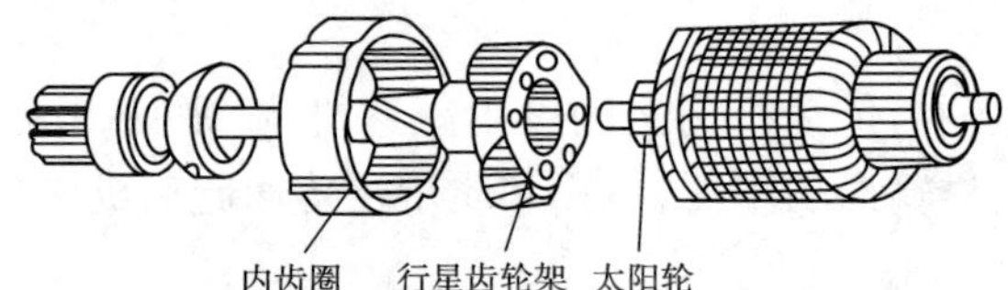

图 3-17　行星齿轮式减速起动机结构

当电枢旋转时,太阳轮带动三个行星齿轮绕齿圈旋转,行星齿轮绕齿圈的运动带动行星齿轮架旋转,将电动机动力传递到传动机构。

引导问题 5　起动机是怎样控制的?

起动机通常是由点火开关的起动挡(ST 挡)来控制的。由于起动机的电磁开关工作电流较大(大于 20A),如果直接由点火开关控制起动机的电磁开关,则点火开关易被烧坏。为此,大部分汽车上的起动机控制电路中设置了起动继电器,避免电磁开关的电流直接通过点火开关,起到保护点火开关的作用。

起动机的控制随车型的不同而有所不同,可以分为无起动继电器的起动机控制和带起动继电器的起动机控制。

1 无起动继电器的起动机控制

无起动继电器的起动机控制是由点火开关直接控制电磁开关通电,起动机工作(图 3-15)。爱丽舍轿车起动机、桑塔纳 2000 轿车起动机采用此种控制方式。

2 有起动继电器的起动机控制

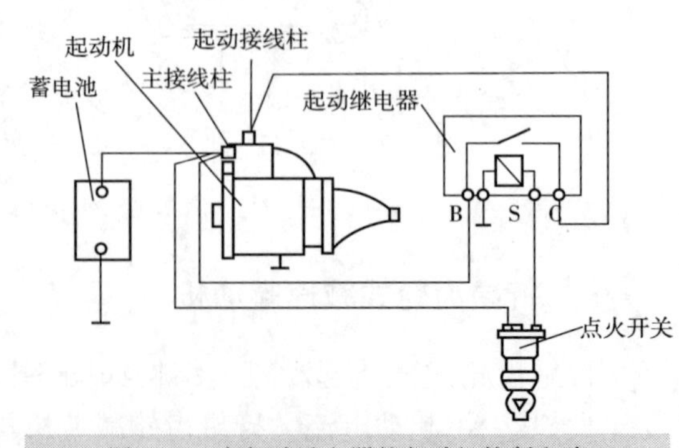

图 3-18　有起动继电器的起动机控制电路

有起动继电器的起动机控制电路如图 3-18 所示。当点火开关置于起动挡(ST 挡)时,点火开关接通起动继电器中电磁线圈电路，电磁线圈有较小电流通过而被磁化，使起动继电器中常开触点闭合，蓄电池电流经主接线柱、起动继电器触点到电磁开关上起动接线柱，电磁开关通电，起动机工作。

引导问题6 起动系统有哪些常见故障？

起动系统常见故障及诊断见表3-2。

起动系统常见故障及诊断表 表3-2

故障现象	故障原因	故障处理方法
起动机不转	点火开关损坏	更换点火开关
	插接器脱落	重新插紧插接器
	电磁开关故障	检修电磁开关
	蓄电池严重亏电或损坏	充电或更换蓄电池
	起动机内部故障	检修起动机
起动机运转无力	蓄电池亏电	充电
	蓄电池极柱或起动机接线柱接触不良	清除氧化物并紧固
	电磁开关内触点、接触盘烧蚀	修复或更换电磁开关
	电动机故障	检修电动机
起动机空转	单向离合器打滑或驱动齿轮磨损过度	更换单向离合器
	拨叉或弹簧损坏	更换拨叉或弹簧
	电磁开关拉钩与拨叉未钩住或损坏	重新安装或更换
	起动机的齿圈轮齿损坏	更换齿圈
	驱动齿轮端面与挡套间隙过大	调整
起动机不停	拨叉复位弹簧折断	更换拨叉复位弹簧
	电磁开关触点烧蚀粘住	修复或更换电磁开关
	单向离合器运动发卡	检修并润滑
起动机异响	轴承松旷	更换轴承
	电磁开关线路断路	检修或更换电磁开关
	驱动齿轮轮齿损坏	更换驱动齿轮

引导问题7 起动机不转的检测工艺流程是怎样的？

桑塔纳2000GSi轿车发动机起动时，起动机不转，说明起动系统有故障，应按规定的检测工艺流程进行故障分析，如图3-19所示。

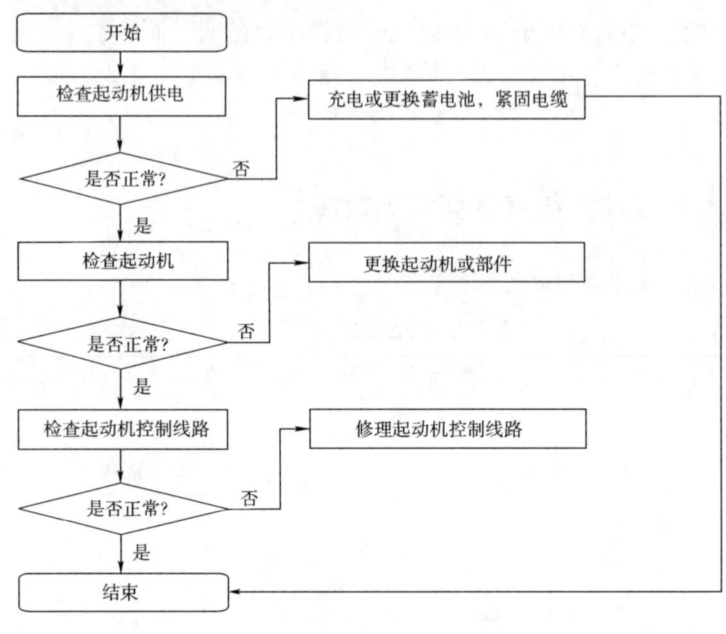

图 3-19　起动机不转的检测工艺流程

二、实 施 作 业

引导问题 8　作业需要哪些工具、设备和材料?

(1)扳手、旋具、尖嘴钳、跨接线、试灯、万用表、高率放电计、游标卡尺。
(2)翼子板护裙、转向盘护套、变速杆护套、座椅护套和脚垫。
(3)蓄电池、起动机及部件、点火开关。
(4)上海大众桑塔纳 2000GSi 轿车维修手册。

引导问题 9　通过查询与查找,填写车辆以下信息。

生产年份____________,车牌号码____________,行驶里程____________ km,发动机型号____________,车辆识别代码(VIN)____________________。

相关问题引导

以下“实施作业”的详细内容见本书“学习任务一　蓄电池的检查和更换”:
(1)作业前的准备;
(2)检查蓄电池;

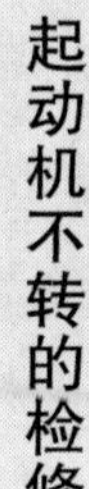

(3)更换蓄电池。

引导问题10 怎样规范地检查起动机供电?

(1)按喇叭或开前照灯,如果喇叭响声小或前照灯灯光暗淡,则表明蓄电池存电不足或电缆连接不牢固。应检查蓄电池状况或紧固电缆。

(2)检查蓄电池放电程度。如果蓄电池电量不足,则对蓄电池进行充电或更换蓄电池。

(3)在蓄电池状况良好的情况下,检查电缆连接情况。检查蓄电池极柱上的正极电缆、负极电缆有无脏污或松脱,若有,应予以清洁或紧固。检查起动机电磁开关主接线柱连接电缆是否松脱,并予以紧固。

引导问题11 怎样规范地检查起动机?

1 检查起动机运转情况

桑塔纳2000GSi轿车QD1225或QD1225型起动机的电磁开关接线柱如图3-20所示。

(1)用旋具的金属部分(或金属条)短接起动机电磁开关上的两个主接线柱("30"接线柱与"C"接线柱),如果起动机运转,则表明直流电动机正常;如果起动机不转,则表明直流电动机有故障,应检查直流电动机。

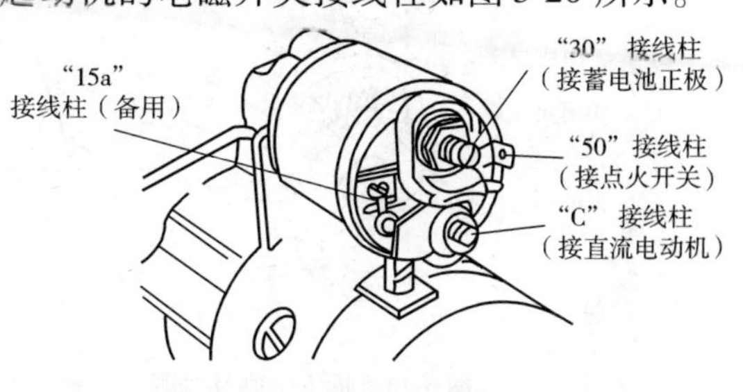

图3-20 电磁开关接线柱

(2)在直流电动机正常的情况下,用导线连接电磁开关"30"接线柱和电磁开关"50"接线柱,如果起动机运转,则表明起动机电磁开关良好;如果起动机不转,则表明起动机电磁开关有故障,应检查起动机电磁开关。

2 检查起动机部件

1 分解起动机

(1)拧下电磁开关上"C"接线柱的螺母,取下导线,如图3-21所示。

(2)拧下端盖连接螺栓和衬套螺钉,取下衬套座和后端盖,取出垫片组件和衬套,如图3-22所示。

(3)用尖嘴钳将电刷弹簧抬起,拆下电刷及电刷架,如图3-23所示。

(4)取下外壳及励极,拧下电磁开关螺栓,从前端盖上取下电磁开关,如图3-24所示。

(5)取出转子,从后端盖上取下拨叉,如图3-25所示。取出单向离合器与驱动齿轮、驱动齿轮端衬套。

2 检查电枢

(1)检查电枢绕组是否断路。用欧姆表检查换向器片之间应导通,否则,说明电枢绕组

断路,如图 3-26 所示。如果电枢绕组断路,则更换电枢。

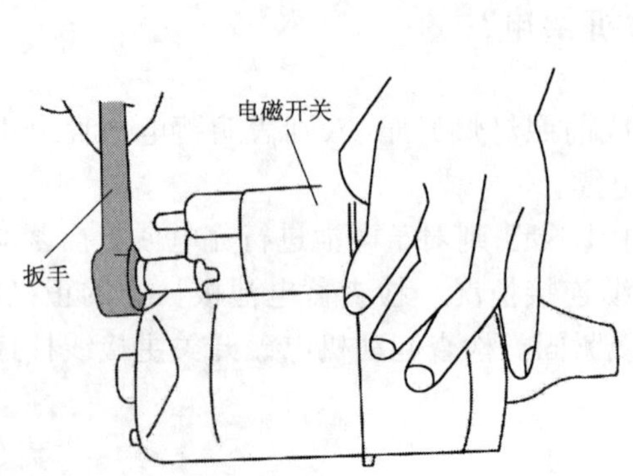

图 3-21　拆下电磁开关上导线

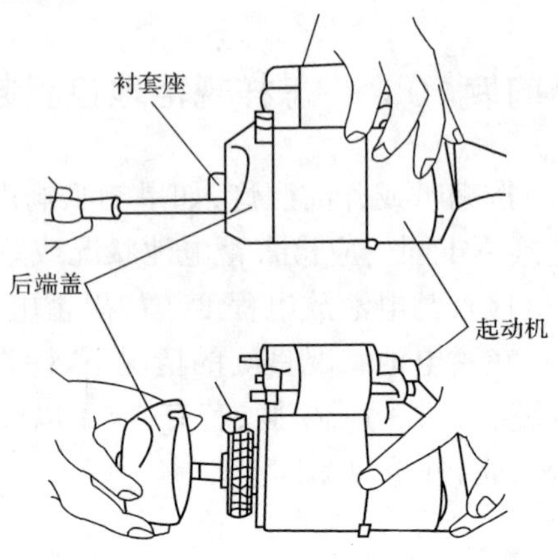

图 3-22　拧下起动机连接螺栓及取下后端盖

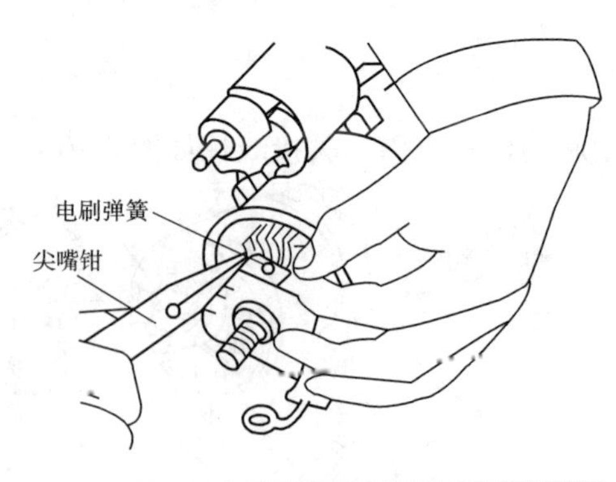

图 3-23　拆下电刷及电刷架

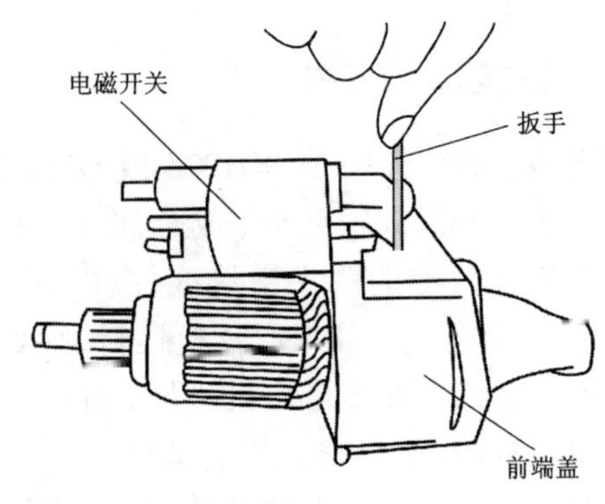

图 3-24　拆下电磁开关

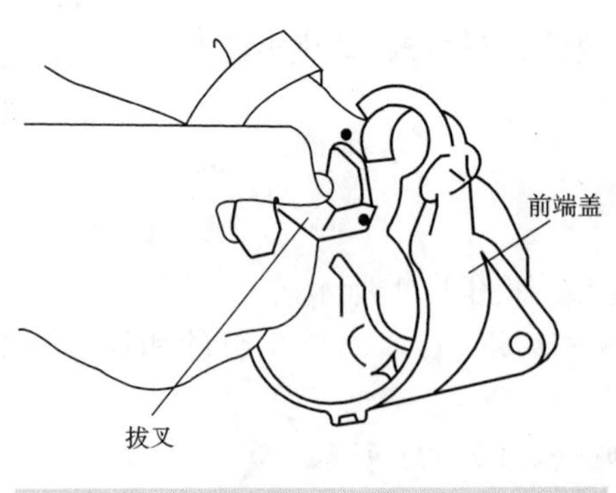

图 3-25　取下拨叉

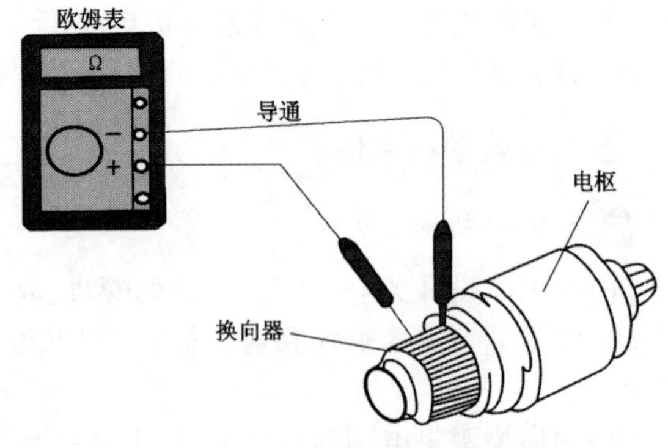

图 3-26　检查电枢绕组断路

(2)检查电枢绕组是否搭铁。用欧姆表检查换向器与铁芯之间应不导通,否则,说明电枢绕组搭铁,如图 3-27 所示。如果电枢绕组搭铁,则更换电枢。

(3)用百分表检查起动机电枢轴是否弯曲,如图 3-28 所示。如果径向圆跳动量超过 0.1mm或电枢轴上的花键齿槽严重磨损、损坏,则更换电枢。

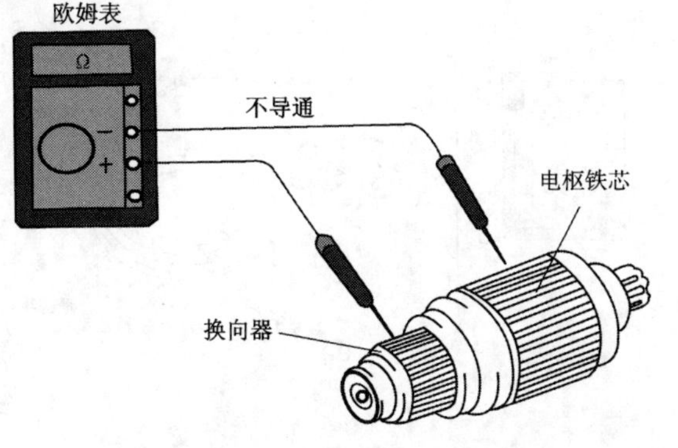

图 3-27　检查电枢绕组搭铁

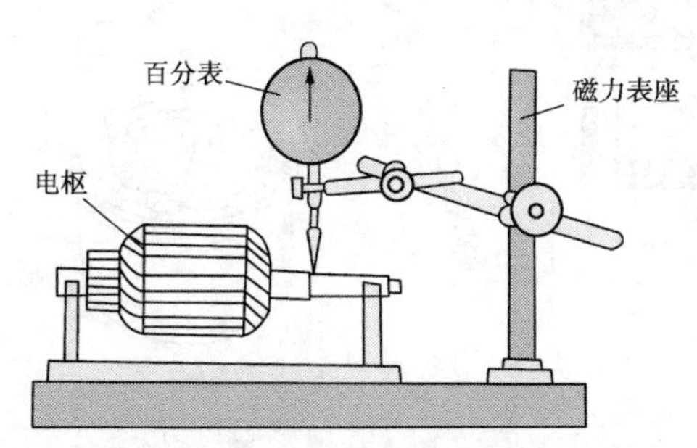

图 3-28　检查电枢轴弯曲

(4)检查换向器表面,应无脏污和烧蚀。

(5)检查换向器凹槽,应清洁无异物,边缘光滑,凹槽标准深度为 0.6mm,最小深度为 0.2mm,如图 3-29 所示。如果不符合要求,则予以修整或更换电枢。

(6)用游标卡尺测量换向器直径,其标准值为 30mm,最小直径为 29mm,如图 3-30 所示。

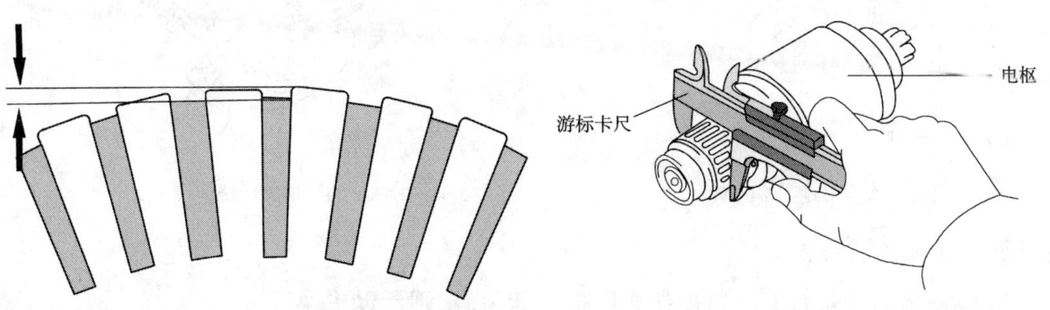

图 3-29　检查换向器凹槽深度

图 3-30　检查换向器直径

(7)检查换向器径向圆跳动量(与检查电枢轴弯曲方法相同),最大允许径向圆跳动量为 0.05mm。如果不符合要求,则予以修整或更换电枢。

(8)检查电枢轴轴颈与衬套的配合间隙,其间隙不得超过 0.15mm,否则,应更换衬套。

3 检查励磁绕组

(1)检查励磁绕组是否断路。用欧姆表检查励磁绕组引线之间应导通,否则,说明励磁绕组断路,应更换励磁绕组,如图 3-31 所示。

(2)检查励磁绕组是否搭铁。用欧姆表检查励磁绕组引线与外壳之间应不导通,否则,表明励磁绕组搭铁,应更换励磁绕组,如图 3-32 所示。

4 检查电刷弹簧和电刷架

(1)用拉力计拉起电刷弹簧,读取电刷弹簧刚离开电刷时的拉力计读数,如图 3-33 所示。标准拉力应为 17 ~ 23N,最小拉力为 12N。如果小于规定值,则更换电刷弹簧。

(2)用欧姆表检查正极电刷架与搭铁电刷架之间应不导通,说明正极电刷架绝缘良好,否则,应更换电刷架,如图 3-34 所示。

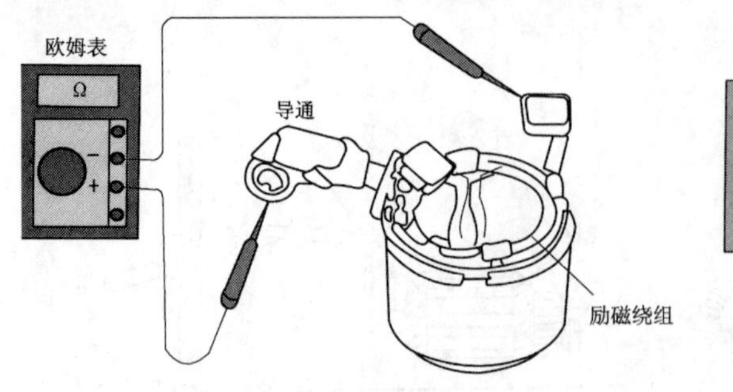

图 3-31　检查励磁绕组断路

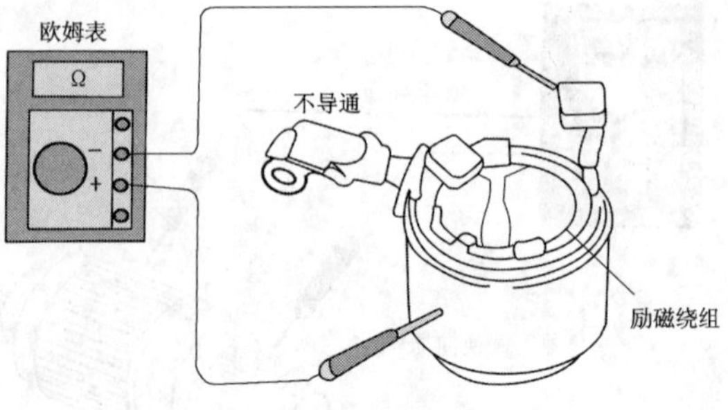

欧姆表
Ω
不导通
励磁绕组

图 3-32　检查励磁绕组搭铁

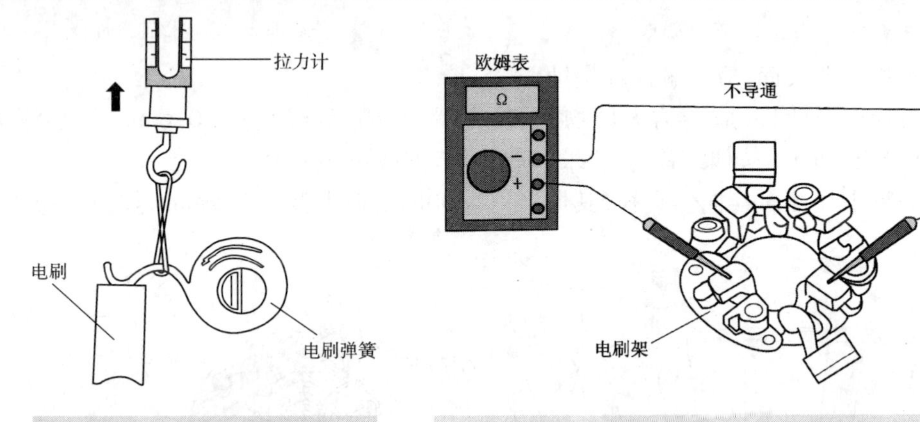

图 3-33　检查电刷弹簧的弹力

图 3-34　检查正极电刷架的绝缘性

5 检查单向离合器

(1)检查驱动齿轮有无严重损伤或磨损。如果有,则予以更换。

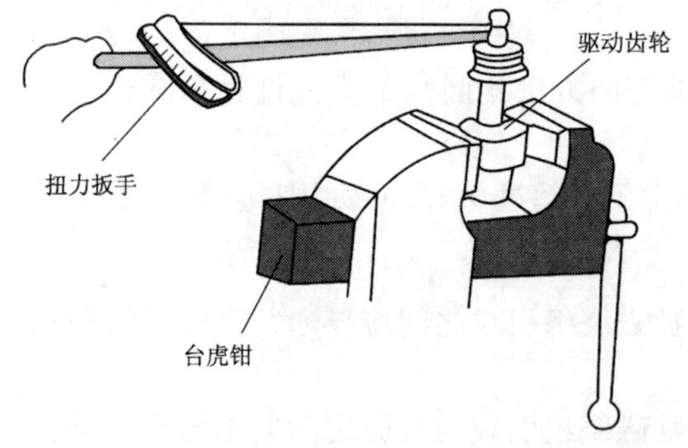

图 3-35　检查单向离合器

(2)检查单向离合器是否打滑或卡滞。在台虎钳上夹住驱动齿轮,将花键轴插入花键套筒中,用扭力扳手转动花键轴,力矩应大于24N,否则,说明单向离合器打滑;反向转动时,应无阻力,且转动自如,否则,说明单向离合器卡滞,如图 3-35 所示。如果单向离合器打滑或卡滞,则更换单向离合器总成。

6 检查电磁开关

连接线路,接通开关 K 时,应能听到活动铁芯动作的声响,同时试灯 L 亮起;断开开关 K 后,试灯 L 应立即熄灭,如图 3-36 所示。否则,应更换电磁开关。

7 组装起动机

按与分解相反顺序组装起动机。组装时,衬套中应涂上润滑脂,用止推垫圈调整驱动齿轮的轴向间隙(推到极限位置),其标准值为 0.3 ~ 1.5mm,如图 3-37 所示。

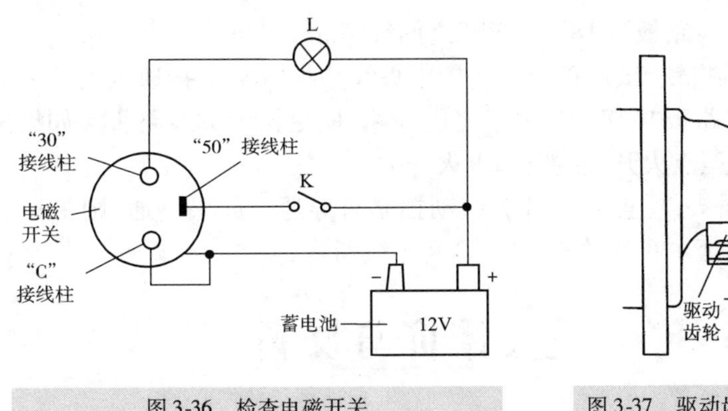

图 3-36 检查电磁开关

图 3-37 驱动齿轮的轴向间隙

引导问题 12 怎样规范地检查起动机控制线路?

桑塔纳 2000GSi 轿车起动系统电气线路图如图 3-38 所示。起动机直接由点火开关控制,无起动继电器。

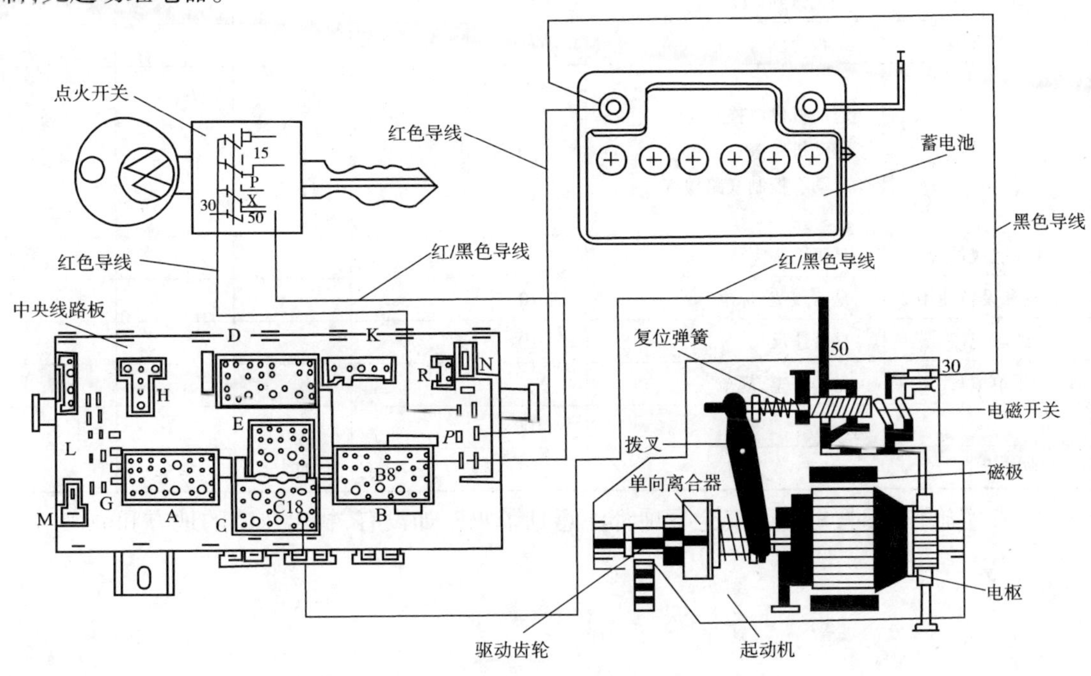

图 3-38 桑塔纳 2000GSi 轿车起动系统电气线路图

(1)检查电磁开关"50"接线柱导线是否松脱。如果松脱,则予以紧固。

(2)将试灯负极一端搭铁,试灯正极一端接电磁开关"50"接线柱,接通点火开关起动挡,如果试灯不亮,则表明起动机控制线路断路。

(3)将试灯负极一端搭铁,试灯正极一端接中央线路板"C18",接通点火开关起动挡,如果试灯亮,则表明电磁开关"50"接线柱至中央线路板"C18"之间导线断路,应修理线路。如

果试灯不亮,应检查中央线路板“C18”与“B8”之间线路。

(4)将试灯负极一端搭铁,试灯正极一端接中央线路板“B8”，接通点火开关起动挡,如果试灯亮,则表明中央线路板“C18”与“B8”之间断路,应更换中央线路板。如果试灯不亮,应检查中央线路板“B8”至点火开关线路和点火开关。

(5)拔下点火开关插头,检查点火开关起动挡是否导通。如果不通,则更换点火开关。如果通,则表明点火开关至中央线路板“B8”之间导线断路。

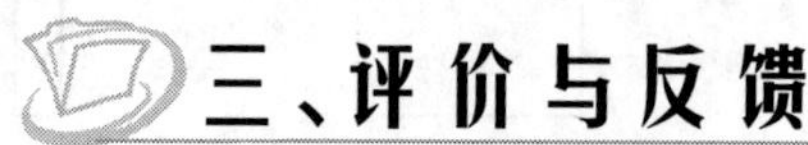

三、评价与反馈

1. 对本学习任务进行评价,见表3-3。

评　分　表　　表3-3

考核项目	评分标准	分数	学生自评	小组评价	教师评价	小计
活动参与	是否积极主动	5				
安全生产	有无安全隐患	10				
现场5S	是否做到	10				
任务方案	是否合理	15				
操作过程	起动机供电检查; 起动机检查; 起动机控制线路检查	30				
任务完成情况	是否圆满完成	5				
工具和设备使用	是否规范、标准	10				
劳动纪律	是否违反	10				
工单填写	是否完整、规范	5				
总分		100				
教师签名:			年　月　日		得分	

2. 在实施作业时,每一个安全事项都注意到了吗?如没有,找出忽略的地方和原因。

3. 能否向客户解释故障诊断及排除过程?如不能,分析原因并提出改进措施。

四、学习拓展

1. 怎样测试起动机性能?

2. 查阅资料,说明哪些车型采用了减速起动机。

学习任务四

火花塞的检查和更换

学习目标

完成本学习任务后,你应当能:

1. 叙述发动机点火系统的作用、类型、组成和工作原理;
2. 正确地使用工具和设备;
3. 规范地检查火花塞;
4. 规范地更换火花塞。

建议完成本学习任务的时间为 8 课时。

学习任务描述

一辆卡罗拉 1.6L 轿车,行驶 80000km,车主要求对整车进行维护。需要你按照“维护标准和要求”,对火花塞进行检查和更换。

学习内容

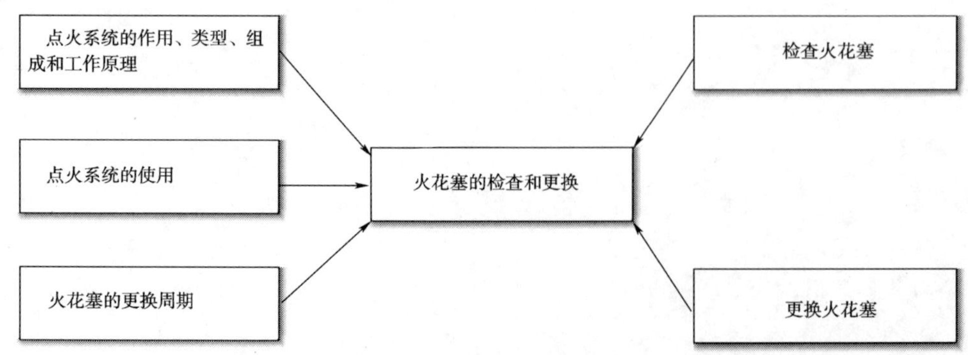

一、资料收集

引导问题1 点火系统的作用是什么？发动机对点火系统的要求有哪些？

1 点火系统的作用

在汽油发动机中，汽缸内的可燃混合气是靠高压电火花点燃的。而电火花的产生是由点火系统完成的。点火系统的作用是将低压电转变为高压电，并按照发动机的做功顺序和点火时刻的要求，产生电火花，点燃汽缸内的可燃混合气。

2 发动机对点火系统的要求

(1)应能产生足以击穿火花塞间隙的电压。点火系统利用高压电击穿火花塞电极间隙而产生电火花，为了确保发动机在工作时火花塞的电极间隙处能产生可靠电火花，要求点火系统必需能提供10～30kV的电压，但电压也不能过高，以免绝缘不良而产生漏电。

(2)电火花应具有足够的能量。要使可燃混合气可靠点燃，电火花必须具有一定的能量。可燃混合气压缩终了的温度已接近其自燃温度，所需的电火花能量很小(1～5mJ)。在发动机正常工作时，需要10～50mJ的电火花能量。但在发动机低温起动时，因可燃混合气雾化不良，需较高的电火花能量。为了保证发动机可靠点火，一般要求电火花的能量在100mJ以上。

(3)点火时刻应能适应发动机工况。点火系统应按发动机的工作顺序进行点火，如四缸发动机的点火顺序为1→3→4→2，六缸发动机的点火顺序为1→5→3→6→2→4，且必须在最佳时刻点火，使发动机发出的功率最大、油耗最低、排放污染最小。

(4)工作要可靠。点火系统除在正常的工作条件下工作可靠外，在一些特殊的条件下，如高温、低温、潮湿、高原等环境下可靠地工作。

引导问题2 点火系统由哪些部件组成？

目前，在汽车上应用的点火系统类型较多，通常按控制方式进行分类，可分为传统点火系统、电子点火系统和微机控制点火系统。传统点火系统采用触点控制低压电路的通断，故障率较高，现已被淘汰。电子点火系统采用电子控制低压电路的通断，取消了触点，在部分化油器式发动机上应用。微机控制点火系统在电子控制发动机上广泛应用。

电子点火系统由电源、点火开关、点火线圈、分电器、点火器、高压线、火花塞等组成，如图4-1所示。

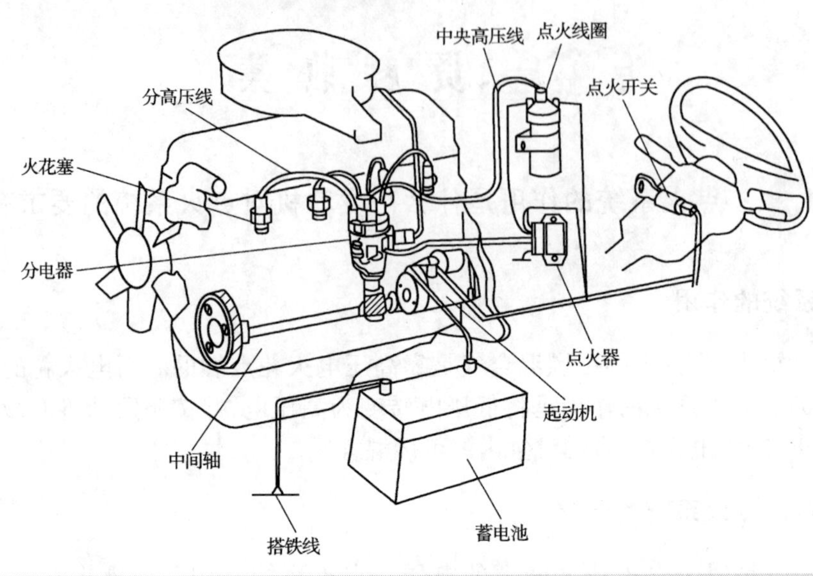

图 4-1　电子点火系统的组成

引导问题3　分电器由哪几部分组成？各部分的作用和结构是怎样的？

分电器由配电器、信号发生器和点火提前调节机构组成，如图 4-2 所示。

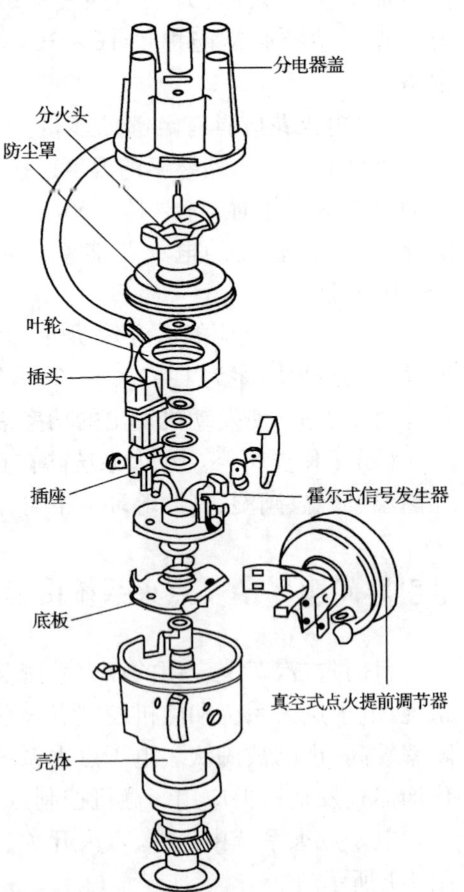

图 4-2　分电器结构

1 配电器

配电器的作用是按发动机点火顺序，将高压电分配到各缸火花塞。配电器包括分电器盖和分火头，如图 4-3 所示。分火头插装在分电器轴的顶端，和信号发生器转子一起旋转。分电器盖的中间有高压线插孔，以插接中央高压线，孔内装有带弹簧的炭柱，炭柱与分火头导电片接触，分电器盖上有与发动机汽缸数相等的旁电极插孔，以插接分高压线。分火头上的导电片与分电器盖旁电极有 0.2 ~ 0.8mm 的间隙，当分火头正好对准某一旁电极，高压电由分火头上的导电片跳至旁电极，再经分高压线送至相应的火花塞。

2 信号发生器

信号发生器的作用是产生点火信号。信号发

生器有电磁式、霍尔式和光电式等形式，其中电磁式和霍尔式信号发生器应用较广。

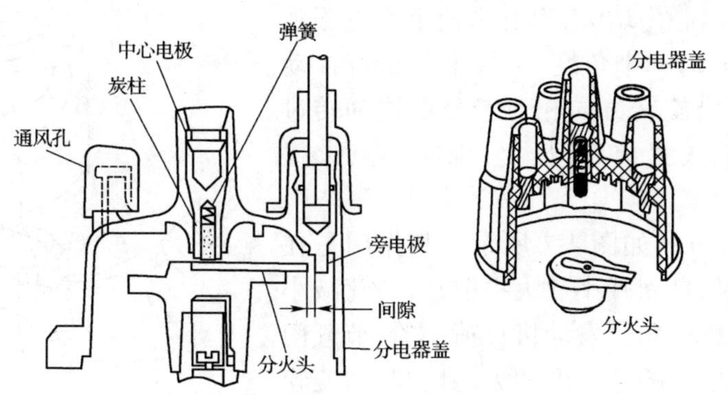

图4-3　配电器

❶ 电磁式信号发生器

电磁式信号发生器由信号转子、信号线圈和永久磁铁组成，如图4-4所示。信号转子的凸齿数与发动机汽缸数相同，信号转子与分电器轴固定连接。当分电器轴旋转时，带动信号转子旋转，使信号线圈中的磁通发生变化，信号线圈中产生感应电动势（脉冲信号）。分电器轴旋转一周，信号发生器产生与信号转子凸齿数相等的点火信号。

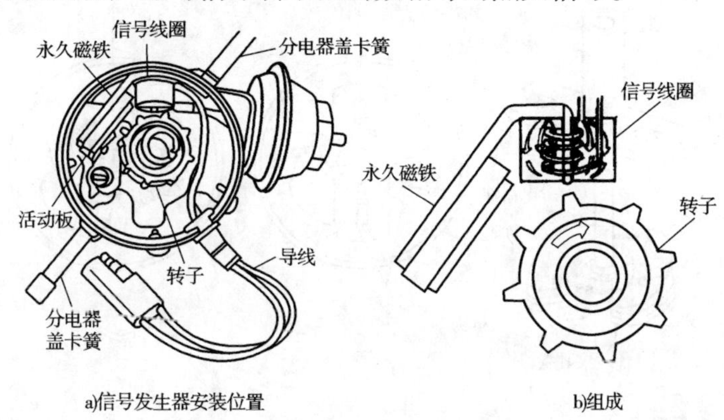

图4-4　电磁式信号发生器

❷ 霍尔式信号发生器

霍尔式信号发生器由触发叶轮、霍尔集成电路、永久磁铁、导磁板等组成，如图4-5所示。触发叶轮的叶片数与发动机的汽缸数相等，与分火头制成一体，由分电器轴带动。当分电器轴旋转时，带动触发叶轮旋转，霍尔集成电路输出脉冲信号。分电器轴旋转一周，信号发生器产生与信号转子凸齿数相等的点火信号。

❸ 点火提前调节机构

点火提前调节机构的作用是随发动机的转速和负荷变化，自动调节点火提前角，保证发动机各种工况都能在最佳点火时刻点火。设置有离心式调节器和真空式调节器。

（1）离心式调节器如图4-6所示。其作用是在发动机转速升高时，自动增大点火提前

角，转速降低时，自动减小点火提前角。当发动机的转速升高，重块的离心力增大，离心力使重块克服弹簧的拉力绕柱销转动一个角度，重块上的销钉推动拨板，使信号转子沿旋转方向相对于分电器轴转过一个角度，增加点火提前角，反之，则减小点火提前角。

(2)真空式调节器如图4-7所示。其作用是在发动机负荷增大时，自动减小点火提前角，负荷减小时，自动增大点火提前角。发动机负荷小时，节气门的开度也小，节气门后的真空度增大，真空吸力使膜片向右拱曲，通过拉杆拉动活动板(信号线圈位于活动板上)逆着分电器轴旋转方向相对于信号转子转动一个角度，增大点火提前角，反之，则减小点火提前角。

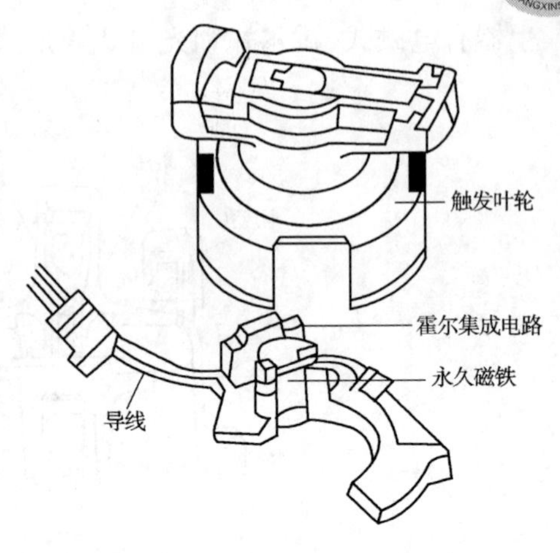

图4-5　霍尔式信号发生器

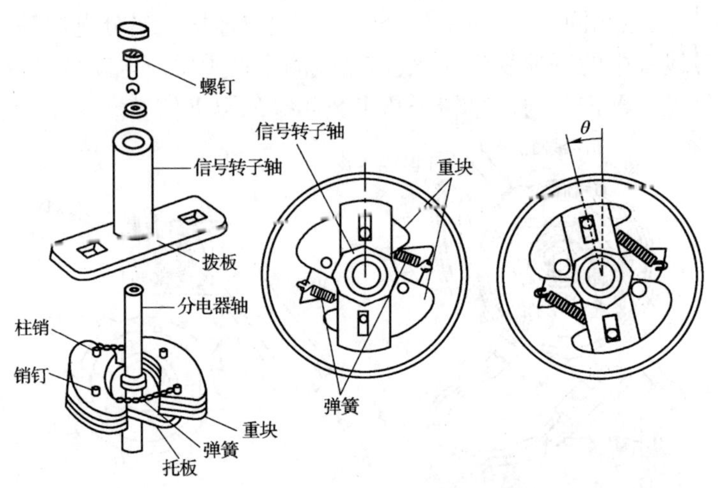

图4-6　离心式调节器

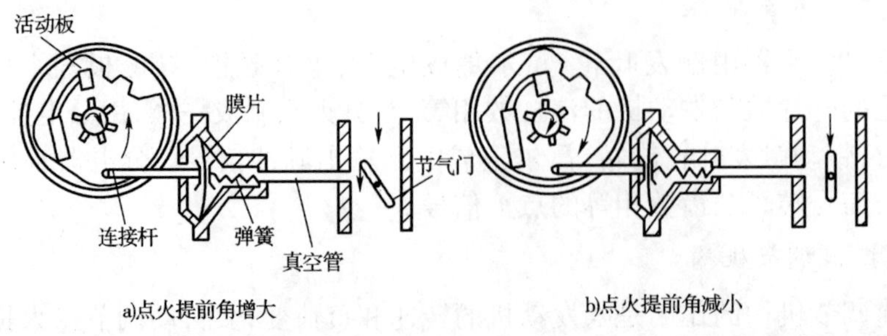

图4-7　真空式调节器

引导问题 4 点火线圈的结构是怎样的?

点火线圈的作用是将低压直流电转变为高压电。点火线圈由初级绕组、次级绕组和铁芯组成。

按磁路和结构的不同,可分为开磁路点火线圈和闭磁路点火线圈。

1 开磁路点火线圈

开磁路点火线圈又称普通点火线圈,其结构如图 4-8 所示。点火线圈的中心部分是一个用硅钢片叠成的铁芯,包在纸板套内。纸板套外绕有次级绕组,用直径为 0.06 ~ 0.10mm 的漆包线绕成,一般约为 20000 匝。在次级绕组外绕有初级绕组,用直径为 0.5 ~ 1.0mm 的高强漆包线绕成,一般约为 200 匝。在绕组与外壳之间装有导磁钢套,用于加强磁通。外壳的底部有绝缘瓷杯,外壳内充满沥青或变压器油,用于绝缘与防潮。点火线圈的上部是胶木盖,中央突出的部分是高压线插孔,两侧接线柱为低压接线柱。

在初级点火电路中串联了附加电阻,其特性是温度高时,电阻增大,温度低时,电阻减小,可以自动调节初级电流,以改善点火性能。若附加电阻装在点火线圈外部,点火线圈有三个接线柱,其标记分别为"开关"、"开关 + "和" - ",附加电阻连接在"开关"和"开关 + "两接线柱之间。若附加电阻为电阻线,点火线圈有两个接线柱,其标记分别为" + "和" - ",电阻线与点火线圈" + "和点火开关连接。

开磁路点火线圈的磁路如图 4-9 所示。磁力线的上部和下部都是从空气中通过的,未形成闭合磁路,因此,这种点火线圈称为开磁路点火线圈。开磁路点火线圈漏磁较多,能量转换效率较低,体积较大,多用在传统点火系统和电子点火系统中,现已很少使用。

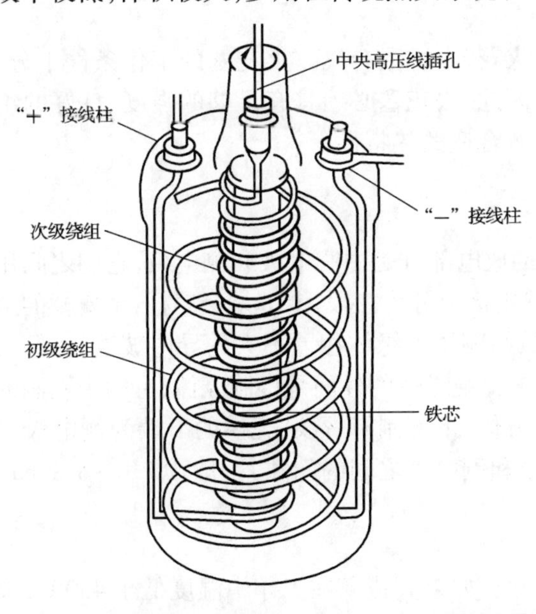

图 4-8 开磁路点火线圈结构

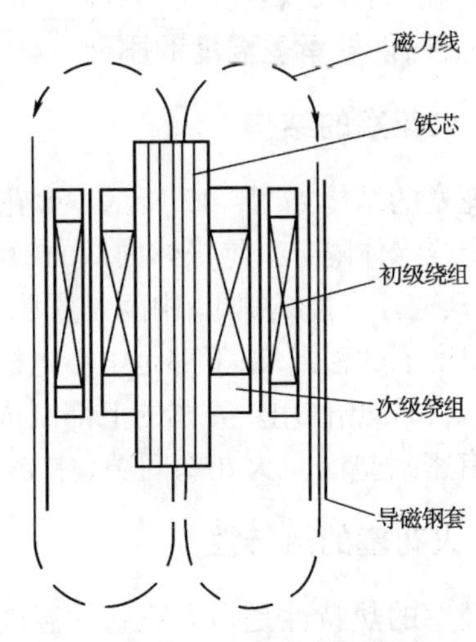

图 4-9 开磁路点火线圈磁路

2 闭磁路点火线圈

闭磁路点火线圈又称高能点火线圈，在"口"或"日"字形铁芯内绕有初级绕组和绕次级绕组，如图4-10所示。采用热固性树脂作为绝缘填充物，外壳用热熔性塑料注塑成形，绝缘性和密封性较好。

闭磁路点火线圈的磁路如图4-11所示。磁力线可由铁芯构成闭合磁路，因此，这种点火线圈称为闭磁路点火线圈。因漏磁少，能量损失小，能量变换效率高，体积小，在微机控制点火系统中广泛采用。

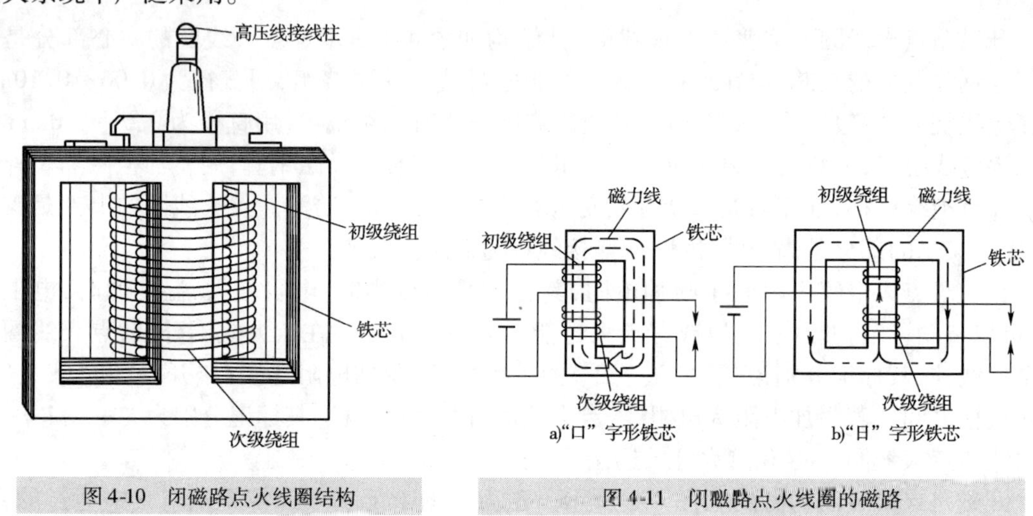

图4-10 闭磁路点火线圈结构

图4-11 闭磁路点火线圈的磁路

引导问题5 火花塞的结构和特性是怎样的？怎样识别火花塞？

火花塞的作用是在高压作用下产生电火花，点燃混合气。火花塞的工作条件十分恶劣，它受到高温、高压及燃烧产物腐蚀的作用，因此，火花塞必须具有足够的强度、良好的绝缘性和耐腐蚀性，能够承受温度的剧烈变化，要有合适的热特性。

1 火花塞的结构

火花塞的结构如图4-12所示。火花塞的放电部分是中心电极和侧电极，它们之间用高氧化铝陶瓷绝缘体隔开。绝缘体内部的中心导电部分分为三段，上部是金属杆，金属杆的上部制有螺纹，其上拧有接线螺母；中间是膨胀系数与陶瓷绝缘体相差不大的导电玻璃，确保火花塞在各种温度下的密封性；下部是中心电极。陶瓷绝缘体的外面是钢制壳体，有两个铜制的内垫圈，起密封和导热作用。壳体的上部制成六方体，下部制有螺纹，壳体的下端为侧电极。螺纹的上端有密封垫圈。火花塞间隙（中心电极和侧电极之间的间隙）一般为1.0～1.2mm。

2 火花塞的热特性

火花塞的热特性是指火花塞的温度特性。如果火花塞在工作中温度低于450℃，火花塞易产生积炭，此温度为火花塞的自洁温度。如果火花塞在工作中温度高于950℃，会发生早燃，此温度为早燃温度。火花塞裙部在工作中适当的温度范围为450～950℃。

火花塞的工作温度受发动机功率、转速、压缩比和结构的影响。火花塞的热特性取决于火花塞裙部（陶瓷绝缘体暴露在燃烧室内的部分）的长度，如图4-13所示。在相同的工作条件下，裙部长的火花塞，受热面积大，传热路径长，散热困难，因而工作温度高，称为热型火花塞，如图4-13a)所示。裙部短的火花塞，受热面积小，传热路径短，散热容易，因而工作温度低，称为冷型火花塞，如图4-13b)所示。

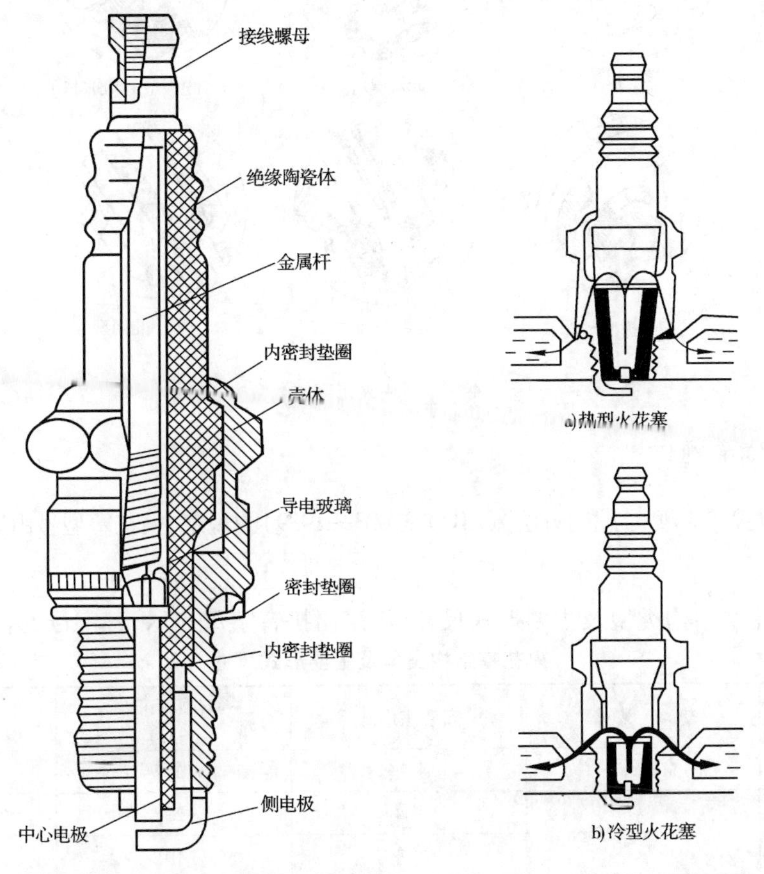

图4-12 火花塞的结构

图4-13 不同热特性火花塞

火花塞的热特性通常用热值表示，用阿拉伯数字表示热值的高低，一般数值越大，表示火花塞越冷。我国以火花塞绝缘体裙部的长度来标定火化塞的热特性，用热值3～9来表示，见表4-1。对于高压缩比、高转速、大功率的发动机，应选用冷型火花塞；对于低压缩比、低转速、小功率的发动机，应选用热型火花塞。制造厂已为具体型号的发动机匹配了相应热值的火花塞，如果在使用中需要更换火花塞，应选用厂家规定型号的火花塞。

火花塞的热特性与裙部长度、热值的关系 表4-1

裙部长度(mm)	15.5	13.5	11.5	9.5	7.5	5.5	3.5
热值	3	4	5	6	7	8	9
热特性	热 ←——————————————————————→ 冷						

3 火花塞的类型

火花塞的类型如图 4-14 所示。

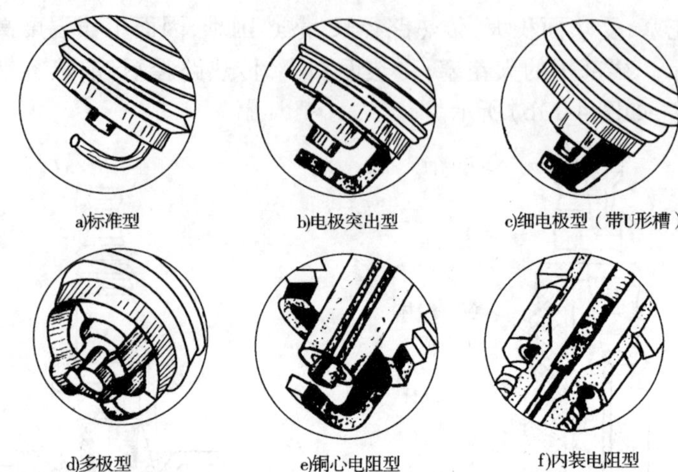

图 4-14　常用火花塞的类型

4 火花塞的型号

根据《火花塞产品型号编制方法》(ZB/T 37003—1989)的规定,火花塞型号由三部分组成:

1	2	3

1——火花塞结构类型及主要形式尺寸,用汉语拼音字母表示,各字母的含义见表 4-2。

火花塞结构类型及主要形式尺寸　　表 4-2

字　母	螺 纹 规 格	安装座形式	螺纹旋合长度(mm)	壳体六角对边距离(mm)
A	M10×1	平座	12.7	16
C	M12×1.25	平座	12.7	17.5
D		平座	19	17.5
E	M14×1.25	平座	12.7	20.8
F		平座	19	20.8
J		平座	12.7	16
K		平座	19	16
L		矮型平座	9.5	19
N		矮型平座	7.8	19
P		锥座	11.2	16
Q		锥座	17.5	16
R	M18×1.25	平座	12	20.8
S		平座	19	(22)
T		锥座	10.9	20.8

2——热值,用阿拉伯数字表示。

3——火花塞派生产品结构特征、发火端特征、材料特性及特殊技术要求,用汉语拼音字母表示,见表4-3。如果无字母,则为普通火花塞,在同一产品的型号中,如果需要两个字母表示这部分内容,则应按表中规定的顺序排列。

火花塞派生产品结构特征、特性排列顺序 表4-3

顺　序	字　母	特征与特性	顺　序	字　母	特征与特性
1	P	屏蔽型火花塞	7	H	环形电极火花塞
2	R	电阻型火花塞	8	U	电极缩入型火花塞
3	B	半导体型火花塞	9	V	V形电极火花塞
4	T	绝缘体突出型火花塞	10	C	铜镍复合电极火花塞
5	Y	沿面跳火型火花塞	11	G	贵金属火花塞
6	T	多电极型火花塞	12	F	非标准火花塞

例如,F5RTC型火花塞,表示螺纹规格为M 14×1.25,螺纹旋合长度为19mm,壳体六角对边距离为20.8mm,热值为5,带电阻、镍铜复合电极、绝缘体突出型的平座火花塞。

引导问题6 点火系统其他部件有何作用?

1 点火器

点火器的作用是按信号发生器产生的点火信号控制点火系统初级电路通断,使点火线圈产生高压。点火器的外形如图4-15所示。点火器采用集成电路,具有恒流控制、闭合角控制、停车断电保护和过压保护等功能。

2 点火开关

点火开关用于接通和切断电气设备电源,以及控制起动系统电路。锁式点火开关安装在转向柱或仪表台上,如图4-16所示。

图4-15 点火器外形

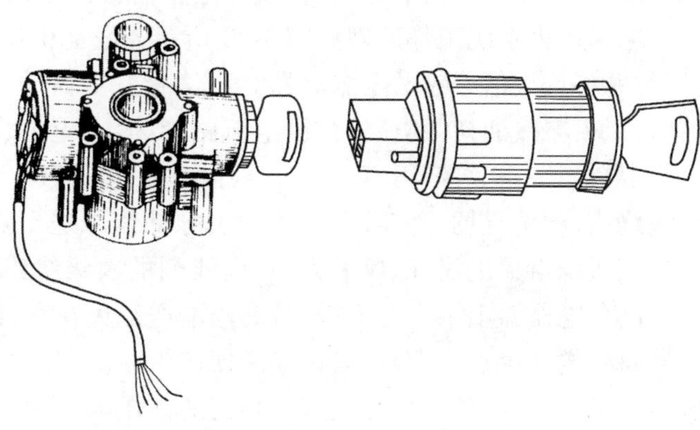

图4-16 锁式点火开关

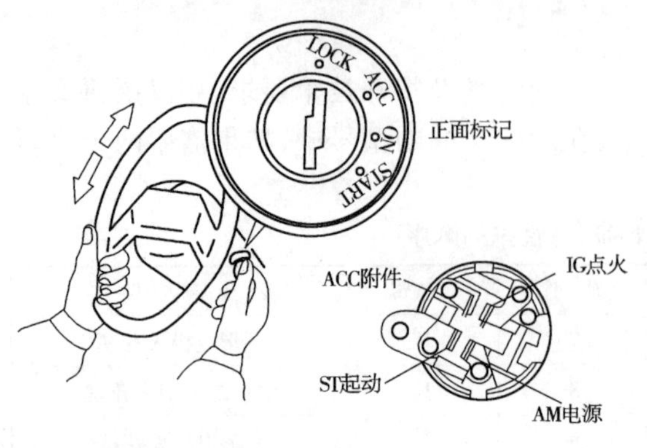

图 4-17 锁式点火开关挡位及接线柱

锁式点火开关由锁芯和开关两部分组成,锁芯部分用钥匙控制,钥匙插进锁芯后,可以使锁芯转动,有 4 个挡位,分别为 LOCK(断电及锁止)、ACC(附件)、ON(点火)、START(起动);开关部分由锁芯带动,接通和切断有关电路,通常有四个接线端,分别是 AM(电源)、ACC(附件)、IG(点火)、ST(起动),如图 4-17 所示。

3 高压线

高压线用于连接点火线圈、配电器(分电器盖)和火花塞,以输送高压电。现在使用的高压线大多采用电阻型高压线,以抑制点火系统所产生的电磁干扰。如图 4-18 所示,电阻型高压线的中心部分是注入石墨的细金属丝网线芯,线芯周围是绝缘层及外皮,高压线的两端有金属接头,并带密封和绝缘橡胶套。

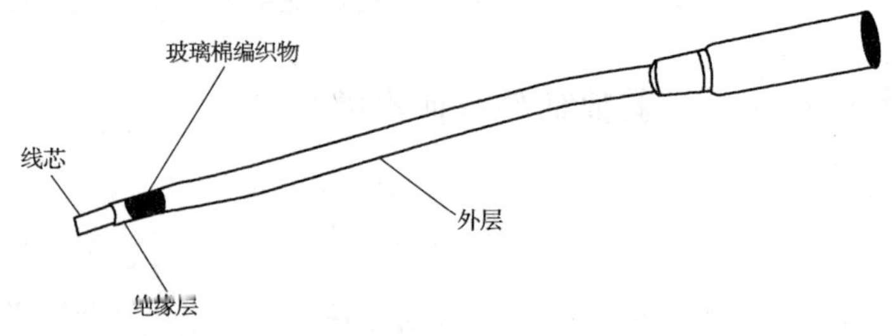

图 4-18 高压线

引导问题 7 点火系统是怎样工作的?

电子点火系统工作电路如图 4-19 所示。点火系统电路分为低压电路和高压电路,即点火线圈的初级绕组所在回路称为低压电路,点火线圈的次级绕组所在回路称为高压电路。

电子点火系统工作原理如图 4-20 所示。发动机运转时,分电器中信号发生器产生点火信号,并将点火信号输送至点火器。当信号发生器的一个点火信号的正脉冲信号送到点火器时,点火器接通初级电路,初级电流路径为:蓄电池(电源)正极→点火开关 S→点火线圈“+”接线柱 →初级绕组 N_1→点火线圈“-”接线柱 →点火器→搭铁,电流经过点火线圈的初级绕组,产生磁场。信号发生器的负脉冲信号送到点火器,点火器切断初级电路,点火线圈的初级绕组无电流,磁场消失,点火线圈的次级绕组产生高压电。此时,配电器中分火头正对准分电器盖上某个旁电极,将高压电送给火花塞,使火花塞产生火花。信号发生器向点火器每输送一个点火信号,点火线圈便产生一次高压电,信号发生器的信号转子随分电器轴旋转一周,点火线圈产生与汽缸数相同的高压电,由配电器按点火顺序将高压电送至各汽缸的火花塞,使各缸火花塞点火一次。

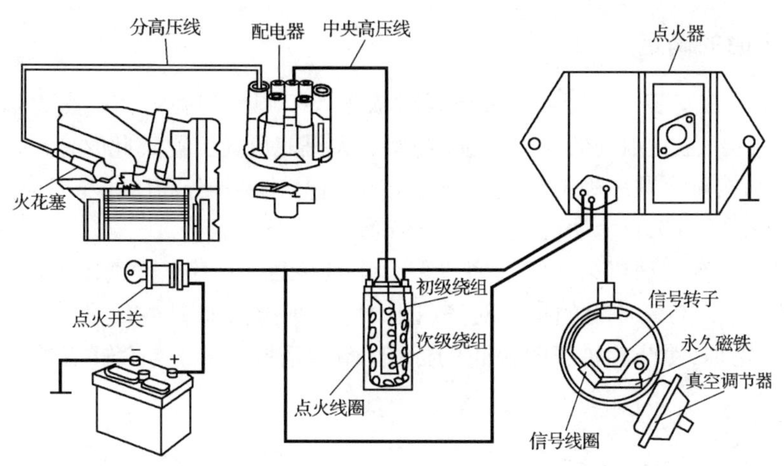

图 4-19 电子点火系统电气线路图

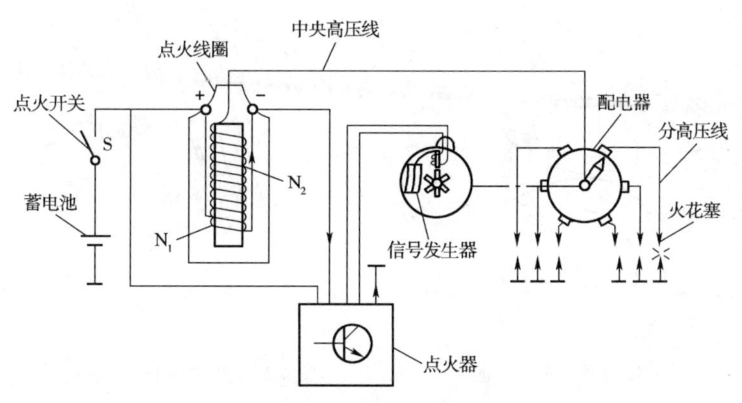

图 4-20 电子点火系统工作原理图

引导问题 8 什么是点火提前角？怎样确定点火正时？

1 点火提前角

点火时刻对发动机性能影响较大。从火花塞跳火开始到可燃混合气燃烧完毕，是需要一定时间的，这段时间很短。若在活塞到达上止点开始点火，可燃混合气边燃烧，活塞边下移，这将导致汽缸燃烧压力降低，发动机功率下降。试验证明，汽缸内的最高燃烧压力出现在活塞到达上止点后 10°～15°，发动机的功率最大，热能利用率最高。因此，要在活塞到达上止点前某一时刻点火。点火提前的时间用点火提前角来表示，点火提前角是指从点火开始到活塞到达上止点的曲轴转角。点火提前角由点火提前调节机构根据发动机转速、负荷进行调节。

2 点火正时的确定

点火正时是指在安装分电器和分高压线时依靠人工调整和确定初始点火提前角，即找到第一缸活塞到达压缩上止点前的点火位置（初始点火提前角的位置），此时，分火头位置与第一缸分高压线对应，按点火顺序确定其他缸分高压线位置，并将各分高压线与对应火花塞连接。

普通桑塔纳轿车 JV 型发动机点火正时的确定：

（1）转动曲轴，将发动机第一缸活塞置于上止点位置，从离合器壳体上的观察孔可以看到飞轮上的刻度标记与壳体上的指针对齐（图中箭头所指），如图 4-21 所示。

（2）转动凸轮轴，使凸轮轴正时齿轮的标记（图中箭头所指）与汽缸盖罩底面平齐，如图 4-22 所示。

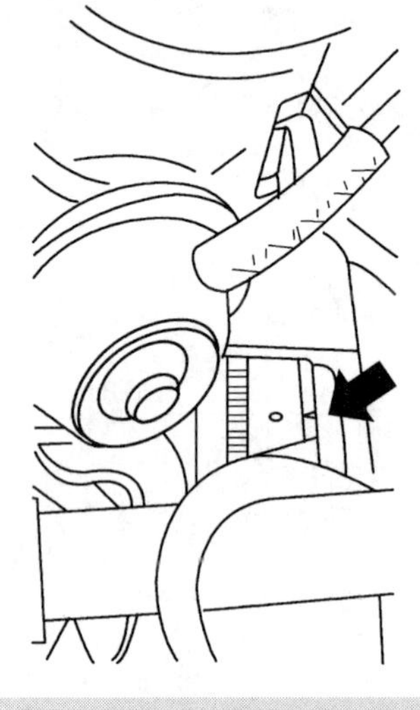

图 4-21　第一缸活塞上止点标记

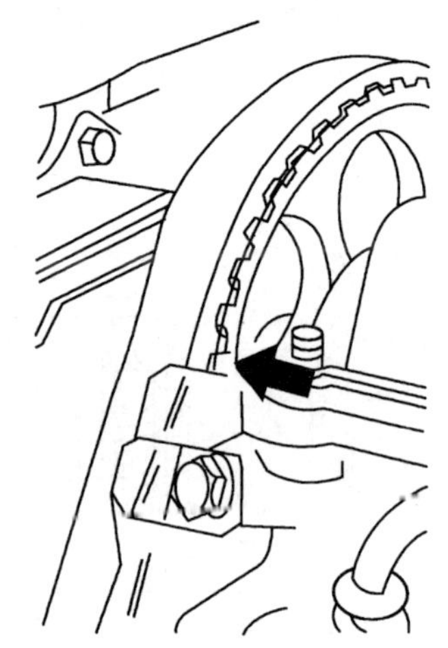

图 4-22　凸轮轴上正时齿轮的标记

（3）使机油泵轴端的凹槽与曲轴的方向一致，如图 4-23 所示。

（4）将分电器上分火头指向分电器壳体上的第一缸标记，然后将分电器插入安装孔，使分电器轴端凸起与机油泵轴端凹槽配合，再逆时针转动分电器壳体 3°，用压板固定分电器，如图 4-24 所示。

图 4-23　机油泵轴端的凹槽方向

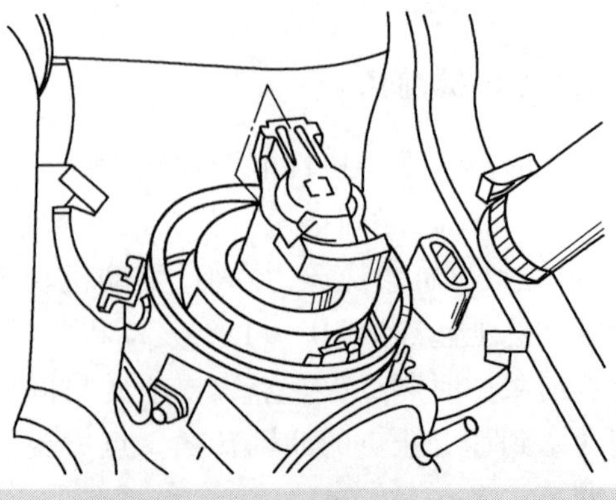

图 4-24　分火头指向分电器壳体上的第一缸标记

(5)装上分电器盖。以分火头所指的旁电极为第一缸,顺时针按 1→3→4→2 的顺序连接分高压线,连接中央高压线。

(6)连接点火系统低压线路。

(7)检查与调整点火正时。

引导问题 9 微机控制点火系统由哪些部件组成?它有哪几种高压配电方式?

影响最佳点火提前角的因素除了发动机的转速和负荷之外,还有冷却液温度、进气温度、混合气空燃比等。微机控制点火系统能解决这些影响因素,使发动机在各种工况下都能获得最佳点火提前角,进一步提高发动机的动力性和经济性,降低发动机的排放污染。

1 微机控制点火系统的组成

微机控制点火系统主要由传感器、电控单元(ECU)、点火器、点火线圈、火花塞等组成,如图 4-25 所示。

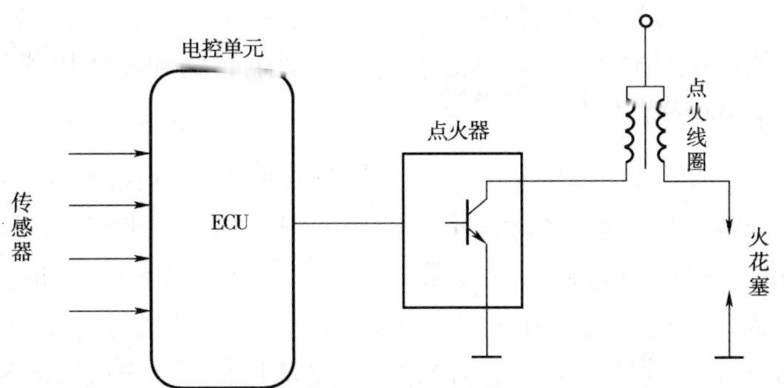

图 4-25 微机控制点火系统的组成

1 传感器

传感器用来检测与点火有关的发动机工况信息,并将信息输入电控单元(ECU),作为运算和控制点火时刻的依据。主要传感器有:曲轴位置传感器、空气流量计或进气压力传感器、进气温度传感器、冷却液温度传感器、节气门位置传感器、爆震传感器和信号开关(起动开关、空调开关)。除爆震传感器外,其他传感器与发动机燃油喷射控制系统共用。

爆震传感器用于检测发动机是否发生爆震。电控单元(ECU)根据爆震传感器的反馈信号对发动机的点火提前角进行控制。通常利用爆震传感器检测发动机振动的方式来判断发动机有无爆震及爆震的强度。爆震传感器安装在发动机汽缸体侧。爆震传感器有压电式和磁致伸缩式(电磁感应式)两种类型,其中较常用的是压电式爆震传感器。

压电式爆震传感器利用压电晶体的压电效应产生信号,分为共振型和非共振型。非共振型压电式爆震传感器由压电元件、振动块等构成,如图 4-26 所示。当发动机汽缸体的振动传到爆震传感器壳体时,壳体与振动块之间产生相对运动,压电元件承受振动块的压力作用而产生电压,因在爆震发生时的频率附近产生的电压不是很大,须将电压信号送至滤波器

中进行处理，以判别是否有爆震产生。

❷ 电控单元（ECU）

发动机燃油喷射和点火采用集中控制，即由同一个电控单元（ECU）控制。电控单元（ECU）是微机控制点火系统的核心，在点火系统工作时，根据传感器的信号，按照特定的程序进行判断、运算后，确定最佳点火提前角，向点火器输出点火信号。

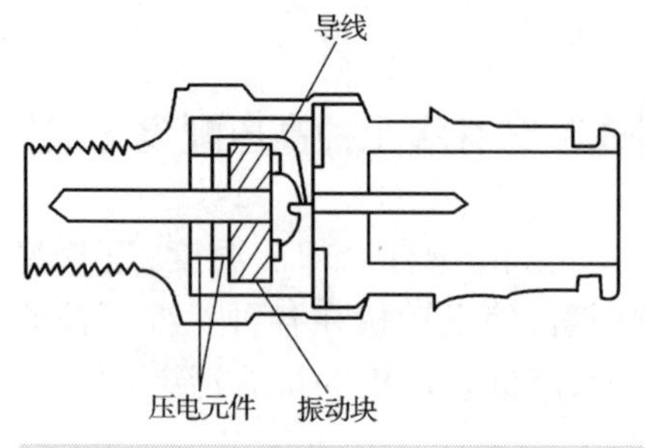

图 4-26　非共振型压电式爆震传感器结构

❸ 点火器

点火器用来接通和断开点火线圈初级电路，使点火线圈产生感应电压。点火器的形式因车型而异，有些点火系统的点火器单独设置，有些点火系统将点火器组合在电控单元（ECU）或点火线圈中。

2 微机控制点火系统的工作情况

发动机工作时，各种传感器的信号送入电控单元（ECU），电控单元（ECU）确定一个最佳点火提前角，按最佳点火时刻点火，同时对点火线圈通电时间和发动机爆震进行控制。

❶ 点火提前角的控制

发动机起动时，电控单元（ECU）按初始点火提前角控制点火时刻，而发动机起动后，以实际点火提前角控制点火时刻。实际点火提前角的确定，各车型有所不同，通常发动机实际点火提前角为初始点火提前角、基本点火提前角和修正点火提前角之和，如图 4-27 所示。

（1）初始点火提前角的确定。在发动机起动过程中，发动机转速变化大，且由于转速较低（一般低于 500r/min），进气压力传感器或空气流量计信号不稳定，电控单元（ECU）无法正确计算点火提前角，一般按设定的初始点火提前角确定点火时刻，初始点火提前角一般为 5°～10°，其数值存储在电控单元（ECU）内。电控单元（ECU）根据起动开关信号和曲轴位置传感器信号判定起动工况。

（2）基本点火提前角的确定。发动机正常运转时，电控单元（ECU）根据曲轴位置传感器信号和进气压力传感器或空气流量计信号在其存储的基本点火提前角特性图谱中确定对应的基本点火提前角，如图 4-28 所示。

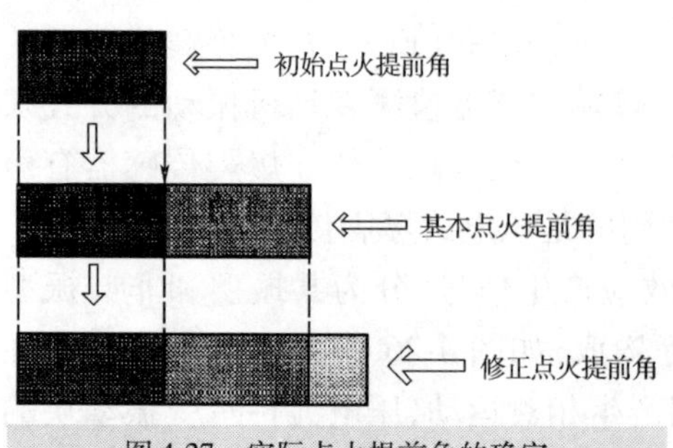

图 4-27　实际点火提前角的确定

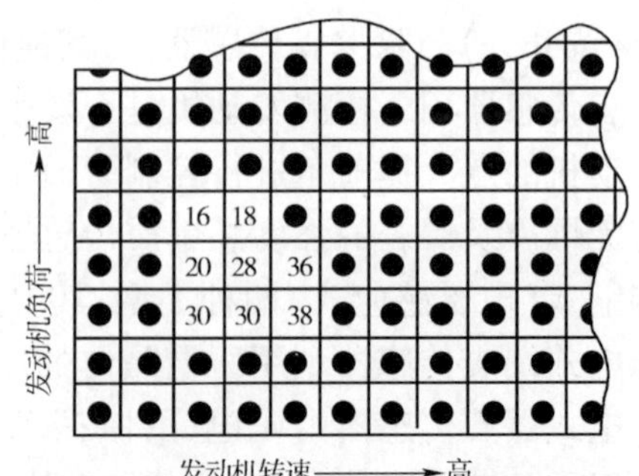

图 4-28　基本点火提前角的特性图谱

(3)修正点火提前角的确定。发动机正常运转时,还应考虑有关因素对点火提前角的影响,如发动机温度、负荷、爆震等。电控单元(ECU)根据冷却液温度传感器信号、节气门位置传感器信号、爆震传感器信号等对点火提前角进行修正。

2 通电时间的控制

点火系统工作时,点火线圈的初级绕组通电电流的大小会影响点火能量和次级绕组电压的最大值,因此,必须使点火线圈的初级绕组通电电流达到一定值。点火线圈的初级绕组通电电流可通过通电时间的长短来控制。电控单元(ECU)根据发动机转速信号和电源电压确定最佳的通电时间,对点火线圈初级绕组的通电时间进行控制。在有些发动机点火系统中采用恒流控制,即发动机在不同转速下初级绕组电流均为规定值(7A),既可改善点火性能,又能防止初级绕组电流过大而烧坏点火线圈。

3 爆震的控制

爆震是汽油发动机的一种不正常燃烧现象。轻微的爆震可使发动机功率增加,油耗下降,但严重的爆震会导致发动机过热,功率下降,耗油上升。发动机工作时,应对爆震加以控制。点火提前角是影响爆震的主要因素之一,减小点火提前角(即推迟点火)是消除爆震的最有效措施。电控单元(ECU)根据爆震传感器信号判定有无爆震及爆震的强度,对点火提前角进行控制。当有爆震时,减小点火提前角(推迟点火),爆震消除后,再逐渐增大点火提前角;当再次出现爆震时,又减小点火提前角,如此反复。爆震的控制就是电控单元(ECU)以爆震传感器信号为反馈信号的点火提前角闭环控制。

3 微机控制点火系统的高压配电方式

微机控制点火系统目前主要有两种形式:一种是有分电器微机控制点火系统,采用分电器分配高压电;另一种是无分电器微机控制直接点火系统,采用同时点火或单独点火分配高压。

1 有分电器的高压配电

桑塔纳2000GLi轿车AFE型发动机、广州本田雅阁F23A3发动机等点火系统为有分电器微机控制点火系统,仍保留分电器,分电器主要用于分配高压电,同时在分电器内安装了曲轴位置传感器。

雅阁2.3L轿车F23A3型发动机有分电器点火系统电路如图4-29所示。点火线圈、点火控制模块(ICM)、凸轮轴位置传感器均安装在分电器内。ECM/PCM(发动机与自动变速器电控单元)根据传感器信号来控制点火控制模块(ICM),通过点火控制模块(ICM)使点火线圈通电与断电,点火线圈产生高压电,由配电器将高压电分配到各缸火花塞。

2 无分电器的高压配电

无分电器微机控制点火系统由于取消了分电器,采用同时点火或单独点火分配高压电。

(1)同时点火。一个点火线圈连接两个火花塞,如四缸发动机的1缸/4缸、2缸/3缸分别共用一个点火线圈,两个火花塞同时点火,其中一个火花塞在压缩行程点火,击穿电压高,

火花能量强，称为有效点火，而另一个火花塞在排气行程点火，击穿电压低，火花弱，消耗点火能量少，称为无效点火。

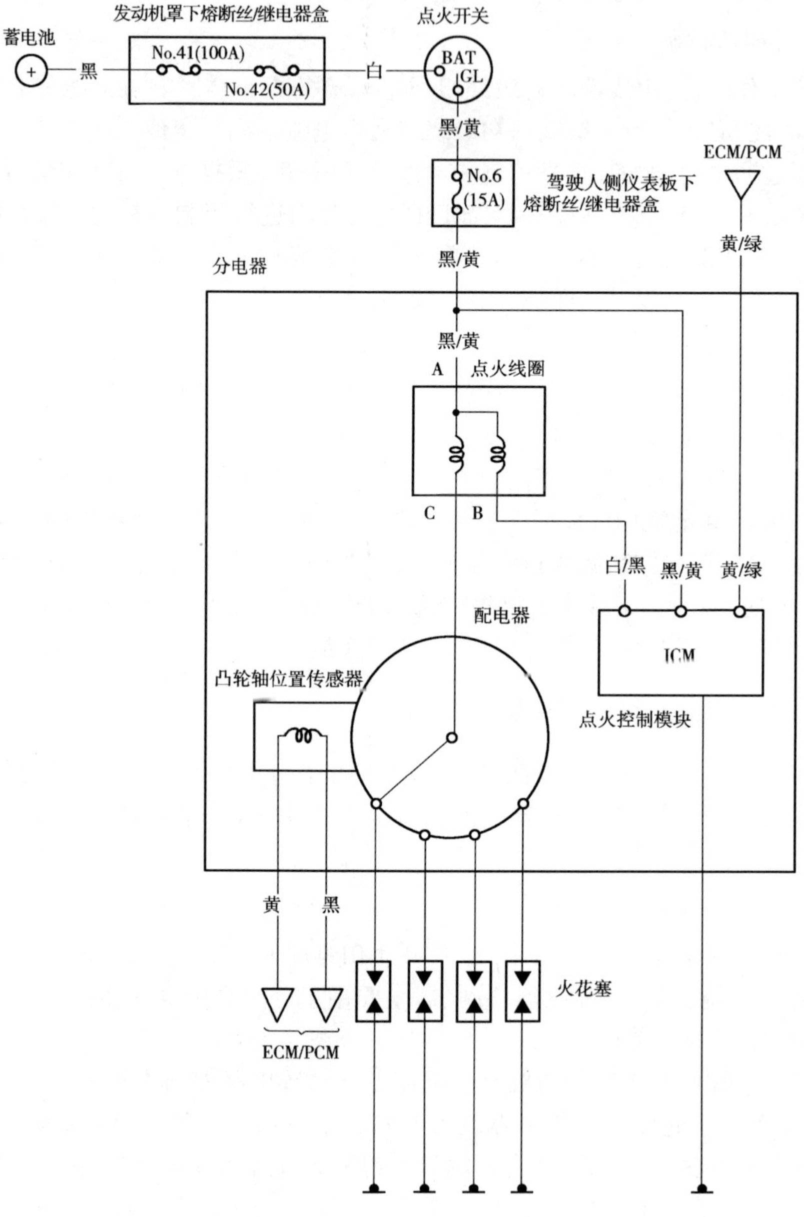

图 4-29　雅阁 2.3L 轿车 F23A3 型发动机点火系统电路

桑塔纳 2000GSi 轿车 AJR 型发动机点火系统电路如图 4-30 所示。电控单元（ECU）控制点火组件中点火模块使点火线圈通电与断电，一个点火线圈产生高压电后，同时输送给两个缸的火花塞（1 缸/4 缸、2 缸/3 缸），其中处于压缩行程汽缸的混合气被点燃，而处于排气

行程汽缸的残余废气不能被点燃。

(2)单独点火。每个汽缸设置一个点火线圈,且点火线圈与火花塞直接连接,如图4-31所示。由于省掉分高压线,便于点火系统的布置,同时减少了高压线路的故障。

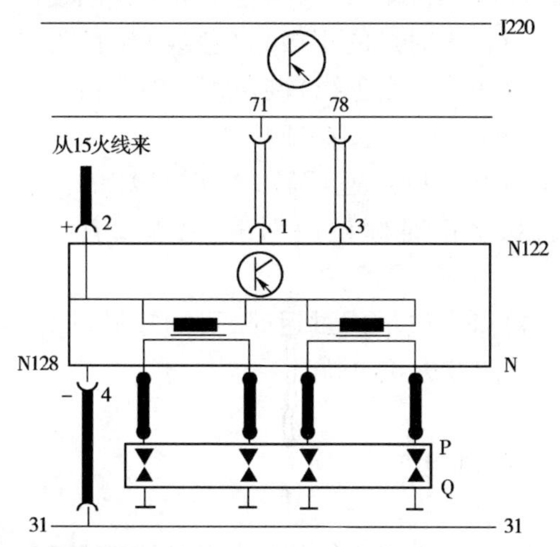

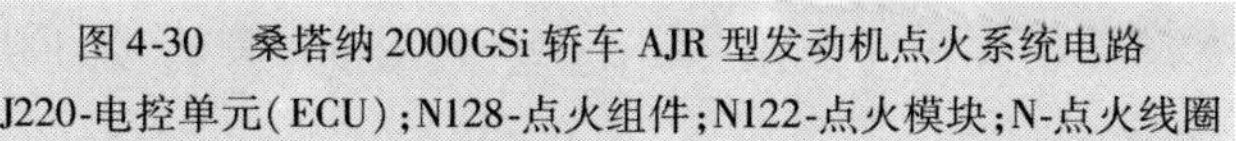
图4-30 桑塔纳2000GSi轿车AJR型发动机点火系统电路

J220-电控单元(ECU);N128-点火组件;N122-点火模块;N-点火线圈

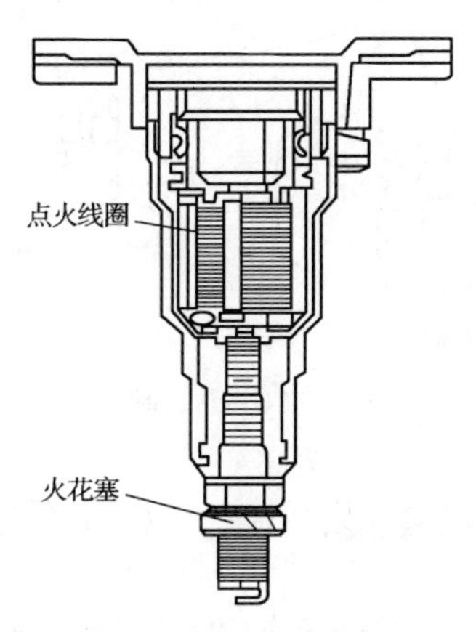

图4-31 点火线圈与火花塞连接

引导问题10 怎样正确使用和维护点火系统?

1 点火系统的使用

(1)点火系统低压导线连接必须正确、牢固,电源的极性不能接错,否则,易损坏电子器件。

(2)高压线必须连接牢靠,否则,容易造成电压过高而导致绝缘不良。

(3)在发动机运转过程中,严禁拆卸蓄电池电缆。

(4)不允许用刮火的方法对点火系统试电,以免损坏电子器件。

(5)当需要拆卸点火系统的导线或连接测试仪器时,应先关闭点火开关或拆下蓄电池的负极电缆。

(6)清洗发动机时,应使发动机熄火,尽量避免将水溅到点火系统部件上。

2 点火系统的维护

1 点火系统的清洁

(1)清除分电器表面灰尘和油污,检查分电器盖和分火头的绝缘,润滑分电器内运动零件。

(2)清洁点火线圈表面的灰尘和油污。

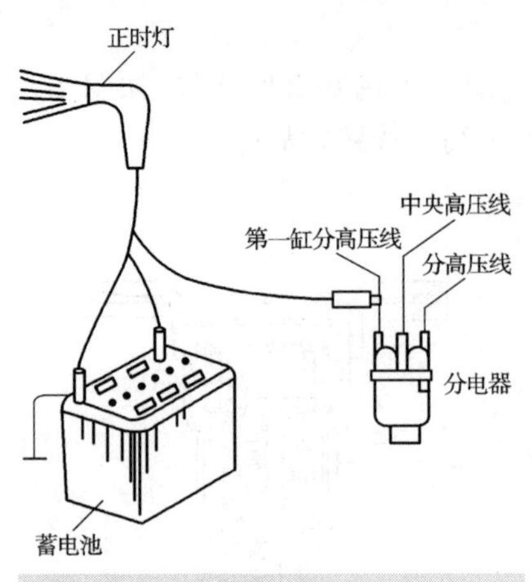

图 4-32　连接正时灯

(3)清除火花塞的油污和积炭。

2 检查点火正时

(1)起动发动机,预热至正常工作温度。

(2)将正时灯的正极(红色线)接在蓄电池正极上,正时灯的负极(黑色线)接在蓄电池负极上,感应线接在第一缸分高压线上,如图 4-32 所示。

(3)发动机怠速运转,将正时灯的光线对准正时标记,观察正时标记应对齐,否则,说明点火过早或过迟。

(4)点火过早或过迟时,可通过转动分电器外壳进行调整,使点火正时符合要求。

引导问题 11　点火系统常见故障有哪些?

一般情况下,发动机在运转中突然熄火,不能起动,多为点火系统出现故障。点火系统的故障主要有无火、缺火、乱火、火花弱及点火正时失准等。这些故障将会导致发动机不能起动或发动机工作不正常。

1 区分低压电路与高压电路故障

将中央高压线从分电器盖的中央插孔中拔出,使其端部距发动机机体 4 ~ 6mm,起动发动机,观察跳火情况,如图 4-33 所示。如果火花很强(蓝色火花),则表明低压电路正常。如果火花很弱或无火花,则表明低压电路有故障。

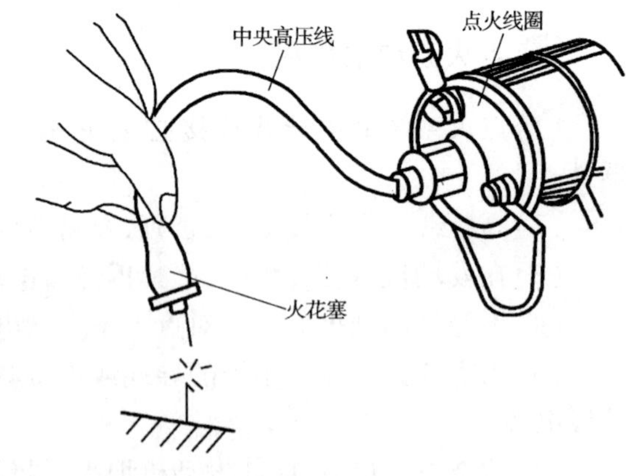

图 4-33　中央高压线试火

2 高压电路故障部位的判断

逐一将各缸分高压线拔下试火,如图 4-34所示。如果各缸分高压线火花强烈,则表明配电器或分高压线都良好,故障原因在火花塞,应检查火花塞。如果分高压线无火,则表明配电器或分高压线有故障,应检查配电器或分高压线。

3 低压电路故障部位的判断

(1)电子点火系统低压电路故障部位的判断,主要是检查信号发生器和点火器及其线路是否正常。

(2)微机控制点火系统低压电路故障部位的判断,进行自诊断,检查点火系统故障码,按故障码确定故障范围;测量点火线圈电阻;检查电源线路,测试点火控制信号等。

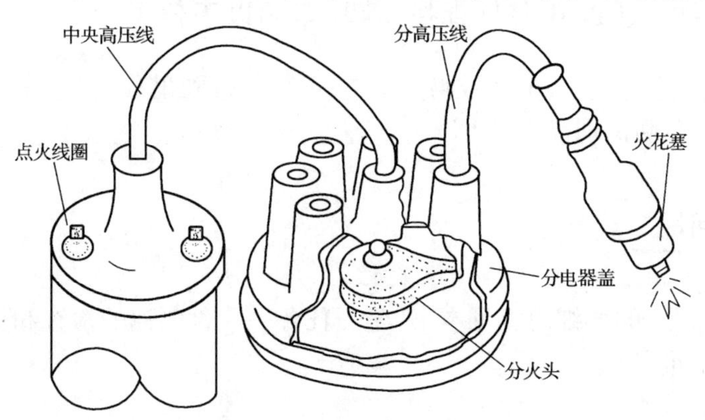

图 4-34　分高压线试火

引导问题 12　常见车型火花塞更换周期是怎样规定的?

火花塞的使用寿命一般为 15000 ~ 30000km。但有些汽车使用的火花塞采用特殊材料,使用寿命可达 50000 ~ 100000km。常见车型火花塞更换周期见表 4-4。

常见车型火花塞更换周期　　表 4-4

车　　型	发动机型号	更换周期(km)
爱丽舍	TU5JP4 型	30000
广州本田雅阁 2.0L	L2.0 型	20000
卡罗拉 1.6L	1ZR-FE 型	80000
凯越 1.6L	F16D3 型	200000

可能有些汽车的火花塞会因发动机维护不及时或不当,达不到正常使用寿命。如果检查发现火花塞严重烧蚀或损坏,应及时更换。若不及时更换火花塞,火花塞虽能点火,但由于火花塞的烧损会引起点火性能下降,可燃混合气燃烧不完全,使油耗、排放增加,起动困难,加速无力。

二、实 施 作 业

引导问题 13　作业需要哪些工具、设备和材料?

(1)扳手、旋具、兆欧表、塞尺、火花塞清洁器、14mm 火花塞扳手、100mm 加长杆。

(2)翼子板护裙、转向盘护套、变速杆护套、座椅护套和脚垫。

(3)SC20HR11 型火花塞。

(4)一汽丰田卡罗拉轿车维修手册。

引导问题 14　通过查询与查找，填写车辆以下信息。

生产年份____________，车牌号码____________，行驶里程____________ km，发动机型号____________，车辆识别代码（VIN）____________________。

相关引导问题

以下“实施作业”的详细内容见本书“学习任务一　蓄电池的检查和更换”：

（1）作业前的准备；

（2）蓄电池的检查。

引导问题 15　怎样规范地检查火花塞？

（1）清洁火花塞。当火花塞的电极上没有机油时，使用火花塞清洁器，用低于 588kPa 压力的空气清洁火花塞，持续时间应不大于 20s，如图 4-35 所示。如果电极上有机油痕迹，在使用火花塞清洁器之前用汽油洗掉机油。

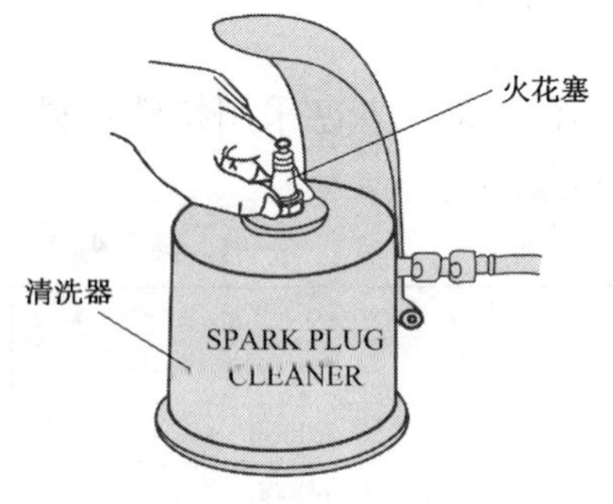

图 4-35　清洁火花塞

（2）目测检查火花塞螺纹和绝缘体是否损坏，如图 4-36 所示。如果有任何损坏，则更换火花塞。

（3）用兆欧表测量绝缘电阻，如图 4-37 所示。其标准电阻应大于 10MΩ。如果不符合要求，则用火花塞清洁器清洁火花塞，并再次测量电阻。如果仍不符合要求，则更换火花塞。

（4）检查火花塞电极间隙，如图 4-38 所示。旧火花塞的最大电极间隙为 1.3mm，新火花塞的电极间隙为 1.0 ~ 1.1mm。如果间隙大于最大值，则更换火花塞。不要调整火花塞电极间隙。

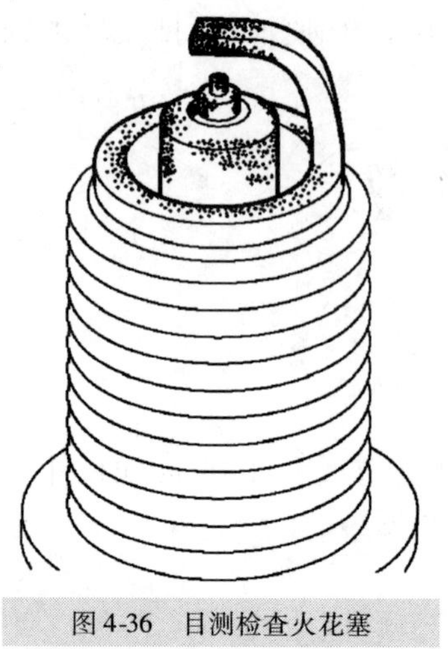

图 4-36　目测检查火花塞

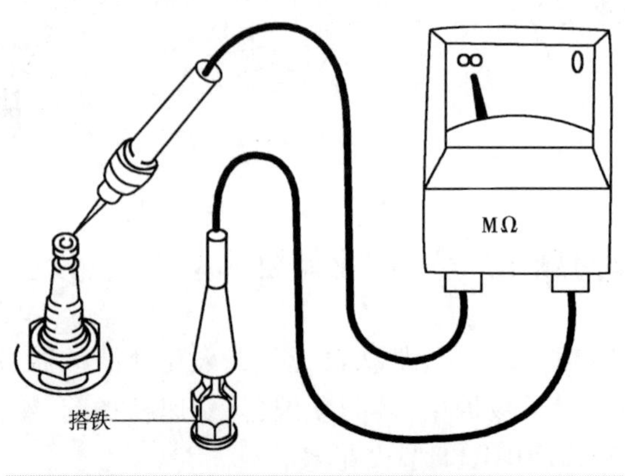

图 4-37　测量火花塞绝缘电阻

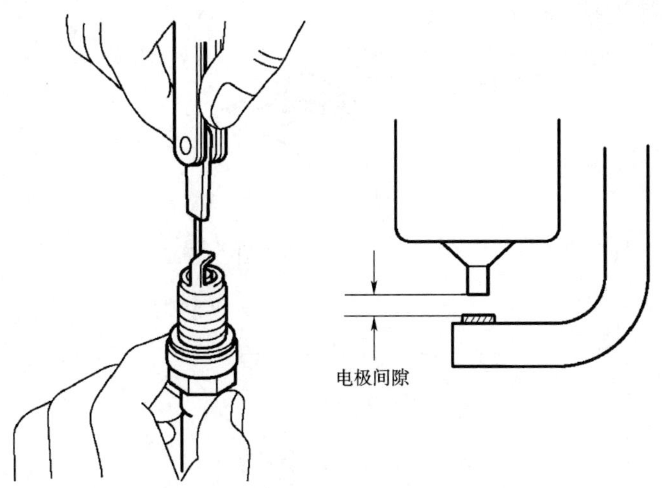

图 4-38　检查火花塞电极间隙

引导问题 16　怎样规范地更换火花塞?

1RZ-FE 型发动机火花塞位置如图 4-39 所示,火花塞及相关零部件如图 4-40 所示。火

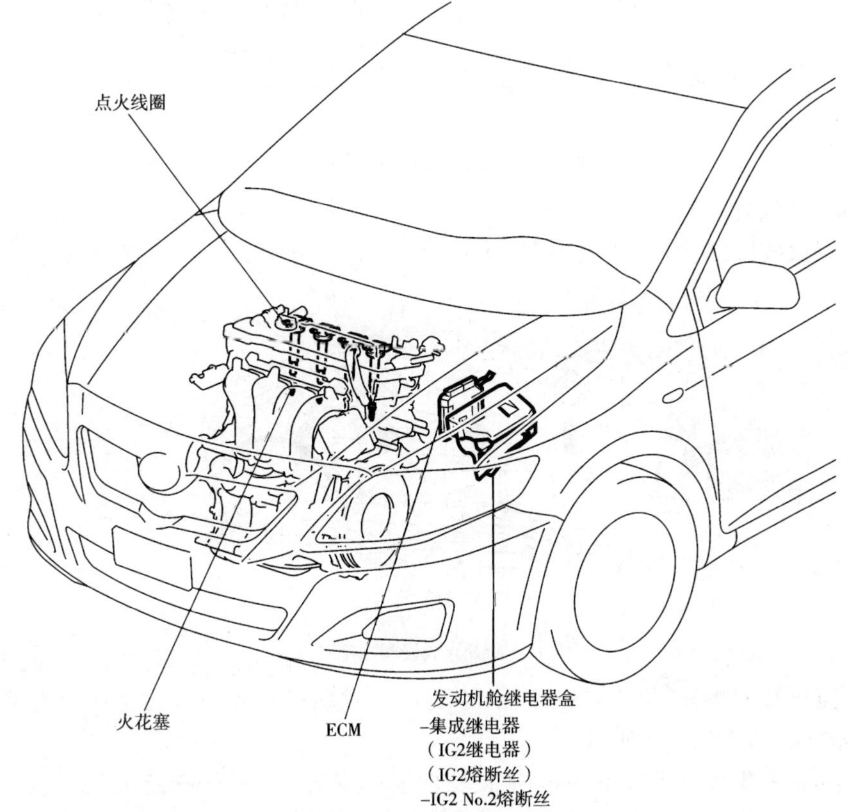

图 4-39　1RZ-FE 型发动机火花塞位置

花塞与点火线圈直接连接,无分高压线。

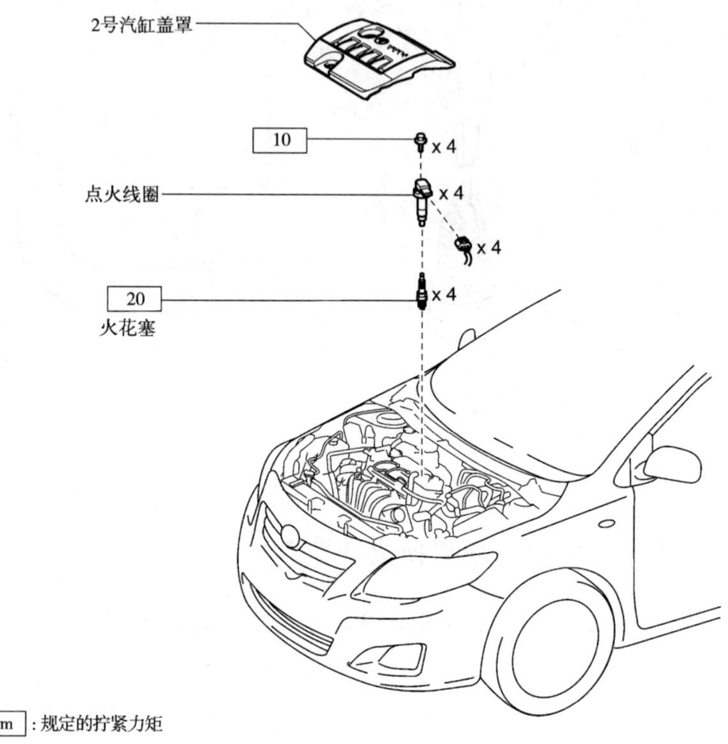

图 4-40 火花塞及相关零部件

(1)拆卸 2 号汽缸盖罩。

(2)断开点火线圈插接器,如图 4-41 所示。

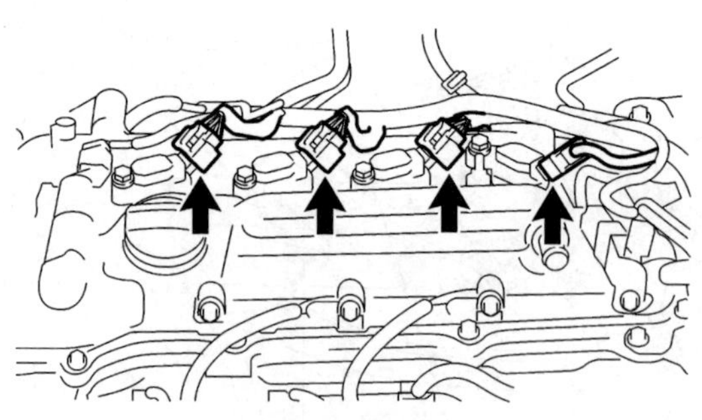

图 4-41 断开点火线圈插接器

(3)拧下点火线圈螺栓,拆下点火线圈,不要损坏发动机缸盖罩开口上的火花塞盖或火花塞套管顶部边缘,如图 4-42 所示。

(4)用 14mm 火花塞扳手和 100mm 加长杆拆下火花塞,如图 4-43 所示。

(5)按相反的顺序安装火花塞。推荐使用 DENSO 生产的 SC20HR11 型火花塞。

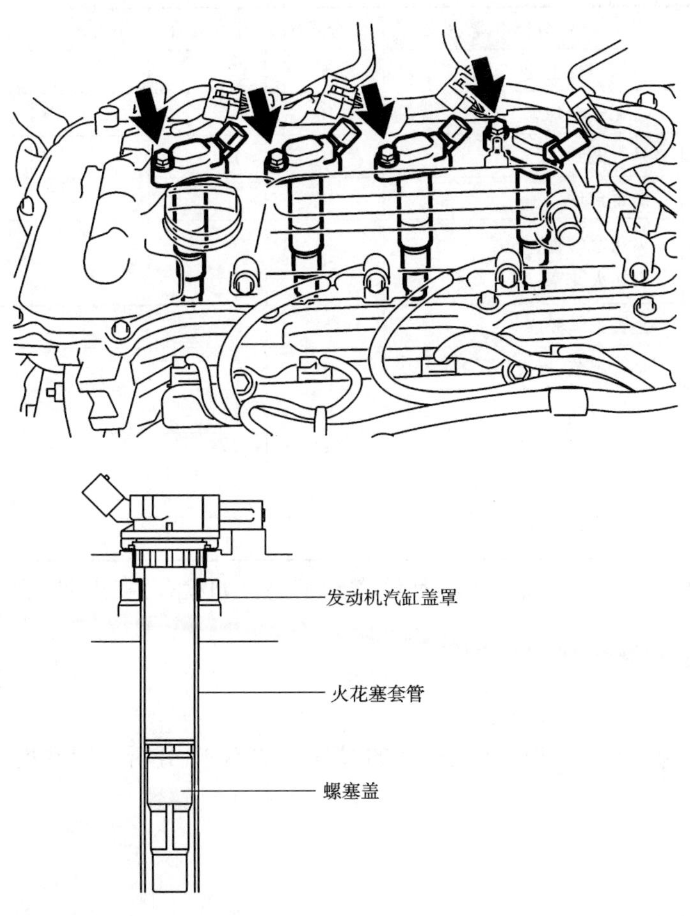

图 4-42　拧下点火线圈

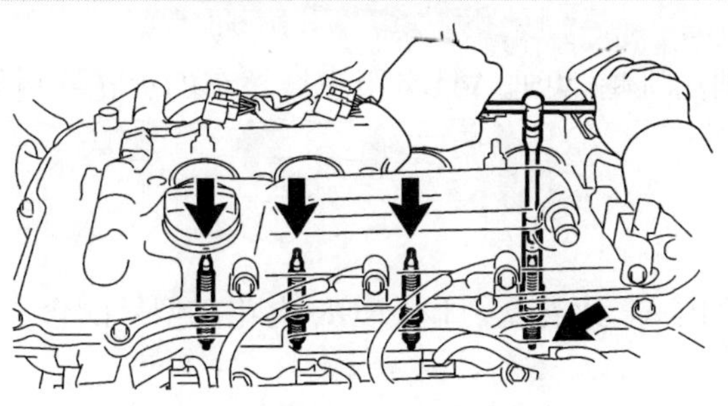

图 4-43　拆下火花塞

三、评价与反馈

1. 对本学习任务进行评价,见表 4-5。

评 分 表　　表 4-5

考核项目	评分标准	分数	学生自评	小组评价	教师评价	小计
活动参与	是否积极主动	5				
安全生产	有无安全隐患	10				
现场5S	是否做到	10				
任务方案	是否合理	15				
操作过程	火花塞检查; 更换火花塞	30				
任务完成情况	是否圆满完成	5				
工具和设备使用	是否规范、标准	10				
劳动纪律	是否违反	10				
工单填写	是否完整、规范	5				
总分		100				
教师签名:			年　月　日		得分	

2. 在实施作业时,每一个安全事项都注意到了吗？如没有,找出忽视的地方和原因。

3. 能否向客户解释检查和更换火花塞的过程？如不能,分析原因并提出改进措施。

四、学习拓展

1. 查阅资料,说明别克凯越、奥迪 A4、本田思域轿车的火花塞更换周期。

2. 查阅资料,说明美国 AC 火花塞、日本 NGK 火花塞型号的含义。

3. 查阅资料,说明哪些车型采用微机控制独立点火系统。

学习任务五

前照灯不亮的检修

学习目标

完成本学习任务后，你应当能：

1. 叙述照明装置的种类及用途、前照灯的结构与工作原理；
2. 能读懂给定的“检测工艺流程”，对测试结果进行分析；
3. 正确地使用工具和设备；
4. 规范地检查前照灯电路。

建议完成本学习任务的时间为 6 课时。

学习任务描述

一辆卡罗拉 1.6L 轿车，车主反映：前照灯远光不亮。需要你对前照灯电路进行检测，确定故障部位并进行修理。

学习内容

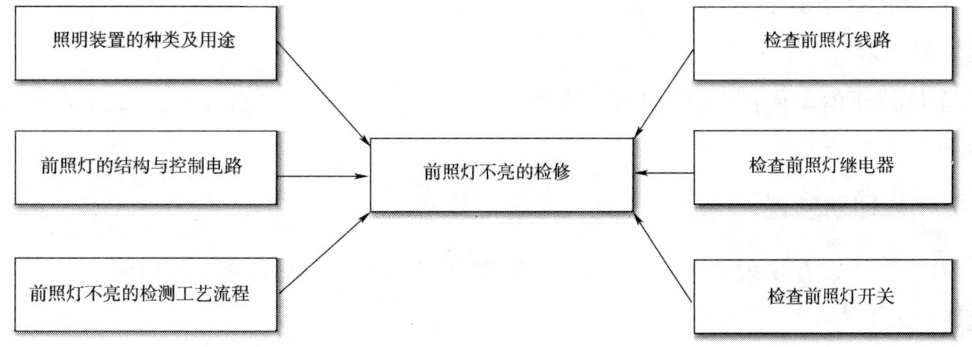

一、资料收集

引导问题1 汽车照明装置有哪些？各有什么作用？

汽车照明装置按安装位置及用途可分为车外照明装置和车内照明装置。

1 车外照明装置

车外照明装置有前照灯、雾灯、牌照灯、倒车灯等，如图5-1所示。

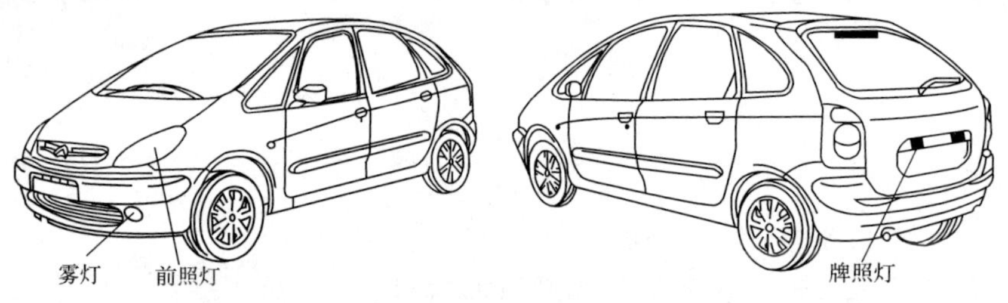

图5-1 车外照明装置

1 前照灯

前照灯位于汽车头部两侧，又称前大灯，用于夜间或光线较暗情况下汽车行驶时道路照明。国家标准规定汽车前照灯必须具备远光和近光两种照明方式，并通过变光开关转换。

2 雾灯

雾灯位于车头和车尾，安装在车头的雾灯称为前雾灯，安装在车尾的雾灯称为后雾灯。雾灯用于雾天、暴雨、下雪或沙尘弥漫等情况下汽车行驶的照明。通常雾灯光色为黄色，黄色光波较长，穿透性好。

3 牌照灯

牌照灯位于汽车后牌照的上方或两侧，用于汽车夜间行驶时牌照的照明，其亮度应保证在25m以外能认清牌照号码。

4 倒车灯

倒车灯位于汽车尾部，用于夜间汽车倒车时照明后方，通常能照亮车后10m的距离。倒车灯也兼倒车信号灯。

2 车内照明装置

车内照明装置有仪表灯、顶灯、行李舱灯、阅读灯、工作灯等，如图5-2所示。

1 仪表灯

仪表灯位于仪表板内，用于汽车仪表的照明，便于光线较暗时驾驶人观察仪表。

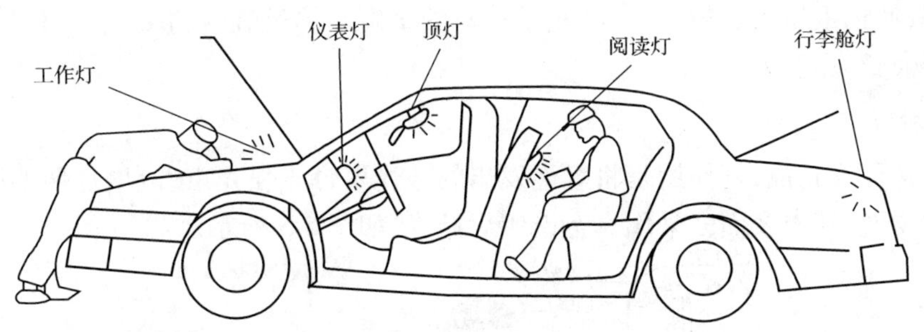

图 5-2 车内照明装置

❷ 顶灯

顶灯位于驾驶室或车厢顶部，又称室内灯，用于室内照明。顶灯由开关控制，可由安装在车门上的门控开关控制，当车门打开时，顶灯亮起，当车门关上后，顶灯熄灭。

❸ 行李舱灯

行李舱灯位于行李舱内，用于夜间行李舱的照明。

❹ 工作灯

工作灯位于发动机舱内，用于夜间临时汽车检修照明。

引导问题 2 前照灯的结构是怎样的？

1 对前照灯的基本要求

(1)应能保证车前有明亮而又均匀的照明，使驾驶人能够看清车前方 100m 以上路面上的物体。随着汽车行驶速度的不断提高，要求道路照明的距离也越来越远。

(2)前照灯应具有防炫目的功能，避免夜间会车时不使对方驾驶人炫目。

2 前照灯的基本结构

前照灯的光学系统包括灯泡、反射镜和配光镜，如图 5-3 所示。

❶ 灯泡

前照灯的灯泡主要有白炽灯泡和卤钨灯泡两种，如图 5-4 所示。灯泡的灯丝由钨丝制成。因钨丝在使用时易蒸发损耗，使灯泡的使用寿命缩短，一般将玻璃泡中的空气抽出，充入惰性气体或卤族元素，若充入的气体为惰性气体，称为白炽灯泡，如图 5-4a)所示；若充入的惰性气体中含有卤族元素，称为卤钨灯泡，如图 5-4b)所示。卤钨灯泡是利用卤钨再循环反应，将从灯丝上蒸发出来的气态钨与卤素反应生成挥发性卤化钨，卤化钨扩散到灯丝附近的高温区

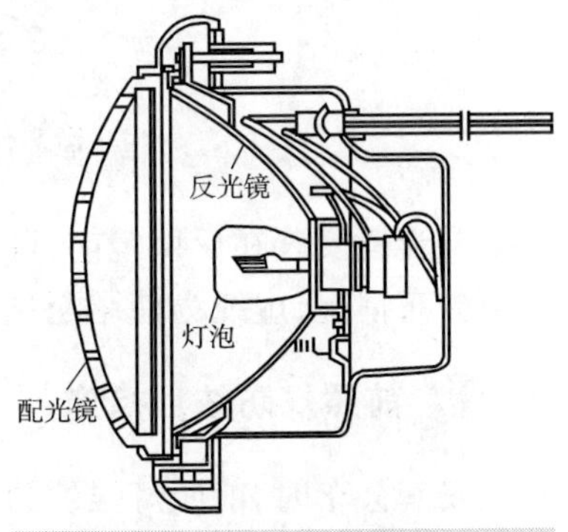

图 5-3 前照灯的基本结构

又受热分解，使钨重新回到钨丝上，防止了钨丝的蒸发和钨丝灯泡的黑化。卤钨灯泡比白炽灯泡使用寿命长，亮度大。

2 反射镜

反射镜又称反光镜，其作用是将灯泡发出的散光聚合成强光束，以增加照明距离。反射镜为旋转抛物面，其内表面多采用真空镀铝后抛光，如图 5-5 所示。

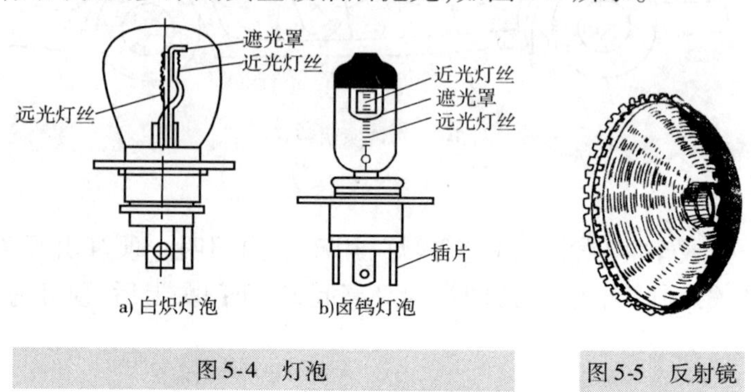

图 5-4　灯泡

图 5-5　反射镜

由于灯泡发出的光亮度有限，若无反射镜，只能照明车前数米的距离。将灯丝置于反射镜的焦点上，灯丝大部分光线经反射成为平行光束射出，其距离可达 150m 或更远，且使亮度增强，而其他光线直接向前散射，其中向侧方和下方散射的光线可照明车前 10m 左右，如图 5-6 所示。

3 配光镜

配光镜又称散射玻璃，它是由透明玻璃压制而成的棱镜和透镜的组合体，如图 5-7 所示。

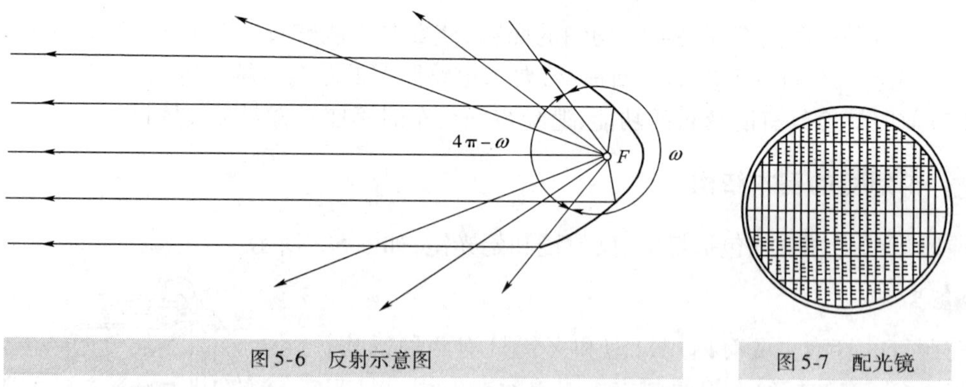

图 5-6　反射示意图

图 5-7　配光镜

配光镜安装在反射镜前，可将反射光束扩散分配，使照明均匀，实线为未使用配光镜的光束分布情况，虚线为使用配光镜的光束分布情况，如图 5-8 所示。

3 前照灯防炫目措施

夜间会车时，前照灯强烈的光线容易使迎面驾驶人炫目，从而引发交通事故，必须采取有效的防炫目措施。

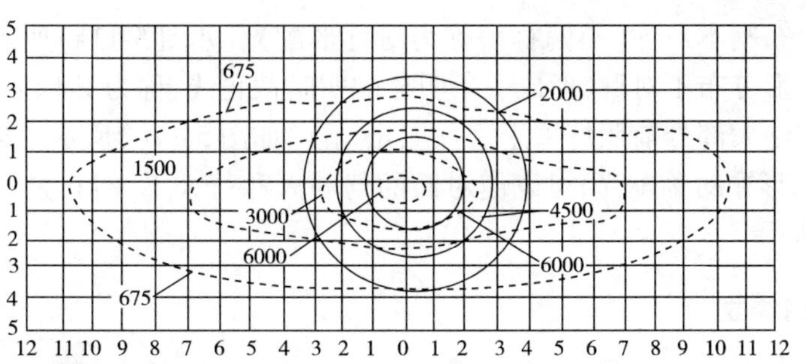

图 5-8 光束分布示意图

1 采用双丝灯泡

前照灯通常采用双丝灯泡，一个灯丝为远光灯丝，位于反射镜的焦点，射出的光线远而亮；另一个灯丝为近光灯丝，位于反射镜焦点的上方或前方，射出的光线大部分向下倾斜，且光线较弱，可防炫目，如图 5-9 所示。我国交通法规规定，夜间会车时，须在距对面来车 150m 以外互相关闭远光，使用近光。

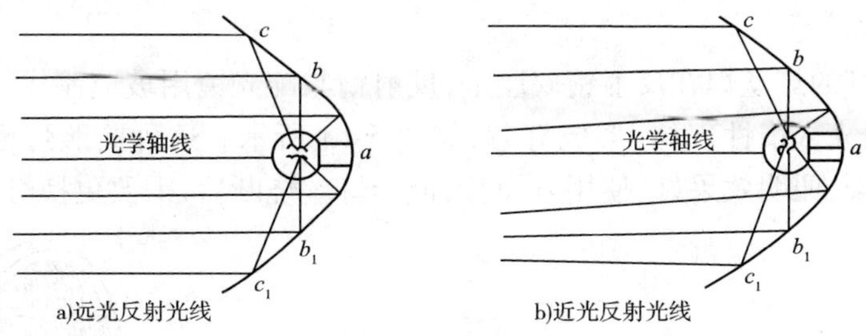

图 5-9 双丝灯泡反射光线

2 设置遮光罩

在双丝灯泡的近光灯丝下设置遮光罩(又称配光屏)，当近光灯丝发光时，近光灯丝下方的光线被遮住，消除了向上的反射光线，而远光灯丝发光时，遮光罩不起作用，如图 5-10 所示。

3 采用合理的配光光形

前照灯近光配光光形如图 5-11 所示。近光灯丝位于反射镜焦点的上方或前方，并向右

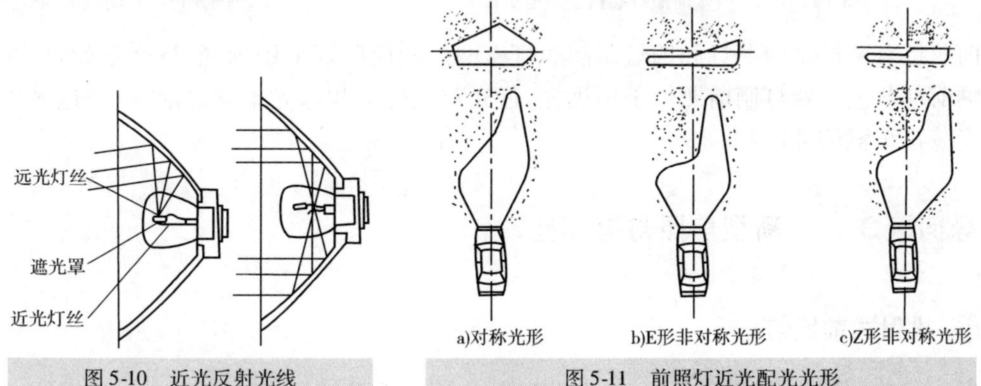

图 5-10 近光反射光线

图 5-11 前照灯近光配光光形

偏斜，近光光形分布基本对称（稍偏右），称为对称形配光，如图5-11a）所示。遮光罩偏转一定角度，使近光光形分布不对称，形成一条明显的明暗截止线，称为E形非对称形配光，防炫目效果较好，目前绝大部分前照灯采用这种配光光性，如图5-11b）所示。近光光形明暗截止线呈Z形，称为Z形非对称配光，可以使对面的驾驶人和行人不炫目，是一种优良的配光光形，如图5-11c）所示。

4 前照灯的类型

前照灯按结构可分为可拆式前照灯、半封闭式前照灯和封闭式前照灯。因可拆式前照灯密封性差，目前很少采用，已趋淘汰。

1 半封闭式前照灯

半封闭式前照灯的配光镜靠反射镜边缘上卷曲的牙齿紧固在反射镜上，且两者之间垫有橡胶密封圈，灯泡只能从反射镜后部拆装，如图5-12所示。这种前照灯维护方便，目前得到广泛应用。

2 封闭式前照灯

封闭式前照灯的灯丝焊在反射镜底座上，反射镜与配光镜用玻璃制成一体，反射镜表面经真空镀铝，里面充入惰性气体，形成灯芯，如图5-13所示。这种前照灯密封性好，完全避免了反射镜的污染，照明效果好，使用寿命长，但当灯丝烧断后，需要更换灯芯，成本较高。

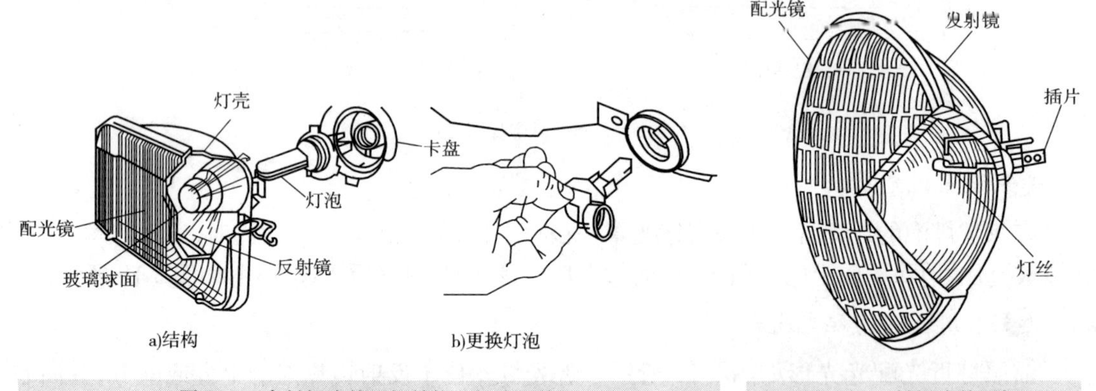

图5-12　半封闭式前照灯结构及灯泡更换

图5-13　封闭式前照灯

前照灯有两灯制前照灯和四灯制前照灯。两灯制前照灯采用远光、近光双丝灯泡，安装在车辆前部两侧。四灯制前照灯采用远光、近光双丝灯泡和远光单丝灯泡，一对远光单丝前照灯安装在车辆前部内侧。

引导问题3　新型前照灯有哪些？

1 投射式前照灯

投射式前照灯如图5-14所示。其反射镜近似于椭圆形状，具有两个焦点，在第一焦点处放置灯泡,一般为卤钨灯泡,灯泡发出的光经反射镜形成第二焦点,凸形配光镜的焦点与第二焦点重合,通过配光镜将聚集的光投射到前方。在第二焦点附近设有遮光板,可遮住投向上半部的光,形成明暗分明的配光。采用投射式前照灯,可利用的光束增多,若将反射镜制成扁长断面,很多光束便可横向扩散,结构紧凑,经济实用。

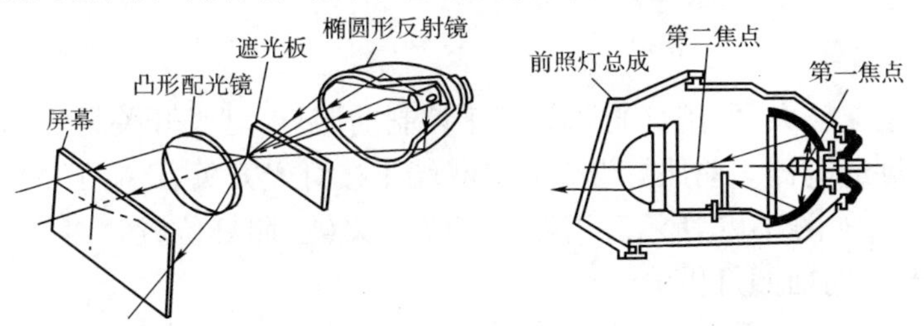

图 5-14 投射式前照灯

2 高亮度弧光灯

高亮度弧光灯由弧光灯组件、电子控制器和升压器组成,如图 5-15 所示。在石英管内有两个电极,管内充有氙气及微量金属(或金属卤化物)。其发出的光色成分和日光灯非常相似,发光强度是卤钨灯泡的 2.5 倍,寿命可达卤钨灯泡的 5 倍,可节约 40% 的电能。

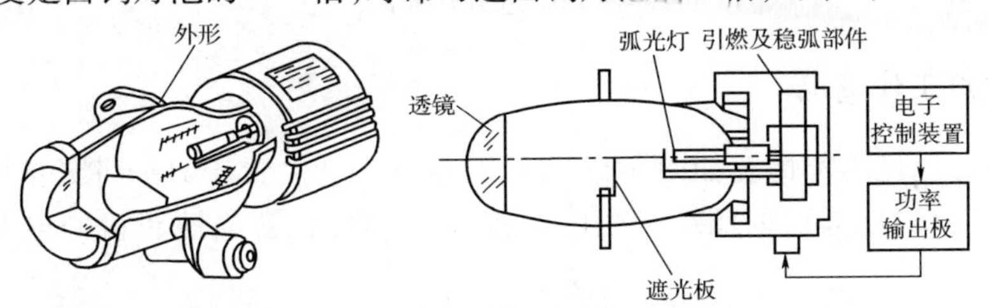

图 5-15 高亮度弧光灯

引导问题 4 前照灯是怎样控制的?

1 前照灯的控制部件

前照灯的控制部件包括灯光开关、变光开关、前照灯继电器等。

1 灯光开关

灯光开关的形式有拉钮式、旋转式和组合式等。通常采用组合开关,将前照灯、小灯(前位灯、尾灯、仪表灯、牌照灯)、转向信号灯及变光等开关制成一体,安装在转向盘左下方的转向柱上。组合开关操纵杆端部旋钮有三个位置,转动旋钮,可依次接通小灯和前照灯,如图 5-16 所示。

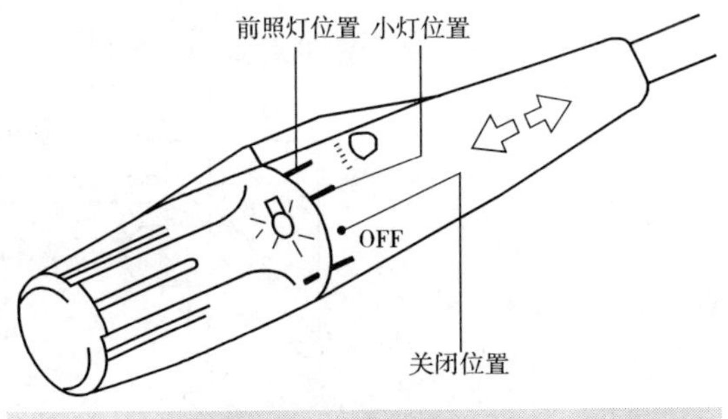

图 5-16 组合开关操纵杆

2 变光开关

变光开关的作用是变换前照灯的近光和远光。变光开关串接在前照灯电路中。将组合开关操纵杆端部旋钮置于前照灯位置，拨动操纵杆可使前照灯变光（近光与远光变换）。

3 前照灯继电器

前照灯工作电流较大，如用灯光开关直接控制前照灯，灯光开关易烧坏，因此，在前照灯电路中设有前照灯继电器。前照灯继电器 SW 端子接灯光开关，E 端子搭铁，B 端子接电源，L 端子接变光开关，如图 5-17 所示。当接通灯光开关（前照灯位置），继电器线圈通电，触点闭合，通过变光开关向前照灯供电。

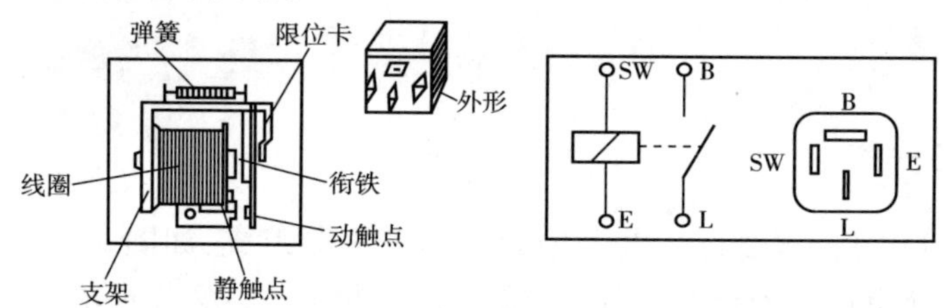

图 5-17　前照灯继电器

2 前照灯工作情况

（1）前照灯近光工作情况如图 5-18 所示。将灯光开关置于 Head 挡（前照灯挡），变光开关置于 Lo 挡（近光挡），前照灯近光电路接通，其回路：蓄电池正极→电路断电器→灯

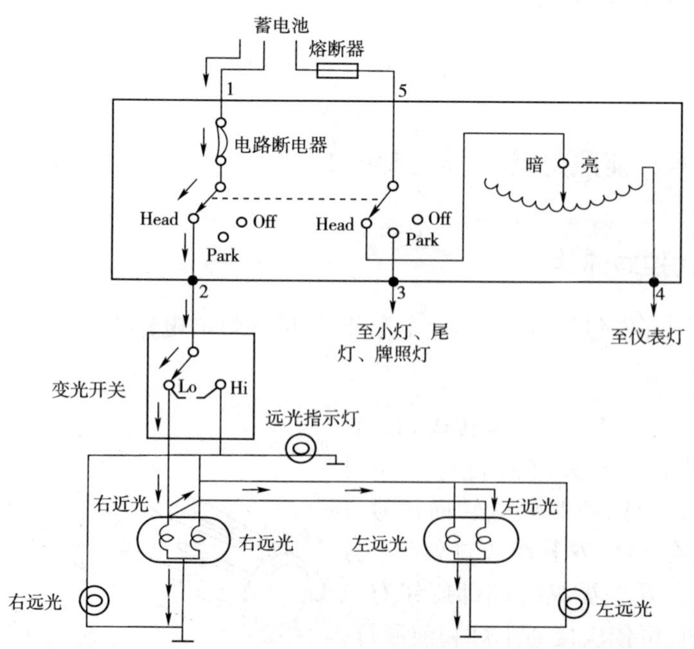

图 5-18　前照灯近光工作示意图

光开关 Head 挡→变光开关 Lo 挡→前照灯左、右近光灯丝→搭铁→蓄电池负极，前照灯近光亮。

（2）前照灯远光工作情况如图 5-19 所示。将灯光开关置于 Head 挡（前照灯挡），变光开关置于 Hi 挡（远光挡），前照灯远光电路接通，其回路：蓄电池正极→电路断电器→灯光开关 Head 挡→变光开关 Hi 挡→前照灯左、右远光灯丝→搭铁→蓄电池负极，前照灯远光亮。

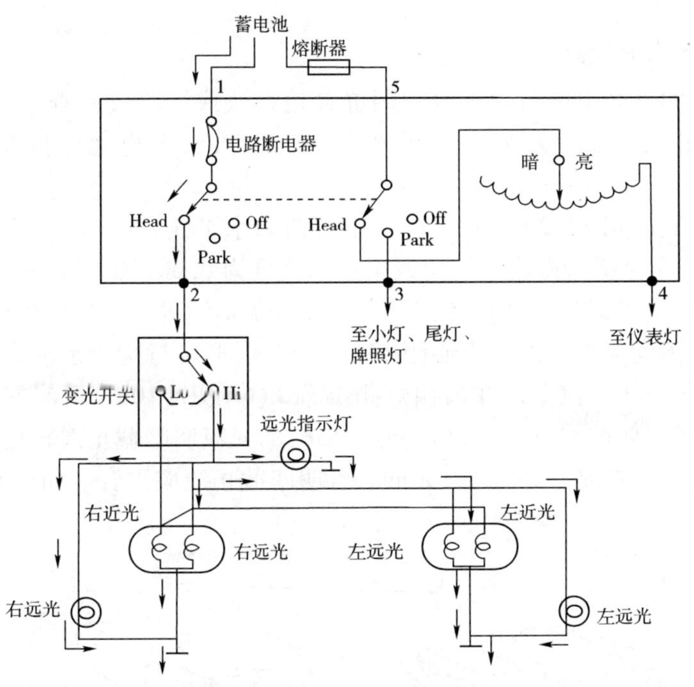

图 5-19　前照灯远光工作示意图

引导问题 5　怎样使用与维护前照灯？

1 前照灯的正确使用

（1）应注意前照灯的密封，防止水及灰尘进入，以免污染反射镜。

（2）前照灯的光学组件要配套，不要随意更换不同功率的灯泡。

（3）前照灯安装要牢固。

2 前照灯的维护

1 前照灯的清洁

清洗前照灯的配光玻璃表面灰尘，并用抹布擦干。

2 前照灯外观的检查

(1)检查前照灯的配光玻璃是否破裂。如果有,则更换前照灯。

(2)检查前照灯安装是否牢固。如果有松动,则予以紧固。

3 前照灯工作情况的检查

检查两侧前照灯的远光或近光是否同时点亮,远光、近光变换是否正常。如果前照灯工作异常,则予以检修。

4 前照灯光束的检查

检查前照灯的近光束照射位置可使用屏幕检查法或检验仪检查法。检查时,场地应平整,轮胎气压正常,汽车空载(允许乘坐一名驾驶人),蓄电池电量充足,前照灯安装牢固。

(1)屏幕检查法如图5-20所示。屏幕上有两条水平线,一条是前照灯的水平中心线A'—A',另一条是光束明暗截止线转角或中点的高度为0.60~0.80H的水平线A—A;有3条垂线,一条为中垂线,与汽车中心线对正,另外两条垂线B—B、B'—B'位于中垂线两边,且与中垂线的距离均为两前照灯中心距W的一半,水平线与这两条垂线分别交于a、b两点,并画出明暗截止线。汽车停在前照灯距屏幕L(一般为10m)正前方。两前照灯应分别进行检查,盖住一侧前照灯,检查另一侧前照灯的光束明暗截止线转角或中点是否落在屏幕a或b点上,左、右差不得大于100mm,且明暗截止线应重合。如果不符合要求,则予以调整。

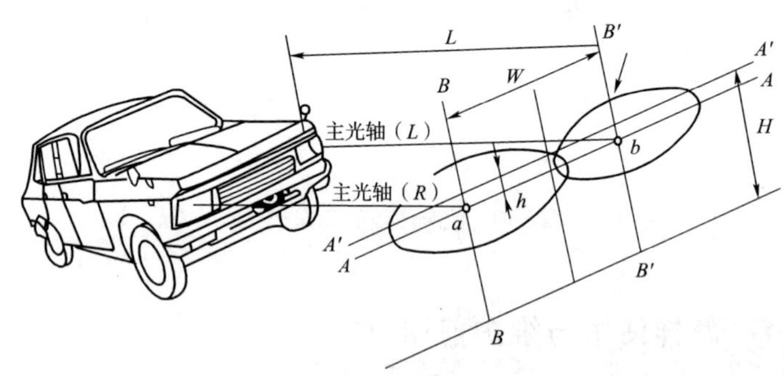

图5-20 屏幕检查法

H-前照灯中心高度;W-两前照灯中心距;L-汽车与屏幕距离

(2)检验仪检查法可以检验前照灯的光束照射位置与发光强度或照度。它有聚光式、屏幕式、投影式、自动追踪光轴式四种。FD-2型投影式前照灯检验仪可以测得光轴的偏移量和发光强度,如图5-21所示。

引导问题6 前照灯有哪些常见故障?

前照灯常见故障有前照灯不亮、亮度降低和灯泡频繁烧坏。

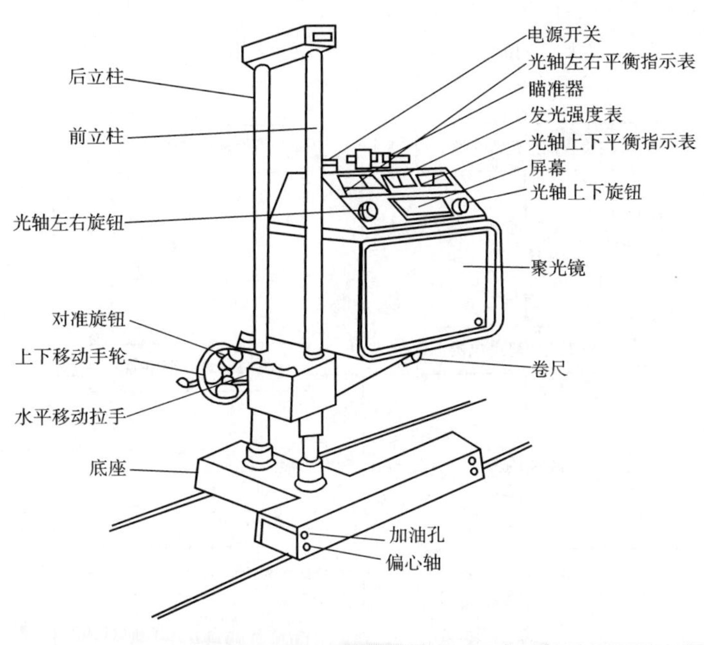

图 5-21　FD-2 型投影式前照灯检验仪

1 前照灯不亮

前照灯不亮包括两侧前照灯远光、近光均不亮；两侧前照灯远光或近光均不亮；一侧前照灯远光、近光均不亮；一侧前照灯远光或近光不亮。

引起前照灯不亮的主要原因有灯泡损坏、熔断丝断开、开关或继电器损坏及线路故障等。

2 前照灯亮度降低

前照灯亮度不够，通常是因蓄电池电量不足或发电机及调节器故障引起的。此外，导线连接松动或接触不良、导线过细或搭铁不良、反射镜有尘垢、灯泡发黑、灯泡功率过小等也可导致灯光暗淡。

3 灯泡频繁烧坏

灯泡频繁烧坏一般是因电压调节器损坏，使发电机输出电压过高造成的。此外，灯座与导线连接松动，也有可能造成灯泡频繁烧坏。

引导问题 7　前照灯不亮的检测工艺流程是怎样的？

卡罗拉 1.6L 轿车前照灯远光不亮，说明前照灯电路有故障，应按照规定的检测工艺流程进行故障分析，如图 5-22 所示。

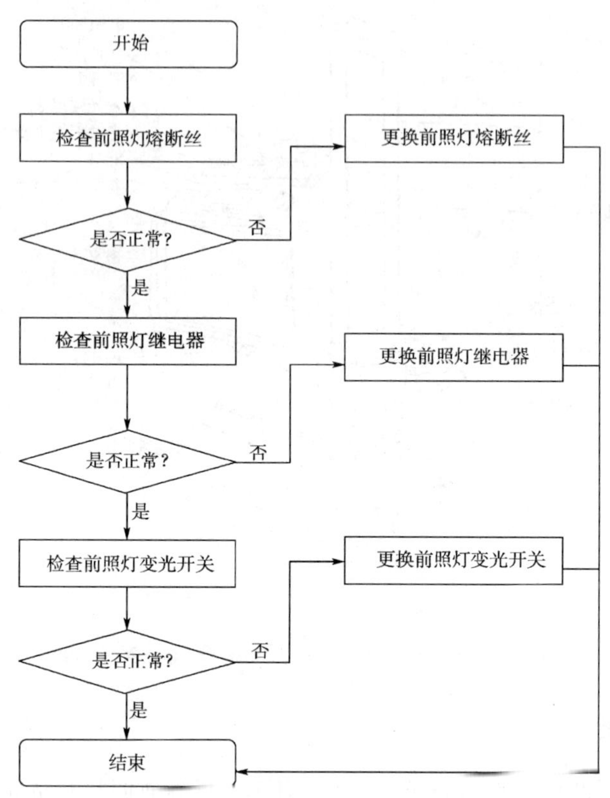

图 5-22　前照灯不亮的检测工艺流程

二、实 施 作 业

引导问题 8　作业需要哪些工具、设备和材料？

(1)扳手、旋具、万用表。

(2)翼子板护裙、转向盘护套、变速杆护套、座椅护套和脚垫。

(3)前照灯灯泡、组合开关、前照灯远光继电器。

(4)一汽丰田卡罗拉轿车维修手册。

引导问题 9　通过查询与查找，填写车辆以下信息。

生产年份＿＿＿＿＿＿＿，车牌号码＿＿＿＿＿＿＿，行驶里程＿＿＿＿＿＿＿ km，车辆识别代码(VIN)＿＿＿＿＿＿＿＿＿＿。

相关引导问题

以下“实施作业”的详细内容见本书“学习任务一　蓄电池的检查和更换”：

(1)作业前的准备；

(2)蓄电池的检查。

引导问题10　怎样规范地检查前照灯熔断丝？

卡罗拉1.6L轿车前照灯远光系统图如图5-23所示。

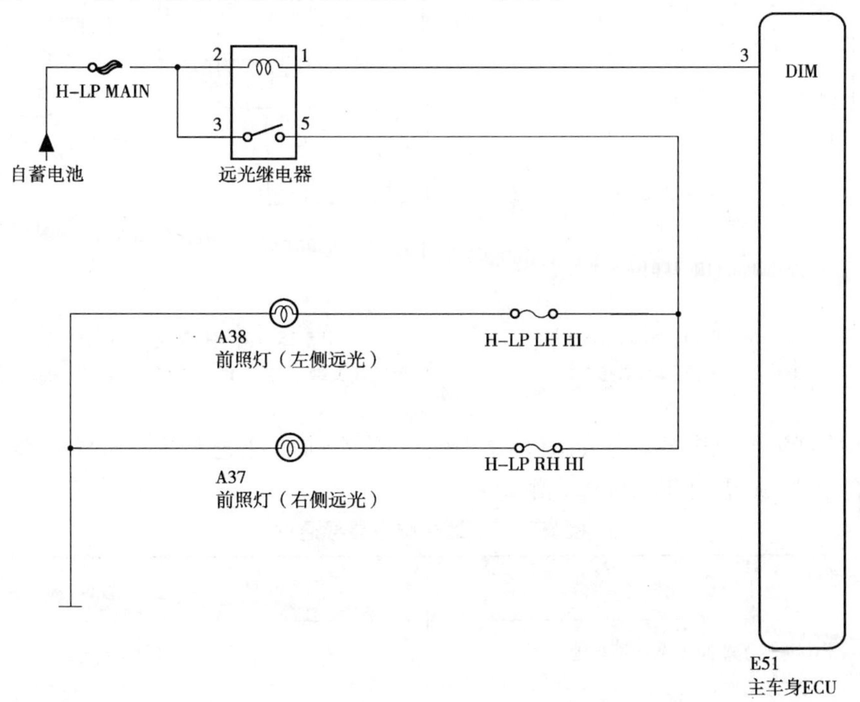

图5-23　卡罗拉1.6L轿车前照灯远光系统图

(1)从发动机舱继电器盒上拔下H-LP LH HI(左侧远光)和H-LP RH HI(右侧远光)熔断丝,检查熔断丝是否断开。如果熔断丝断开,则更换熔断丝。

(2)检查H-LP LH HI和H-LP RH HI熔断丝插槽有无电压,如图5-24所示。检查熔断丝插槽端子有无电压,见表5-1。如果无电压,则检查远光继电器。

检查熔断丝插槽电压　　表5-1

检测仪连接	开关状态	规定状态
H-LP LH HI熔断丝端子—车身搭铁	变光开关从LOW→HIGH位置	低于1V→11~14V
H-LP RH HI熔断丝端子—车身搭铁	变光开关从LOW→HIGH位置	低于1V→11~14V

引导问题 11　怎样规范地检查前照灯继电器？

（1）从发动机舱继电器盒上拆下前照灯远光继电器，如图 5-25 所示。

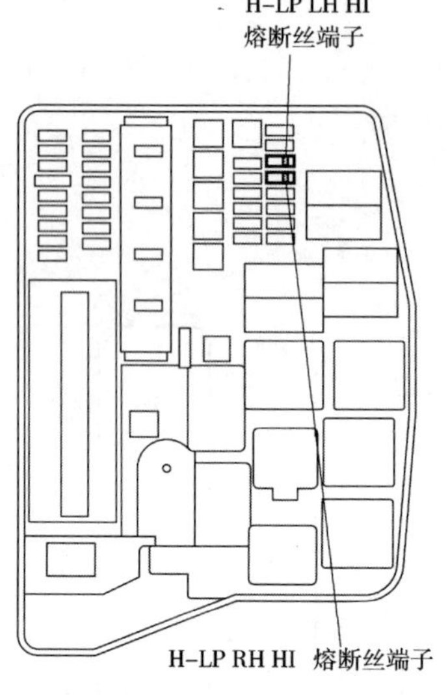

图 5-24　检查 H-LP LH HI 和 H-LP RH HI 熔断丝插槽电压

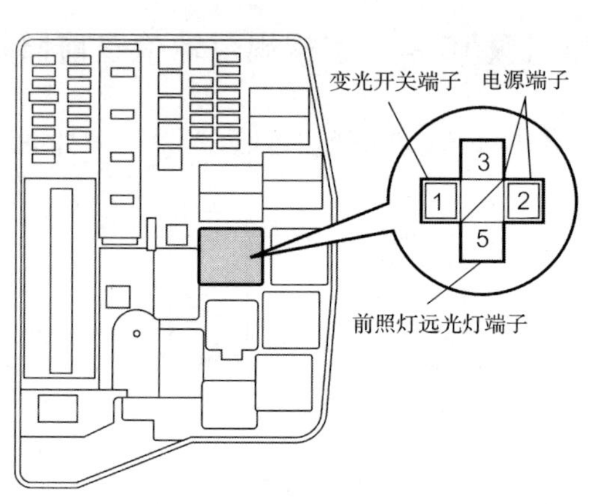

图 5-25　前照灯远光继电器位置
1-变光开关端子；2、3-电源端子；5-前照灯远光灯端子

（2）前照灯远光继电器端子如图 5-26 所示。检查前照灯远光继电器导通性，见表 5-2。如果不符合要求，则更换前照灯远光继电器。

检查前照灯远光继电器导通性　表 5-2

检查条件	规定状态
在端子 1 与端子 2 间未施加蓄电池电压	端子 3—端子 5 不导通
在端子 1 与端子 2 间施加蓄电池电压	端子 3—端子 5 导通

（3）将变光开关置于远光挡，用万用表电压挡检查前照灯远光继电器插口 2 和插口 3 是有无电压（蓄电池电压）。如果无电压，则检查 H-LP-MAN 熔断丝及线路。

（4）装上前照灯远光继电器。

（5）检查前照灯远光灯是否亮。如果不亮，则检查前照灯变光开关（组合开关）及线路。

引导问题 12　怎样规范地检查前照灯变光开关？

（1）拔下组合开关插头。组合开关端子如图 5-27 所示。

（2）检查组合开关的变光开关挡导通性，见表 5-3。如果不符合要求，则更换组合开关。

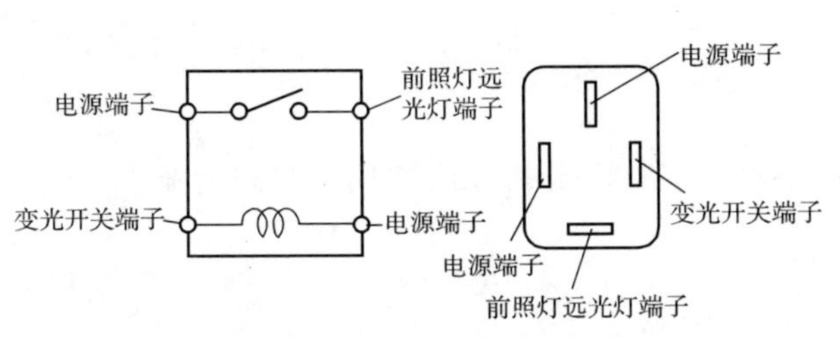

图 5-26 前照灯远光继电器端子

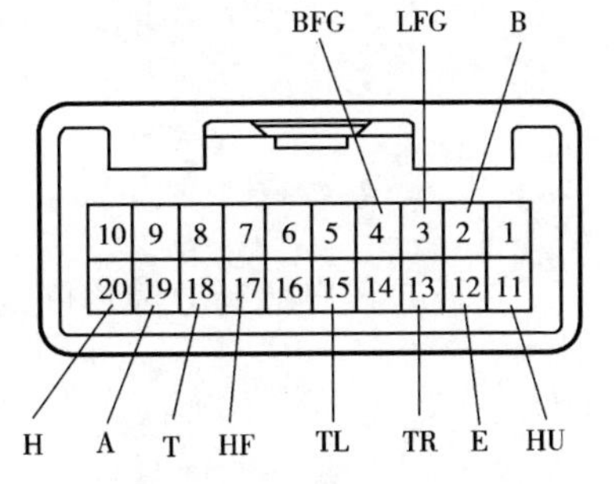

图 5-27 组合开关端子

检查组合开关的变光开关挡导通性 表 5-3

检测仪连接	开关状态	规定状态
11(HU)—12(E)	HIGH(远光)	小于1Ω

(3)插上组合开关插头。

(4)检查前照灯远光灯是否亮。如果不亮,则检查前照灯变光开关线路。

三、评价与反馈

1.对本学习任务进行评价,见表 5-4。

评 分 表 表 5-4

考核项目	评分标准	分数	学生自评	小组评价	教师评价	小计
活动参与	是否积极主动	5				
安全生产	有无安全隐患	10				
现场 5S	是否做到	10				
任务方案	是否合理	15				
操作过程	前照灯熔断丝检查; 前照灯继电器检查; 前照灯变光开关检查	30				
任务完成情况	是否圆满完成	5				
工具和设备使用	是否规范、标准	10				
劳动纪律	是否违反	10				
工单填写	是否完整、规范	5				
总分		100				
教师签名:			年 月 日		得分	

2. 在实施作业时，每一个安全事项都注意到了吗？如没有，找出忽略的地方和原因。

3. 能否向客户解释故障诊断及排除过程？如不能，分析原因并提出改进措施。

四、学习拓展

1. 查阅资料，说明奥迪 A6 轿车前照灯是怎样自动调整的。

2. 查阅资料，说明爱丽舍轿车、桑塔纳 2000GSi 轿车前照灯更换过程。

学习任务六

转向信号灯不亮的检修

学习目标

完成本学习任务后，你应当能：

1. 叙述信号装置的种类及用途、转向信号灯电路的组成与工作原理；
2. 能读懂给定的“检测工艺流程”，对测试结果进行分析；
3. 正确地使用工具和设备；
4. 规范地检查转向信号灯电路。

建议完成本学习任务的时间为 6 课时。

学习任务描述

一辆雅阁 2.3L 轿车，车主反映：转向信号灯不亮。需要你对转向信号灯电路进行检测，确定故障部位并进行修理。

学习内容

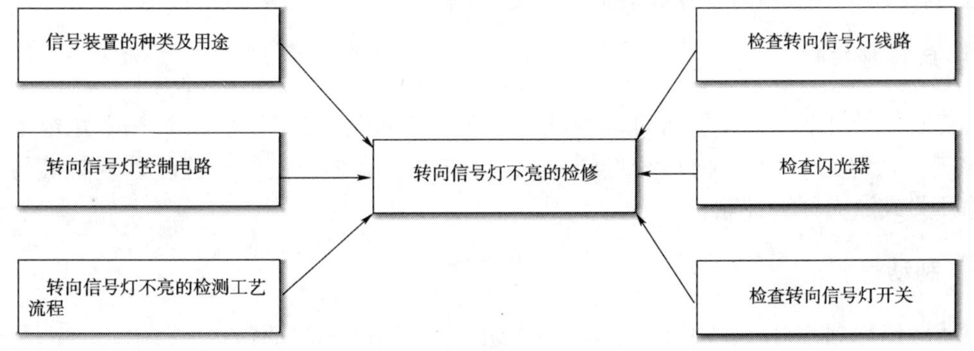

一、资料收集

引导问题1　汽车灯光信号装置有哪些？各有什么作用？

汽车灯光信号装置的作用是以灯光向其他车辆驾驶人和行人发出示意或警告信号。主要灯光信号装置有位灯、转向信号与危险警告灯、制动灯、驻车灯等，如图6-1所示。警车、消防车、救护车和出租车等特殊车辆，在车顶部装有警示灯或标志灯。

图6-1　灯光信号装置

1 位灯

位灯装于汽车前、后部两侧，在夜间示意其轮廓和存在。前位灯又称示宽灯，一般为白色或黄色。后位灯又称尾灯，灯色为红色。

2 转向信号灯

转向信号灯又称转向灯，装于汽车的四个角和车身侧，一般为橙色。当汽车起步、转向或变更车道时，打开转向信号灯开关（向左或向右），转向信号灯发出明暗变化的灯光（闪烁），示意本车的行驶方向。目前，许多汽车前转向灯和前位灯共用一个双丝灯泡，其中功率较大的灯丝用于转向信号灯，功率较小的灯丝用于位灯；后转向信号灯和后位灯共用一个双丝灯泡，其中功率较大的灯丝用于转向信号灯，功率较小的灯丝用于位灯。

3 危险警告灯

用转向信号灯兼作危险警告灯。当汽车发生故障或遇有特殊情况时，按下危险警告灯按钮（红色“△”形），所有转向信号灯同时闪烁，作为危险警告信号。危险警告灯装置不受电源总开关或点火开关控制。

4 制动灯

制动灯俗称刹车灯，装于汽车后面，一般为红色。当踩下制动踏板时，制动灯亮，警告后面的车辆驾驶人及行人。小型车辆要求装备高位制动灯。制动灯由制动灯开关控制。制动灯开关一般装于制动踏板处，当踩下制动踏板时，制动灯开关接通制动灯电路，制动灯点亮；当松开制动踏板后，制动灯开关断开制动灯电路，制动灯熄灭，制动灯开关如图6-2所示。有些制动开关安装在制动主缸上，受液压作用。

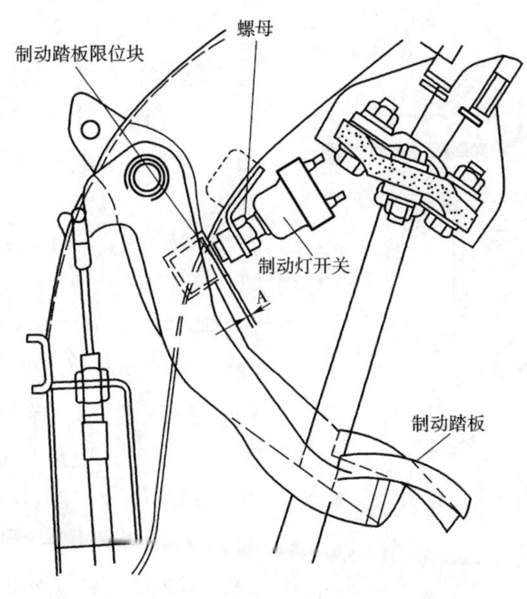

图6-2　制动灯开关安装位置

5 驻车灯

驻车灯装于汽车前、后部两侧，用于夜间停车时标示车辆形位。驻车灯开关接通时，仪表灯、牌照灯并不亮，耗电量比位灯小。

引导问题2　电喇叭有哪些类型？它是怎样工作的？

电喇叭是一种声响信号装置。汽车在行驶时，按下喇叭按钮，喇叭发出声响，警告行人和其他车辆驾驶人，以确保行车安全。电喇叭具有结构简单、体积小、质量轻、声音悦耳、维修方便等特点。

1 电喇叭的种类

电喇叭有普通电喇叭和电子喇叭两种。其结构形式有筒形、螺旋形和盆形。

1 盆形普通电喇叭

盆形普通电喇叭与工作电路如图6-3所示。它由线圈、铁芯、触点、膜片和共鸣盘等组成。按下喇叭按钮时，电流从蓄电池正极→线圈→触点→喇叭按钮→搭铁→蓄电池负极，电流流经线圈时产生电磁力，上铁芯被吸下，上铁芯与下铁芯（音调调整螺钉）碰撞；上铁芯下移，使触点断开，线圈断电，电磁力消失，膜片带动上铁芯复位；上铁芯复位后，触点闭合，线

圈通电，线圈产生电磁力，上铁芯又被吸下，上铁芯反复上下动作。下铁芯与上铁芯碰撞产生较低的基本频率，激励与膜片一体的共鸣盘产生共鸣，从而发出比基本振频强且分布比较集中的谐音。通过调整螺钉来调整普通电喇叭的音调和音量。普通电喇叭有触点，触点易烧蚀。

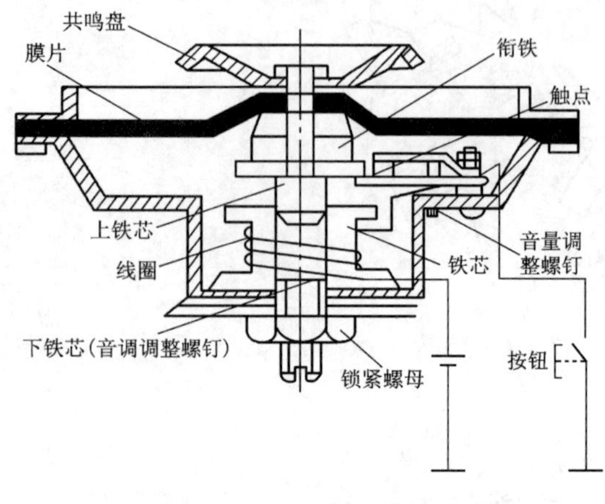

图 6-3　盆形普通电喇叭结构与工作电路

❷ 电子喇叭

电子喇叭由电子电路和电喇叭组成，如图 6-4 所示。电子电路包括多谐振荡器和功率放大器，晶体管 VT_1、VT_2、VT_3 构成一个多谐振荡器，VT_4、VT_5 直接耦合成放大器，电喇叭的线圈接在 VT_5 的集电极上。若 VT_2 截止，则 VT_3 截止，而 VT_4、VT_5 导通，电喇叭线圈中有电流通过，产生电磁力，吸动膜片；若 VT_2 导通，则 VT_3 导通，而 VT_4、VT_5 截止，电喇叭线圈中无电流通过，电磁力消失，膜片复位。如此反复，电喇叭发出声响。调整电阻 R_6 的大小可调整电子喇叭的音调。

为使电喇叭发音正常，电喇叭应固定在缓冲支架上，缓冲支架与固定支架之间装有橡胶垫。

2 电喇叭控制电路

电喇叭控制电路如图 6-5 所示。因电喇叭工作电流较大，如果直接由按钮来控制，易被烧蚀，通常在电喇叭电路中设有喇叭继电器，用按钮控制喇叭继电器，按钮只有小电流通过，使喇叭按钮得到保护。

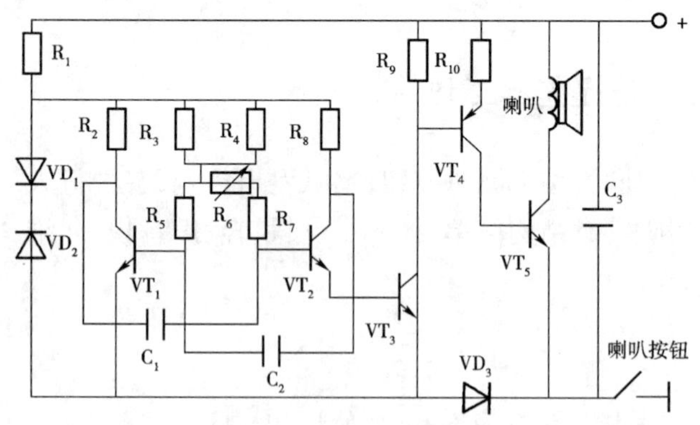

图 6-4　电子喇叭电路原理图

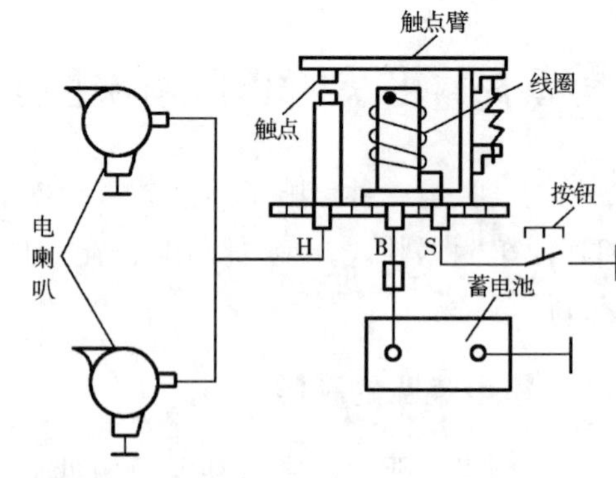

图 6-5　电喇叭控制电路

引导问题 3　转向信号灯电路由哪些部件组成？

转向信号装置主要包括转向信号灯、转向信号灯开关、危险警告灯开关、闪光器等，如图

6-6 所示。

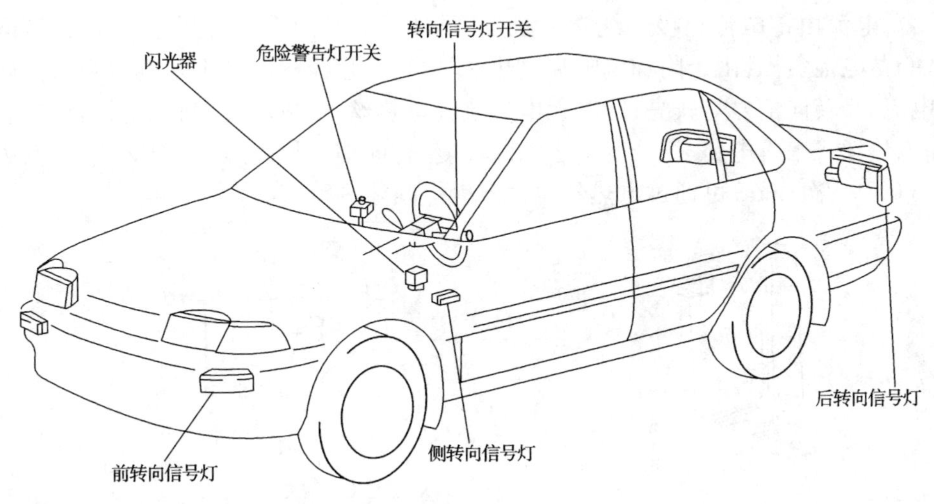

图 6-6 转向信号装置组成

1 转向信号灯开关与危险警告灯开关

转向信号灯开关与危险警告灯开关的操作如图 6-7 所示。转向信号灯开关与前照灯开关组合在一起，构成组合开关，拨动转向信号灯开关，可接通转向灯电路，左或右转向灯闪烁，如图 6-7a）所示。标有红色“△”形的按钮为危险警告灯开关，当按下危险警告灯开关时，左右转向灯将同时闪烁，如图 6-7b）所示。

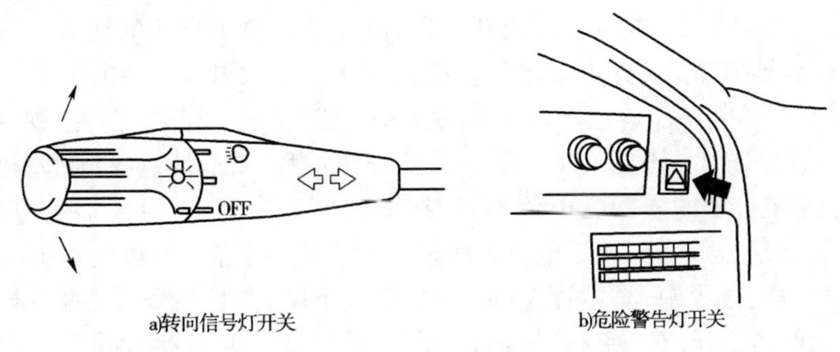

图 6-7 转向信号灯开关与危险警告灯开关操作

2 闪光器

闪光器用于控制转向信号灯的闪烁频率。闪光器的形式主要有电热式、电容式、电子式。电子闪光器具有性能稳定、可靠性高、寿命长的特点。

1 电热式闪光器

电热式闪光器如图 6-8 所示。接通转向信号灯开关时，电流从蓄电池正极→附加电阻→电热丝→触点臂→转向信号灯开关→转向信号灯及转向指示灯→搭铁→蓄电池负极，由

于附加电阻和电热丝串联在电路中，电流小，转向信号灯较暗；经短时间电热丝发热膨胀，使触点闭合，电流由蓄电池正极→线圈→触点→转向信号灯开关→转向信号灯及转向指示灯→搭铁→蓄电池负极，由于附加电阻和电热丝被短路，且线圈中产生的电磁吸力使触点闭合更紧，电流大，转向信号灯较亮；此时无电流流经电热丝，电热丝冷却收缩，将触点断开，附加电阻和电热丝又串入电路，灯光变暗。如此反复，转向信号灯闪烁（明暗交替）。其闪烁频率一般为 60 ~ 90 次/min，可通过电热丝拉力和触点间隙进行调整。

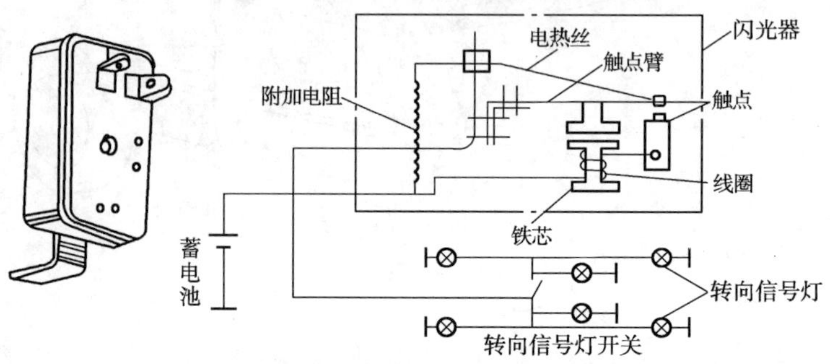

图 6-8　电热式闪光器外形与工作电路

② 电子闪光器

（1）有触点电子闪光器为带继电器触点式晶体管闪光器，其触点为常闭触点，如图 6-9 所示。打开点火开关 S，接通左（或右）转向信号灯开关，电流从蓄电池正极→点火开关 S→电阻 R_1→继电器 J 触点→左（或右）转向信号灯开关→左（或右）转向信号灯→搭铁→蓄电池负极，由于电阻 R_1 的电阻值小，电路中电流较大，左（或右）转向信号灯亮。电阻 R_1 上的分压给晶体管 VT 提供了偏置电压而使其导通，电流流过继电器 J 的线圈，线圈产生电磁力使触点断开，电容器 C 充电，充电电流从蓄电池正极→点火开关 S→电阻 R_1→电阻 R_2→电容器 C→电阻 R_3→左（或右）转向信号灯开关→左（或右）转向信号灯→搭铁→蓄电池负极，左（或右）转向信号灯由亮迅速变暗。电容器 C 充电过程中，晶体管 VT 的基极电位升高，晶体管 VT 截止，继电器 J 的线圈无电流通过，线圈的电磁力消失，继电器 J 的触点又重新闭合，左（或右）转向信号灯变亮。继电器 J 的触点闭合后，电容器通过电阻 R_2、触点、电阻 R_3 放电，电容器 C 放电过程中，晶体管 VT 的基极电位下降，晶体管 VT 导通，继电器 J 的线圈有电流通过，触点又断开，左（或右）转向信号灯由亮变暗，电容器 C 再次充电。如此反复，左（或右）转向信号灯闪烁。

（2）无触点电子闪光器电路如图 6-10 所示。接通左（或右）转向信号灯开关，晶体管 VT_1 通过电阻 R_2 提供的正向偏置电压而导通，晶体管 VT_2、VT_3 则截止，电流从 +12V→接线柱 B→电阻 R_2→晶体管 VT_1→接线柱 L→左（或右）转向信号灯→搭铁，由于电流较小，转向信号灯较暗，同时，电容器 C 充电，晶体管 VT_1 的基极电位下降，晶体管 VT_1 截止。晶体管 VT_1 截止后，晶体管 VT_2、VT_3 则导通，电流直接流过晶体管 VT_3，由于电流较大，左（或右）转向信号灯较亮，此时，电容器 C 经电阻 R_1、R_2 放电，晶体管 VT_1 截止又导通。晶体管 VT_1 导通后，晶体管 VT_2、VT_3 则截止，左（或右）转向信号灯由亮变暗。如此反复，左（或右）转向信号灯便不断闪烁。

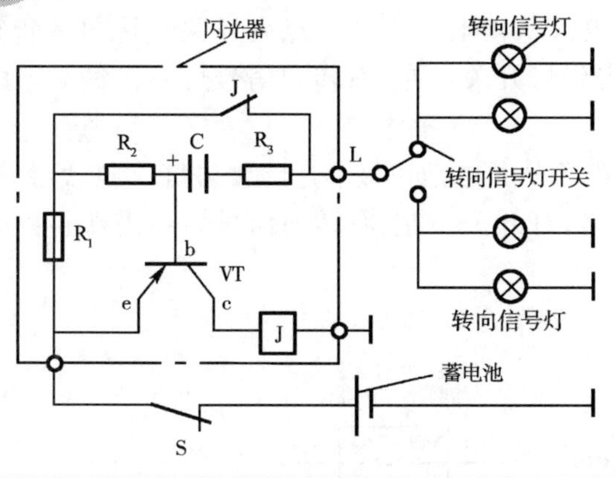

图 6-9　有触点电子闪光器工作示意图

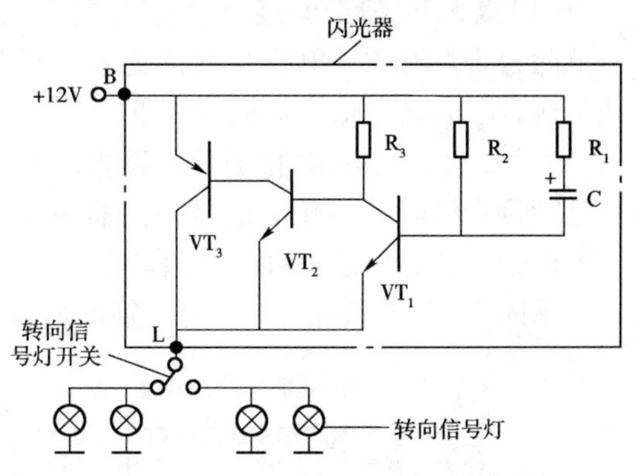

图 6-10　无触点电子闪光器工作示意图

引导问题 4　转向信号灯是怎样控制的?

转向信号灯/危险警告灯工作电路如图 6-11 所示。

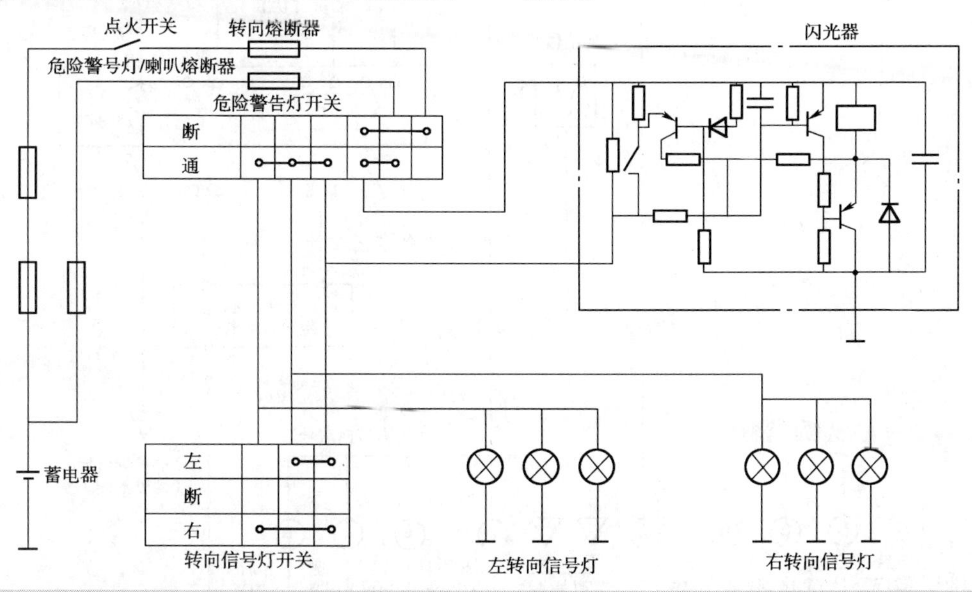

图 6-11　转向信号灯/危险警告灯工作电路

1 转向信号灯工作情况

打开点火开关，断开危险警告灯开关，将转向灯开关拨到左(或右)，电流从蓄电池正极→点火开关→转向熔断丝→危险警告灯开关→转向信号闪光器→左转向信号灯开关(或右)→左(或右)转向信号灯→搭铁→蓄电池负极，左(或右)转向信号灯闪烁。

2 危险警告灯工作情况

危险警告灯在点火开关打开和关闭时均可工作。

(1)点火开关打开,接通危险警告灯开关,电流从蓄电池正极→点火开关→转向熔断丝→危险警告灯开关→转向信号闪光器→危险警告灯开关→左、右转向信号灯→搭铁→蓄电池负极,左、右转向信号灯同时闪烁。

(2)点火开关关闭,接通危险警告灯开关,电流从蓄电池正极→危险警告灯/喇叭熔断丝→危险警告灯开关→转向信号闪光器→危险警告灯开关→左、右转向信号灯→搭铁→蓄电池负极,左、右转向信号灯同时闪烁。

雅阁 2.3L 轿车转向信号灯/危险警告灯电路如图 6-12 所示。

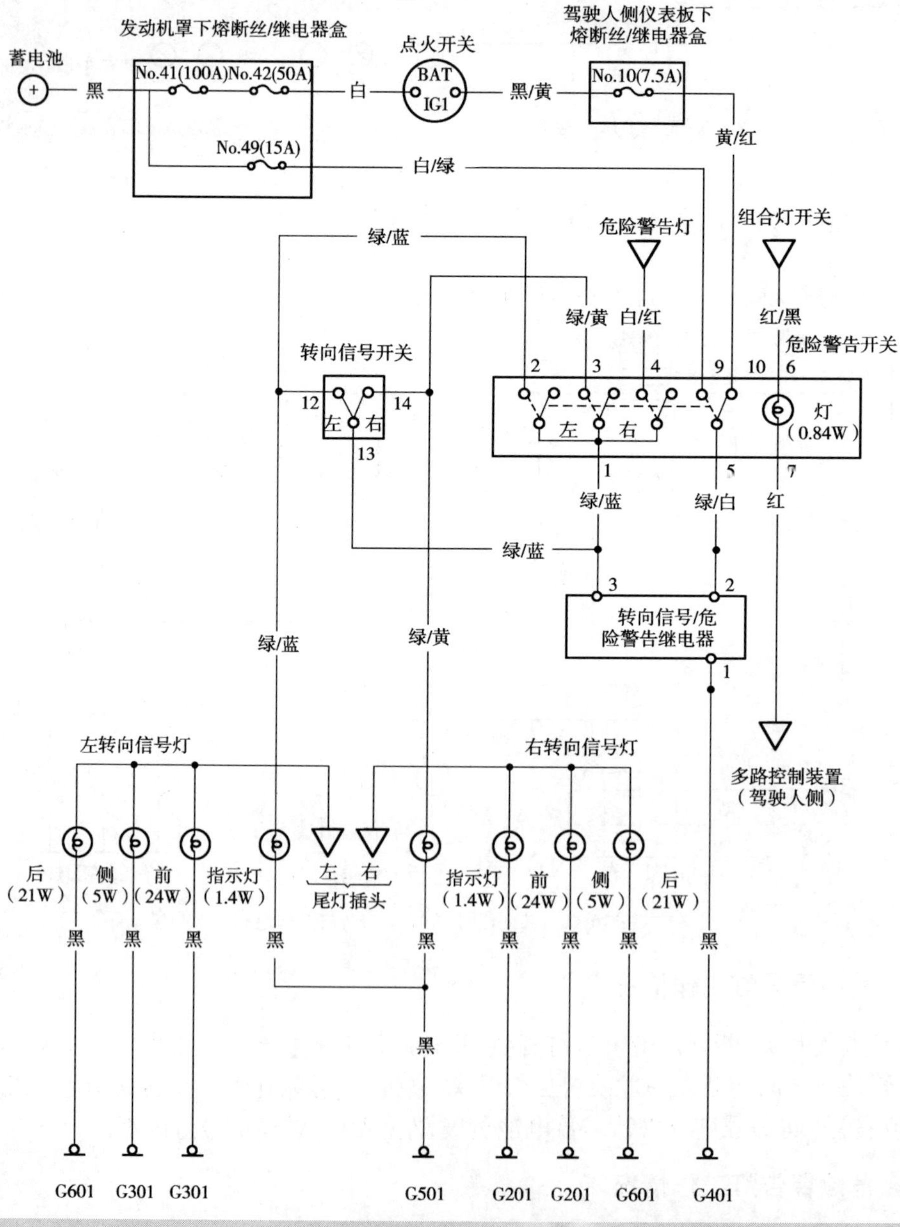

蓄电池
发动机罩下熔断丝/继电器盒
No.41(100A) No.42(50A)
No.49(15A)
黑
白
点火开关
BAT
IG1
黑/黄
驾驶人侧仪表板下熔断丝/继电器盒
No.10(7.5A)
黄/红
白/绿
绿/蓝
危险警告灯
组合灯开关
绿/黄 白/红
红/黑
危险警告开关
转向信号开关
12 14 13
左 右
2 3 4 9 10 6
灯(0.84W)
1 5 7
绿/蓝 绿/白 红
绿/蓝
3 2
转向信号/危险警告继电器
1
绿/蓝
绿/黄
多路控制装置(驾驶人侧)
左转向信号灯
右转向信号灯
后(21W) 侧(5W) 前(24W) 指示灯(1.4W)
左 右
尾灯插头
指示灯(1.4W) 前(24W) 侧(5W) 后(21W)
黑
G601 G301 G301 G501 G201 G201 G601 G401

图 6-12　雅阁 2.3L 轿车转向信号灯/危险警告灯电路图

引导问题5 转向信号灯有哪些常见故障？

转向信号灯常见故障有灯光不亮、灯光常亮不闪、闪光频率变化等。其中，灯光不亮包括所有转向信号灯不亮、一侧（左侧或右侧）转向信号灯不亮、个别转向信号灯不亮等。转向信号灯常见故障诊断见表6-1。

转向信号灯常见故障诊断表 表6-1

故障现象	故障原因	故障处理方法
灯光不亮	熔断丝断开 闪光器损坏 开关损坏 线路断路 灯泡损坏	更换熔断丝 更换闪光器 检查开关 检查线路 更换灯泡
灯光常亮不闪	闪光器损坏 线路连接错误	更换闪光器 检查线路连接
灯光闪烁频率变化	灯泡功率不当 闪光器工作不良 电源电压过高或过低	检查灯泡型号 更换闪光器 检查电源

引导问题6 怎样维护信号装置？

1 信号灯的维护

1 信号灯的清洁

清洗信号灯（组合车灯）的玻璃表面灰尘，并用抹布擦干。

2 信号灯外观的检查

（1）检查信号灯（组合车灯）玻璃是否破裂。如果玻璃破裂，则更换信号灯（组合车灯）。

（2）检查信号灯（组合车灯）安装是否牢固。如果安装有松动，则予以紧固。

3 信号灯工作情况的检查

检查信号灯是否正常工作。如果不正常工作，则予以检修。

2 电喇叭的维护

检查电喇叭声响是否正常。如果喇叭不响、声音哑、常鸣，则检修电喇叭。

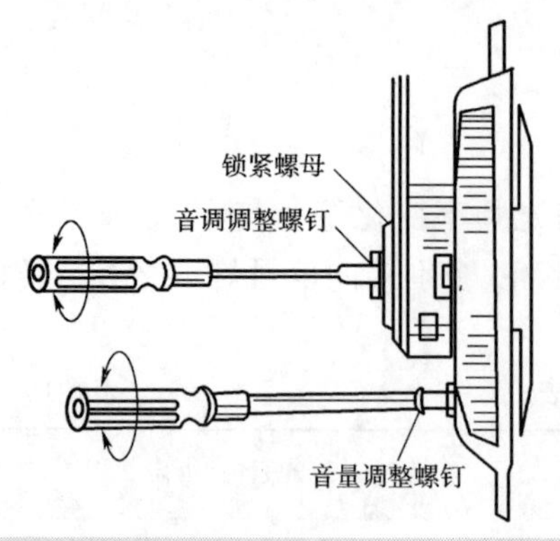

图 6-13　盆形普通电喇叭音调与音量的调整

如果电喇叭工作正常，但其音调或音量不符合要求，则予以调整。调整音调时，松开音调调整螺栓的锁紧螺母，用螺丝刀转动音调调整螺栓，顺时针方向旋转，上铁芯、下铁芯之间的间隙减小，音调升高，而逆时针方向旋转，上铁芯、下铁芯之间的间隙增大，音调降低，调整合适后，拧紧锁紧螺母；调整音量时，松开音量调整螺钉的锁紧螺母，用螺丝刀转动音量调整螺钉，顺时针方向旋转，使触点之间压力增大，音量增大，而逆时针方向旋转，使触点之间压力减小，音量减小，调整合适后，拧紧锁紧螺母，如图 6-13 所示。

引导问题 7　**转向信号灯不亮的检测工艺流程是怎样的?**

雅阁 2. 3L 轿车右转向信号灯不亮，说明转向信号灯电路有故障，应按照规定的检测工艺流程进行故障分析，如图 6-14 所示。

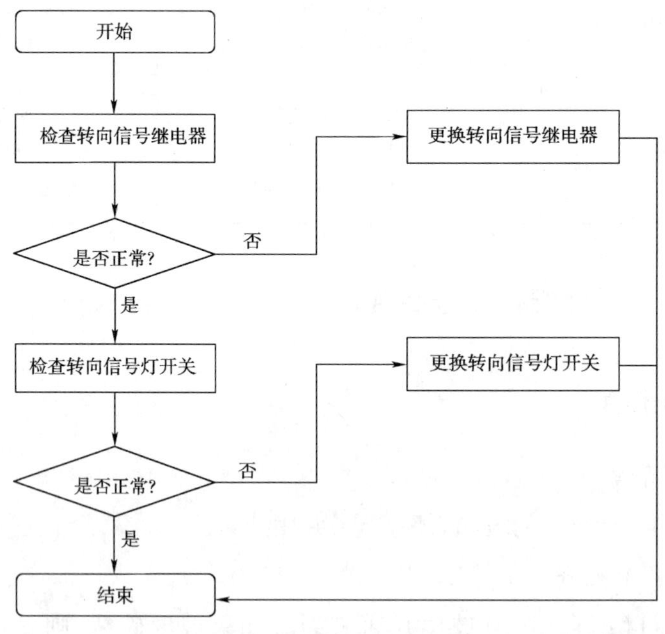

图 6-14　转向信号灯不亮的检测工艺流程

二、实 施 作 业

引导问题 8　**作业需要哪些工具、设备和材料?**

(1)扳手、旋具、万用表、跨接线。

(2)翼子板护裙、转向盘护套、变速杆护套、座椅护套和脚垫。

(3)组合开关、转向信号继电器。

(4)广州本田雅阁轿车维修手册。

引导问题9 通过查询与查找,填写车辆以下信息。

生产年份____________,车牌号码____________,行驶里程____________km,车辆识别代码(VIN)____________________。

相关引导问题

以下“实施作业”的详细内容见本书“学习任务一　蓄电池的检查和更换”:

(1)作业前的准备;

(2)蓄电池的检查。

引导问题10 怎样规范地检查转向信号继电器?

(1)从驾驶人侧仪表板下熔断丝/继电器盒上拆下转向信号/危险警告继电器,如图6-15所示。

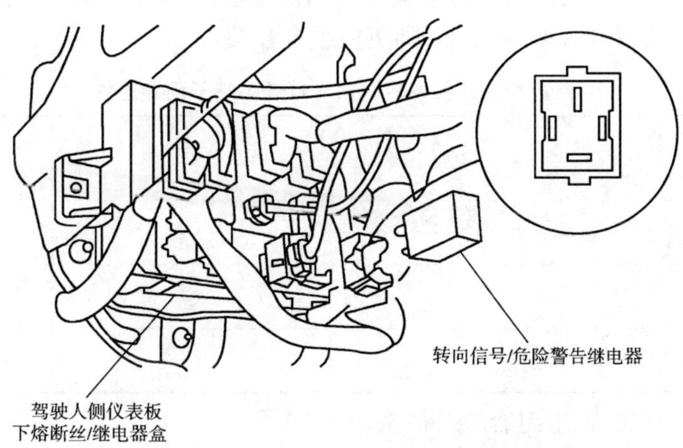

图6-15　拆下转向信号/危险警告继电器

(2)将蓄电池正极接转向信号/危险警告继电器端子2,负极接端子1,用万用表电阻挡检查端子2与端子3应导通,否则,应更换转向信号/危险警告继电器。

(3)用万用表电阻挡检查熔断丝/继电器盒转向信号/危险警告继电器插座端子1(搭铁)与车身之间应导通,否则,应检查搭铁线是否断路。

(4)用跨接线连接熔断丝/继电器盒转向信号/危险警告继电器插座插孔2与插孔3,打开点火开关,并将转向信号开关置于右转向位置,右转向信号灯应亮,否则,应检查转向开关

至右转向信号灯之间线路是否断路。

(5)装上转向信号/危险警告继电器。

引导问题 11　怎样规范地检查转向信号灯开关?

(1)拆下驾驶人侧仪表板下盖和转向柱盖。

(2)拔下组合开关插头,拧下组合开关 2 个螺钉,取下组合开关,如图 6-16 所示。

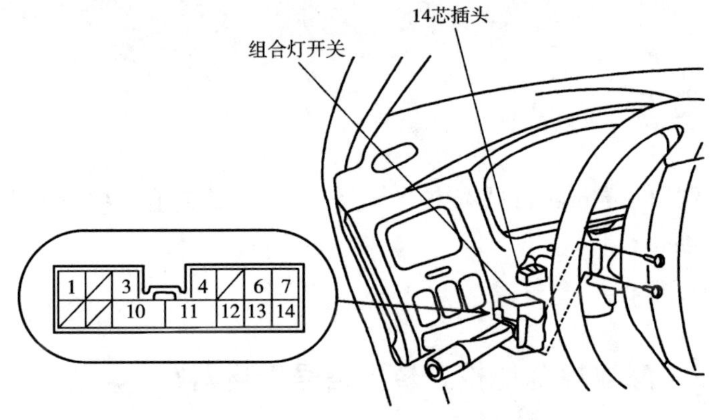

图 6-16　拆下组合开关

(3)检查组合开关中转向信号灯开关端子间的导通性,见表 6-2。如果不导通,则检查开关线束的导通性。如果开关线束导通,则更换组合开关。

检查组合开关中转向信号灯开关端子间导通性　　表 6-2

开关位置＼端子	12	13	14
左	○—	—○	
中间	○	○	○
右		○—	—○

(4)装上组合开关,插上组合开关插头。

(5)装上驾驶人侧仪表板下盖和转向柱盖。

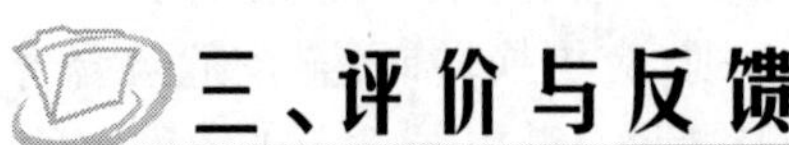

三、评价与反馈

1. 对本学习任务进行评价,见表 6-3。

评 分 表 表 6-3

考核项目	评分标准	分数	学生自评	小组评价	教师评价	小计
活动参与	是否积极主动	5				
安全生产	有无安全隐患	10				
现场 5S	是否做到	10				
任务方案	是否合理	15				
操作过程	转向信号继电器检查； 转向信号灯开关检查	30				
任务完成情况	是否圆满完成	5				
工具和设备使用	是否规范、标准	10				
劳动纪律	是否违反	10				
工单填写	是否完整、规范	5				
总分		100				
教师签名：			年 月 日		得分	

2. 在实施作业时，每一个安全事项都注意到了吗？如没有，找出忽略的地方和原因。

3. 能否向客户解释故障诊断及排除过程？如不能，分析原因并提出改进措施。

四、学 习 拓 展

1. 怎样检查危险警告灯开关？

2. 查阅资料，说明爱丽舍轿车、卡罗拉轿车转向信号灯电路。

学习任务七

燃油表显示不准的检修

学习目标

完成本学习任务后,你应当能:

1. 叙述仪表与报警装置的种类及用途、燃油表电路的组成与工作原理;
2. 能读懂给定的"检测工艺流程",对测试结果进行分析;
3. 正确地使用工具和设备;
4. 规范地检查燃油表电路。

建议完成本学习任务的时间为 6 课时。

学习任务描述

一辆夏利 2000 轿车,车主反映:燃油表显示不准。需要你对燃油表电路进行检测,确定故障部位并进行修理。

学习内容

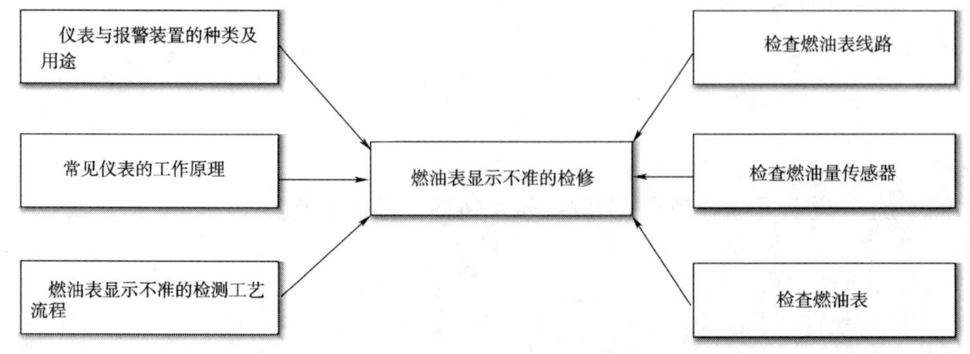

一、资料收集

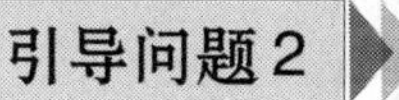

引导问题1 仪表板上显示的汽车信息有哪些?

为了使驾驶人随时了解汽车的工作状况,汽车上设有仪表、指示灯、报警灯等,一般将这些装置装在一起,构成组合式仪表板,如图7-1所示。仪表用于显示汽车的运行状况,指示灯用于指示某系统的工作状态,报警灯用于监测某系统的工作是否正常。此外,还有汽车电子控制系统故障警告灯,如发动机故障警告灯、安全气囊故障警告灯等。

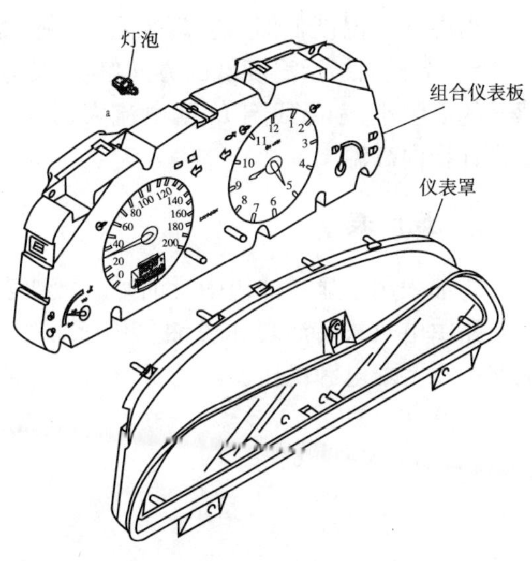

图7-1 仪表板

引导问题2 普通仪表有哪些?它们是怎样工作的?

普通仪表一般为机电模拟指针式仪表。仪表安装在仪表板上,通过指针和刻度盘显示数值,主要有机油压力表、燃油表、冷却液温度表、发动机转速表、车速里程表等。爱丽舍1.6L轿车仪表如图7-2所示。

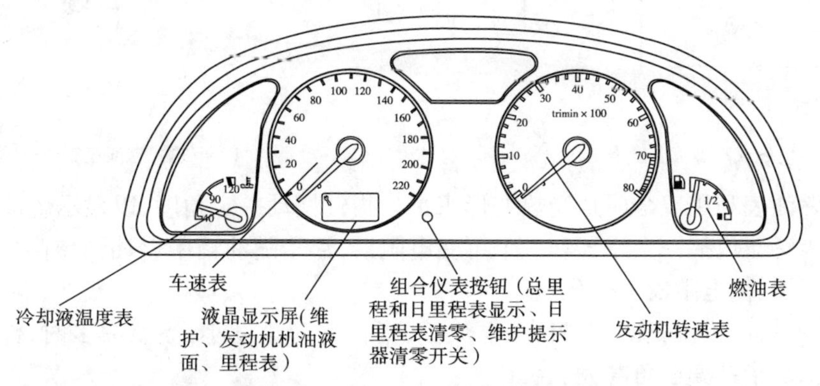

图7-2 爱丽舍1.6L轿车仪表

1 冷却液温度表

冷却液温度表用来显示发动机冷却液温度。冷却液温度表有电热式和电磁式两种形式。电磁式冷却液温度表工作电路由冷却液温度表和冷却液温度传感器组成,如图7-3所

示。冷却液温度传感器安装在发动机汽缸盖的冷却水套上，在电路中配有电源稳压器。

电磁式冷却液温度表内有两个互成一定角度的铁芯，铁芯上分别绕有励磁线圈，其中，冷却液温度传感器与励磁线圈 L_1 串联，与励磁线圈 L_2 并联，两个铁芯的下端对着带动指针偏转的衔铁，衔铁在两个铁芯电磁吸力作用下偏转一定角度。

冷却液温度传感器的主要元件为负温度系数热敏电阻。其电阻特性是温度升高时，电阻减小；温度降低时，电阻增大。

当冷却液温度低时，冷却液温度传感器的电阻大，励磁线圈 L_2 的电流小，其磁场强度小，吸引衔铁向指示温度低的方向偏转，使指针指向低温；当冷却液温度高时，冷却液温度传感器的电阻小，励磁线圈 L_2 的电流大，其磁场强度大，吸引衔铁向指示温度高的方向偏转，使指针指向高温。

2 燃油表

燃油表用来显示油箱中燃油量。燃油表有电热式和电磁式两种形式。电热式燃油表工作电路由电热式燃油表和燃油量传感器组成，如图 7-4 所示。燃油量传感器位于油箱中。电路中需要配电源稳压器。

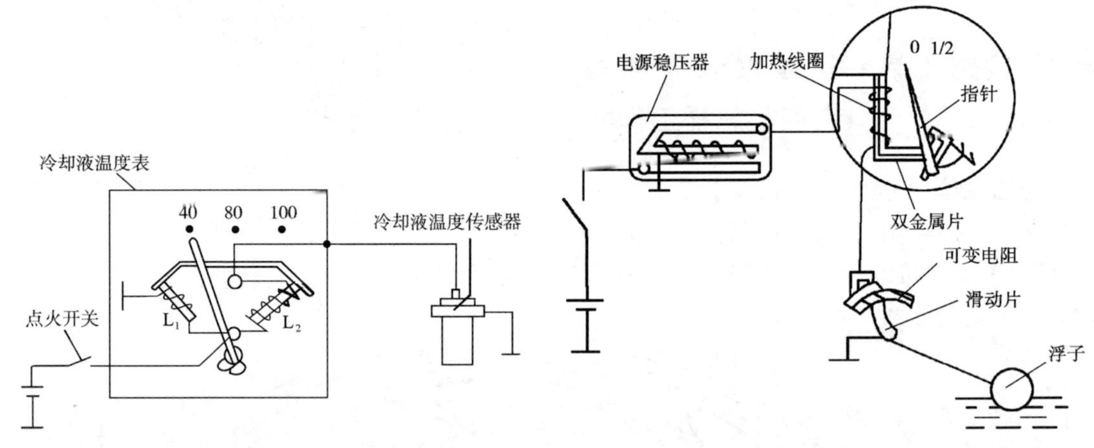

图 7-3　电磁式冷却液温度表工作电路

图 7-4　电热式燃油表工作电路

电热式燃油表利用双金属片受热变形来带动指针摆动一定角度，以显示燃油量。

燃油量传感器包括一个浮子和一个可变电阻器，浮子随油箱中燃油油位高度升降，从而带动可变电阻器，使电阻发生变化。

当燃油少时，浮子位置低，电阻大，电流小，指针偏摆角度小；当燃油多时，浮子位置高，电阻小，电流大，指针偏摆角度大。

3 机油压力表

机油压力表用来显示发动机润滑系统工作时的机油压力。机油压力表工作电路由机油压力表和机油压力传感器组成，如图 7-5 所示。机油压力传感器一般安装在主油路或机油泵上。机油压力表和机油压力传感器均为电热式，又称双金属片式。电路中需要配电源稳压器。

当打开点火开关,电流从蓄电池正极→点火开关→机油压力表接线柱→机油压力表双金属片上线圈→机油压力传感器接线柱→接触片→机油压力传感器双金属片上线圈→触点→弹簧片→搭铁→蓄电池负极。电流通过双金属片上线圈时,线圈会发热,双金属片受热变形。电流通过机油压力表的线圈,双金属片由于受热发生弯曲,带动指针摆动一定角度,摆动角度的大小取决于通过电热丝上的平均电流,而平均电流的大小取决于机油压力传感器触点闭合时间的长短。

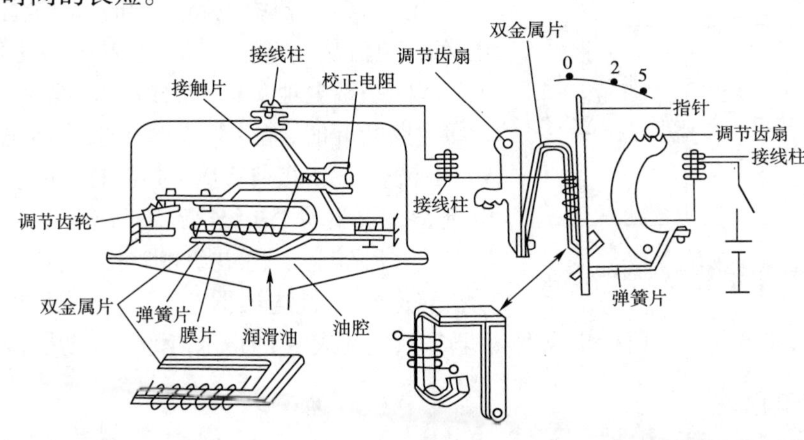

图 7-5　机油压力表工作电路

当机油压力低时,机油压力传感器的膜片在机油压力作用下变形很小,作用在触点上的压力小,电流通过电热丝,温度略有上升,双金属片弯曲使触点断开,经过一段时间双金属片冷却伸直,使触点闭合,如此循环往复,且触点打开的时间长,闭合的时间短,平均电流小,机油压力表的双金属片因温度低,指针偏转角度小。当机油压力高时,机油压力传感器的膜片在机油压力作用下变形大,作用在触点上的压力增大,只有线圈通过较大电流,触点才能断开,当触点断开不久,双金属片稍一冷却,触点又闭合,这样使得触点闭合的时间变长,流经电流表的平均电流增大,指针的摆动角度大。

4 发动机转速表

发动机转速表用来显示发动机的运转速度。发动机转速表有电磁式和电子式两种形式。

1 电磁式发动机转速表

电磁式发动机转速表工作电路由电磁式发动机转速表和电磁式传感器组成,如图 7-6 所示。

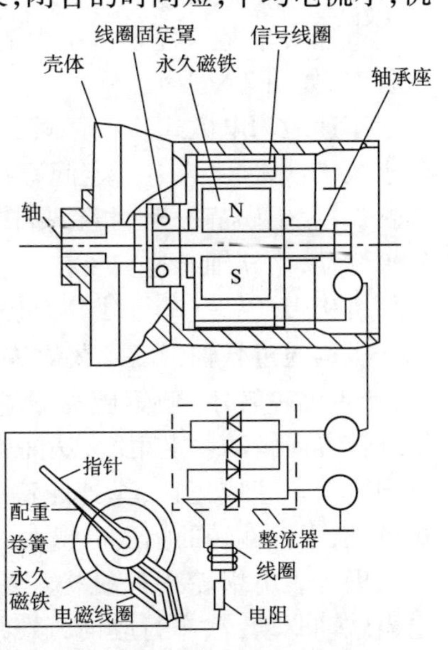

图 7-6　电磁式发动机转速表工作电路

当发动机运转时,电磁式传感器产生交流电,其电压随发动机转速变化,通过整流器转变为直流电,并将直流电压输送至电磁式发动机转速表,电磁线圈被磁化,电磁线圈与永久磁铁相互作用,电磁线

圈偏转一定角度，从而带动指针指示相应转速。当发动机转速升高，电磁式传感器输出的电压变大，电磁线圈偏转的角度也大，指针指示较高转速。

❷ 电子式发动机转速表

电子式发动机转速表工作电路如图 7-7 所示。没有设置传感器，可从电子点火系统获取脉冲电压信号(点火信号)。

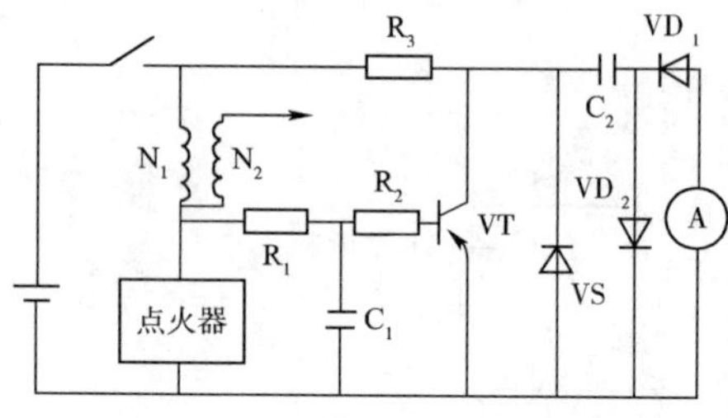

图 7-7 电子式发动机转速表工作电路

当点火器使初级电路接通时，晶体管 VT 处于截止状态，电流从蓄电池正极→电阻 R_3→电容器 C_2→二极管 VD_2→蓄电池负极，电容器 C_2 充电；当点火器使初级电路断开时，晶体管 VT 导通，电容器 C_2、晶体管 VT、电流表 A、二极管 VD_1 构成回路，电容器 C_2 放电，电流表 A 被驱动。初级电路不断接通、断开，使得电容器 C_2 不断充电、放电，初级电路接通、断开的次数与发动机转速成正比，电容器 C_2 放电电流平均值也与发动机转速成正比，将电流平均值标定成发动机转速，电流表 A 的指示值即为发动机转速。

5 车速里程表

车速里程表用来显示汽车行驶速度和累计行驶里程。车速里程表由车速表和里程表两部分组成。车速里程表有电磁式和电子式两种形式。

❶ 电磁式车速里程表

电磁式车速里程表包括电磁式车速表和机械式里程表，如图 7-8 所示。

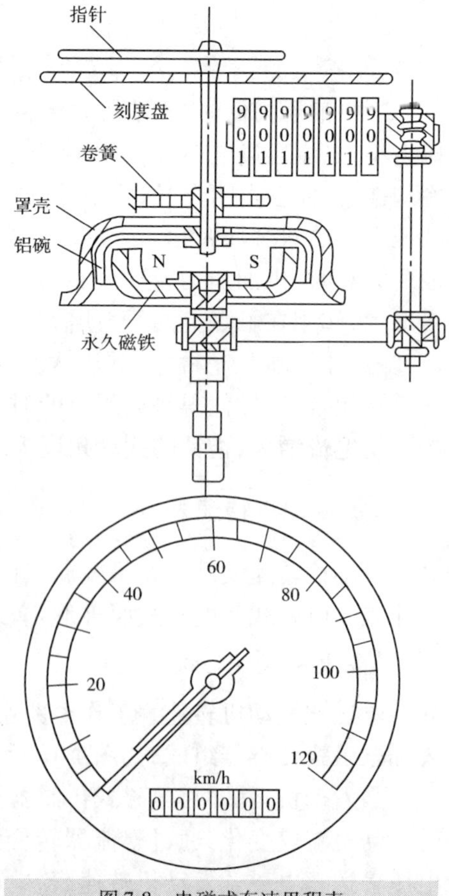

图 7-8 电磁式车速里程表

车速表为电磁式。罩壳固定，杯形铝碗位于罩壳与永久磁铁之间，且有一定间隙；铝碗与指针连接，受卷簧作用，铝碗静止时，指针指在“0”处；永久磁铁由软轴驱动，而软轴通过安装在变速器输出轴上的蜗轮蜗杆机构带动。汽车行驶时，变速器输出轴上的蜗轮蜗杆机构通过软轴带动永久磁铁旋转，铝碗感应出涡流，产生电磁转矩，使铝碗克服卷簧的弹力沿永久磁铁旋转方向转动一定角度，从而带动指针偏转。涡流的强度与车速成正比，车速越高，铝碗产生的电磁转矩越大，指针偏转的幅度也越大，即指示的车速越高。

里程表由蜗轮蜗杆机构和数字轮组成。里程表也由软轴驱动，汽车行驶时，软轴带动蜗轮蜗杆机构驱动数字轮，累计汽车行驶里程。

❷ 电子式车速里程表

电子式车速里程表电路由车速传感器、电子电

路、车速表和步进电动机驱动式里程表组成，如图 7-9 所示。

车速传感器由一个舌簧开关和一个有八对磁极的转子组成，如图 7-10 所示。车速传感器的转子由变速器输出轴带动，汽车行驶时，转子每转一周，舌簧开关的触点闭合八次，产生八个脉冲信号，车速越高，信号频率越高，其信号频率正比于车速。

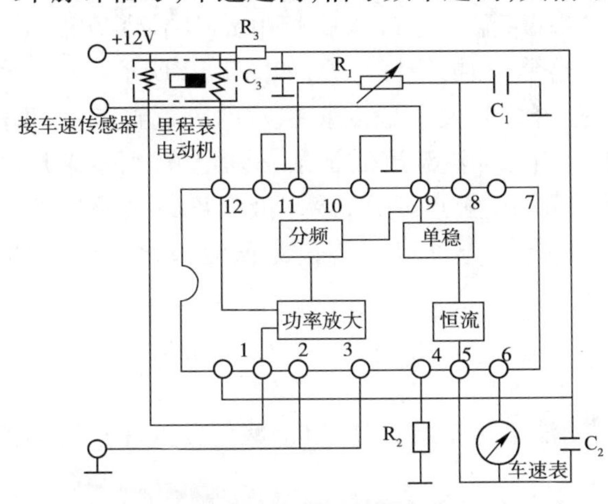

图 7-9　电子式车速里程表电路

图 7-10　车速传感器

车速传感器的信号经电子电路处理后，输出恒流电流，驱动车速表指针偏转，指示相应车速。

里程表由一个步进电动机和六位数字的十进制齿轮计数器组成。车速传感器的信号经电子电路处理后，再经功率放大器放大后，驱动步进电动机，由步进电动机带动计数器记录累计里程。

引导问题 3　报警灯有哪些？它们是怎样工作的？

报警灯安装在仪表板上，报警灯亮时，显示相应图形符号。常见报警灯有机油压力过低报警灯、冷却液温度过高报警灯、制动液不足报警灯、制动摩擦片磨损报警灯等。

1　机油压力过低报警灯

当发动机润滑系统的机油压力低于一定值时，机油压力过低报警灯亮，以提醒驾驶人注意机油压力不足。

机油压力过低报警灯电路包括机油压力过低报警灯和报警灯开关，如图 7-11 所示。膜片式报警灯开关一般安装在润滑系统的主油路上或机油滤清器上。当机油压力正常时，在机油压力作用下，膜片克服弹簧片的弹力向上弯曲，推杆将触点断开，机油压力过低报警灯不亮；当机油压力低于某一设定值时，膜片在弹簧片的弹力作用下向下弯曲，触点闭合，机油压力过低报警灯亮。

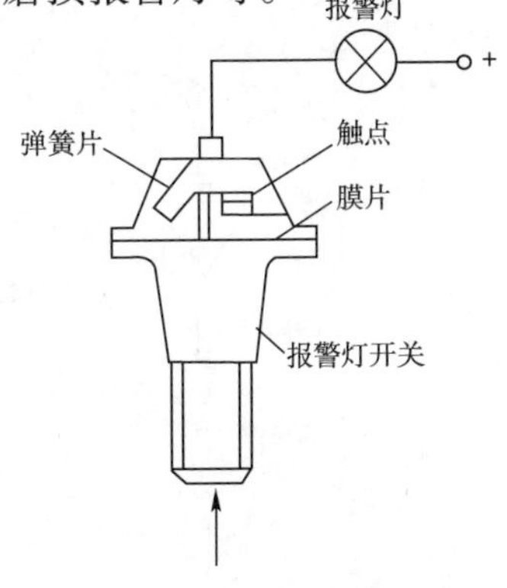

图 7-11　机油压力过低报警灯电路

2 冷却液温度过高报警灯

当发动机冷却系统的冷却液温度高于一定值时，冷却液温度过高报警灯亮，以提醒驾驶人注意冷却液温度过高。

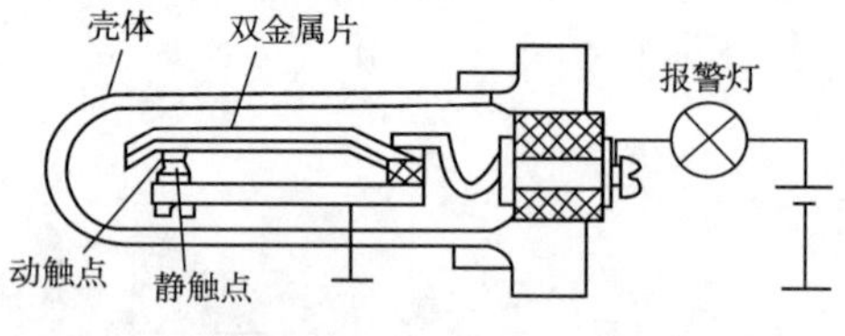

图 7-12　冷却液温度过高报警灯电路

冷却液温度过高报警灯电路包括冷却液温度过高报警灯和报警灯开关，如图 7-12 所示。双金属片式报警灯开关一般安装在发动机汽缸盖冷却水套上。当冷却液温度低于某一设定值时，双金属片弯曲变形小，触点断开，冷却液温度过高报警灯不亮；当冷却液温度高于该设定值时，双金属片弯曲变形大，使触点闭合，冷却液温度过高报警灯亮。

3 制动液不足报警灯

当液压制动系统的制动液液面过低时，制动液不足报警灯亮，以提醒驾驶人注意制动液不足。

制动液不足报警灯电路包括制动液不足报警灯和报警灯开关，如图 7-13 所示。报警灯开关安装在储液罐上。当制动液液面高度在最低（MIN）位置以上时，浮子处于较高位置，永久磁铁随浮子上浮而高于舌簧开关的位置，舌簧开关触点断开，制动液不足报警灯不亮；当制动液液面高度低于最低（MIN）位置以下时，永久磁铁随浮子下降而接近舌簧开关位置，使舌簧开关触点闭合，制动液不足报警灯亮。

4 制动摩擦片磨损报警灯

当制动系统的制动摩擦片磨损到使用极限时，制动摩擦片磨损报警灯亮，以提醒驾驶人注意制动摩擦片磨损严重。

制动摩擦片磨损报警灯电路如图 7-14 所示。将一段导线埋在制动摩擦片内，该导线与

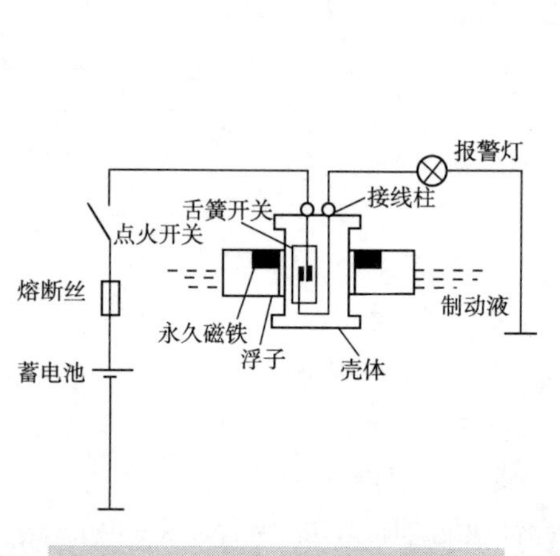

图 7-13　制动液不足报警灯电路

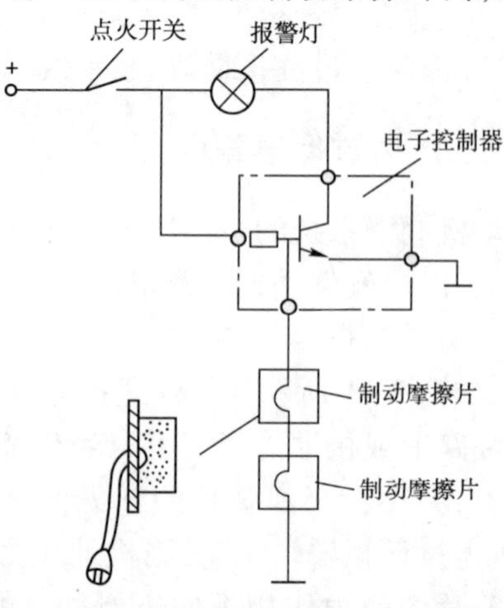

图 7-14　制动摩擦片磨损报警灯电路

电子控制器相连。当制动摩擦片厚度没有磨损到使用极限时,电子控制器中晶体管基极电位为低电位,晶体管截止,制动摩擦片磨损报警灯不亮;当制动摩擦片厚度磨损到使用极限时,导线被磨断,电子控制器中晶体管基极电位为高位,晶体管导通,制动摩擦片磨损报警灯亮。

引导问题4 电子仪表是怎样显示信息的?

普通仪表精度不高,可靠性较差,显示的信息量少。现代汽车在行驶过程中各系统工作状态的信息需求量显著增加,对仪表的功能要求越来越高。电子仪表能准确、迅速地处理各种复杂的信息,并以数字、文字和图形的形式显示出来。

1 信息显示装置

1 发光二极管(LED)

发光二极管如图7-15所示。二极管通电时能产生一定波长的光。它有红、绿、黄、橙等颜色。发光二极管可用来组成数字或光条图。

发光二极管组成的数字显示器,可显示数字0~9,如图7-16所示。

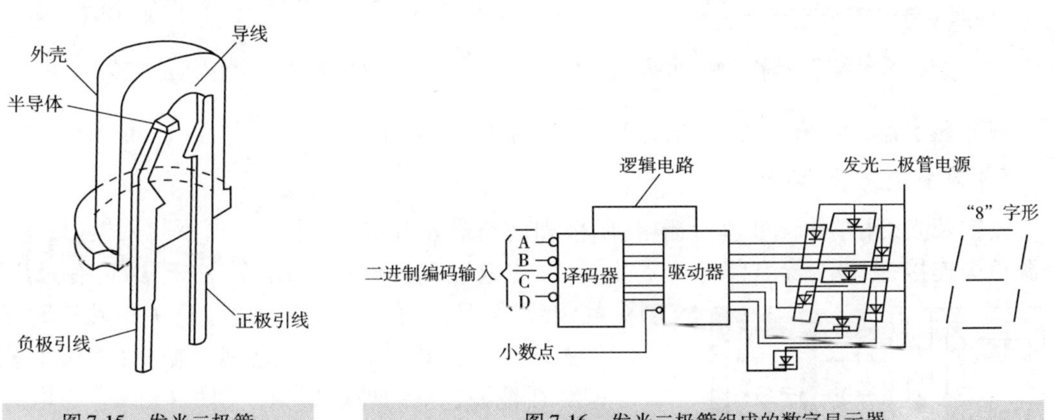

图7-15 发光二极管

图7-16 发光二极管组成的数字显示器

发光二极管体积小、结构简单、耐用,在环境暗的情况下,显示效果好,但在阳光直射下,很难辨别,若要需要增大亮度,功率消耗大。发光二极管也可单独使用,作为报警灯。

2 液晶显示器(LCD)

液晶是一种有机化合物,由长形杆状分子构成,在一定温度范围内,具有液体的流动性和晶体的某些特征。液晶的光学性质是随着分子排列方向的变化而变化,当在液晶上加一个电场时,液晶分子的长轴方向发生变化,因而液晶的光学性质也发生变化。

液晶显示器是一种非发光型平板显示器,其自身不能发光,只能起到吸收、反射或透光的作用,需要外来光源。

液晶显示器的前后玻璃板之间有一层液晶，外表面分别贴有偏光镜，在玻璃板的后面放有反射镜，如图 7-17 所示。

前偏光镜是垂直偏光镜，后偏光镜是水平偏光镜，液晶显示的数字或光条是透过垂直偏光镜观看的。当液晶不加电压时，光线可穿过液晶到达反射镜，再由反射镜反射回去，液晶呈亮的状态；当液晶加上电压时，液晶分子方向发生改变，并且不能使光波旋转，来自垂直偏光镜的光波经过液晶后，将不能穿过水平偏光镜到达反射镜，液晶呈暗的状态。将液晶制成字符段，分别控制每个字符段的通电状态，即哪些字符段呈亮的状态，哪些字符段呈暗的状态，便可在液晶显示器上看到字符，如图 7-18 所示。

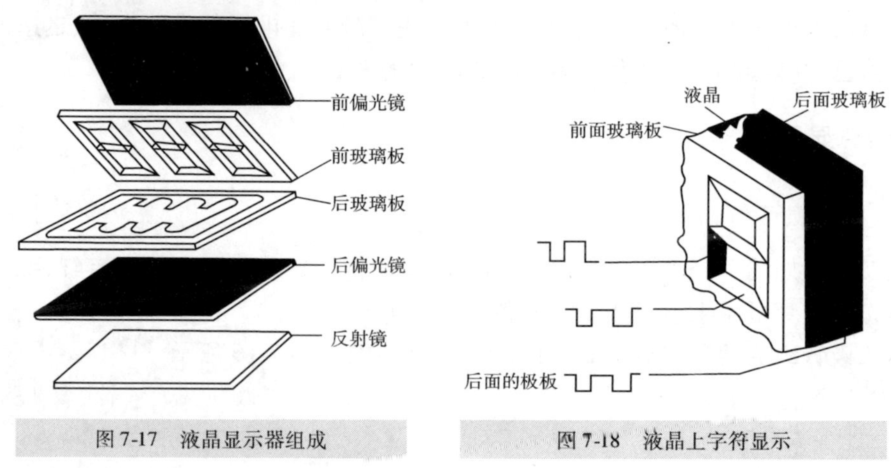

图 7-17　液晶显示器组成

图 7-18　液晶上字符显示

液晶显示器显示清晰，在阳光直射下不受影响，能耗低。

❸ 真空荧光管(VFD)

真空荧光管由阴极(灯丝)、栅格、阳极和玻璃罩等组成，如图 7-19 所示。阴极(灯丝)与电源负极连接；阳极为涂有荧光物质的屏幕，与电源正极连接，采用 7 字符段(也有采用 14 或 20 字符段)，每个字符段由电子开关单独控制通电状态；在阴极(灯丝)和阳极之间有栅格；将整个装置密封在被抽真空的玻璃罩内。阴极(灯丝)通电时产生电子，电子被阳极吸引而均匀地打在阳极的字符段上，由电子开关通电的字符段，受电子轰击后发亮，否则，发暗。通过控制字符段的通电状态，便可在真空荧光管上看到字符。

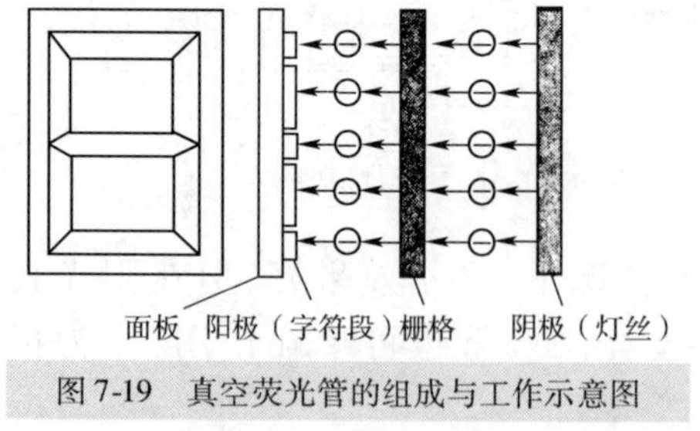

图 7-19　真空荧光管的组成与工作示意图

真空荧光管色谱宽，易与控制电路连接，环境温度适应性强，显示亮度可以改变，能显示数字、单词和柱状图表，使用寿命长，但体积和质量较大。

❹ 阴极射线管(CRT)

阴极射线管又称显像管。其结构和原理与电视机显像管相同。阴极发射电子被阳极吸收，电子束轰击到屏幕上而发光。阴极射线管显示效果最佳，但体积过大，不便于布置。

2 电子仪表的基本组成

电子仪表的基本组成如图 7-20 所示。各种传感器产生的信号(模拟信号和数字信号)经接口电路预处理,再送至中央处理器分析和计算,然后控制信号从输出驱动电路输出,控制电子仪表显示器显示信息。

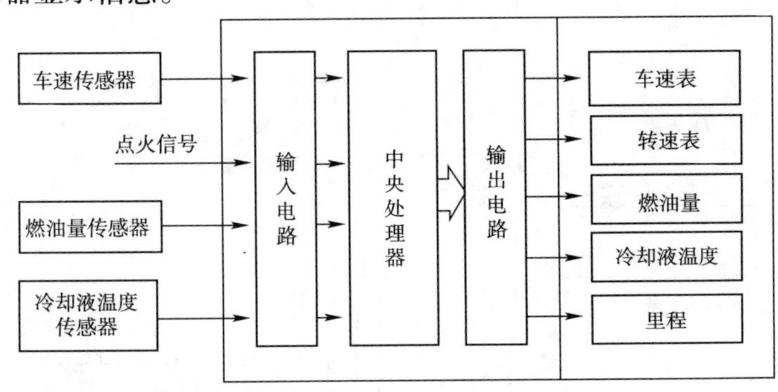

图 7-20　电子仪表基本组成示意图

3 电子仪表信息显示方式

电子仪表信息显示方式包括数字或光条图显示、指针(模拟)显示、灯光(报警)显示等。电子仪表板有三个独立液晶显示器,分别为发动机转速显示器、车速显示器和驾驶人信息中心显示器,如图 7-21 所示。

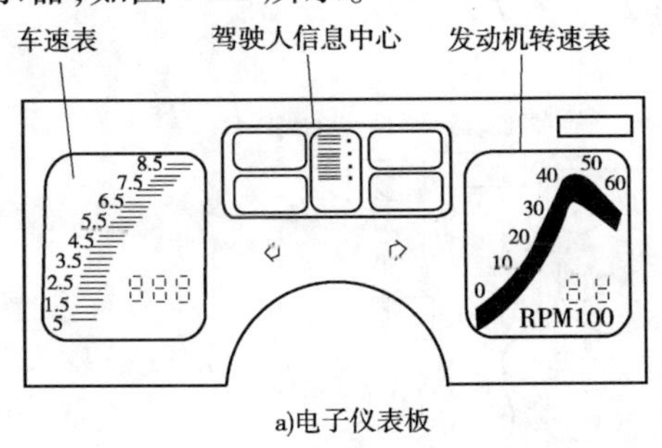

a)电子仪表板

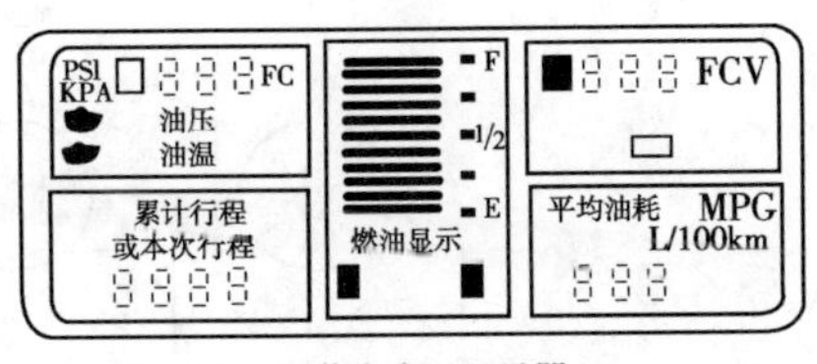

b)信息中心显示器

图 7-21　电子仪表板

引导问题 5　普通仪表有哪些常见故障?

对于燃油表、冷却液温度表和机油压力表的常见故障有:单个仪表不工作或仪表显示不准、多个仪表不工作。

1 单个仪表不工作或仪表显示不准

仪表检查如图 7-22 所示。

(1)检查传感器导线连接是否松脱。如果正常,则检查仪表线路。

(2)在仪表线路正常情况下,用10Ω的电阻代替传感器,一端接传感器导线,另一端直接搭铁,接通点火开关(ON),观察仪表。如果指针摆动,则说明传感器有故障,应更换传感器。如果指针不动,则说明仪表有故障,应更换仪表。

(3)检查仪表显示是否准确,应参照相关车型维修手册。如果检查结果不符合要求,则更换传感器或仪表。

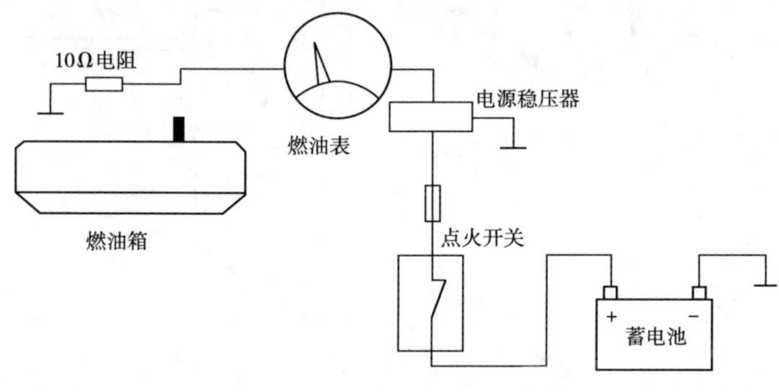

图7-22　仪表检查示意图

2 多个仪表不工作

在电磁式和电热式仪表电路中,一般设有熔断丝,并配有电源稳压器。多个仪表同时不工作,应检查仪表熔断丝和电源稳压器是否有故障,如图7-23所示。

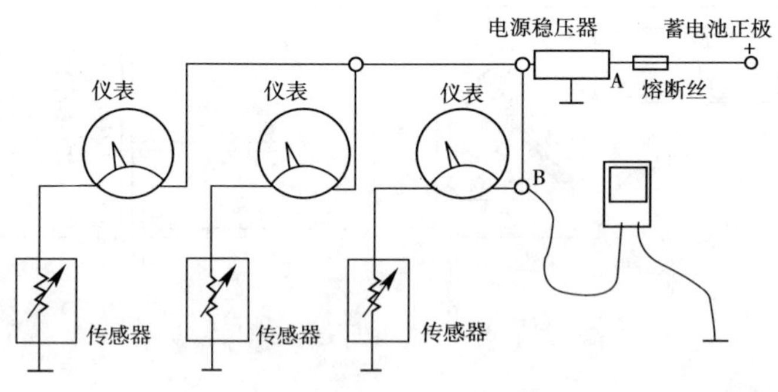

图7-23　电源稳压器电路的检查

引导问题6　燃油表显示不准的检测工艺流程是怎样的?

夏利2000轿车燃油表显示不准,说明燃油表电路有故障,应按照规定的检测工艺流程进行故障分析,如图7-24所示。

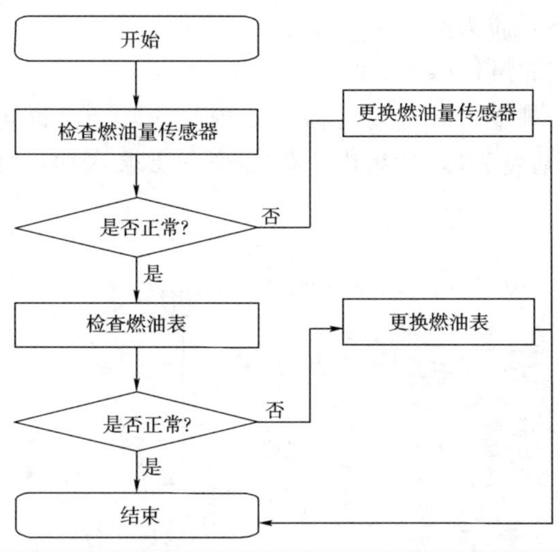

图 7-24 燃油表显示不准的检测工艺流程

二、实施作业

引导问题 7 作业需要哪些工具、设备和材料?

(1)扳手、万用表、试灯。
(2)翼子板护裙、转向盘护套、变速杆护套、座椅护套和脚垫。
(3)燃油表、燃油量传感器。
(4)夏利 2000 轿车维修手册。

引导问题 8 通过查询与查找,填写车辆以下信息。

生产年份____________,车牌号码____________,行驶里程____________ km,车辆识别代码(VIN)__________________。

相关引导问题

以下“实施作业”的详细内容见本书“学习任务一 蓄电池的检查和更换”:
(1)作业前的准备;
(2)蓄电池的检查。

引导问题 9 怎样规范地检查燃油量传感器?

夏利 2000 轿车燃油量传感器位置如图 7-25 所示。

(1)拔下燃油量传感器插头。

(2)拆下燃油箱上燃油量传感器。

(3)用万用表电阻挡测量燃油量传感器2端子与3端子之间电阻,如图7-26所示。燃油量传感器电阻测量值见表7-1。如果电阻值不符合要求,则燃油表会显示不准,应更换燃油量传感器。

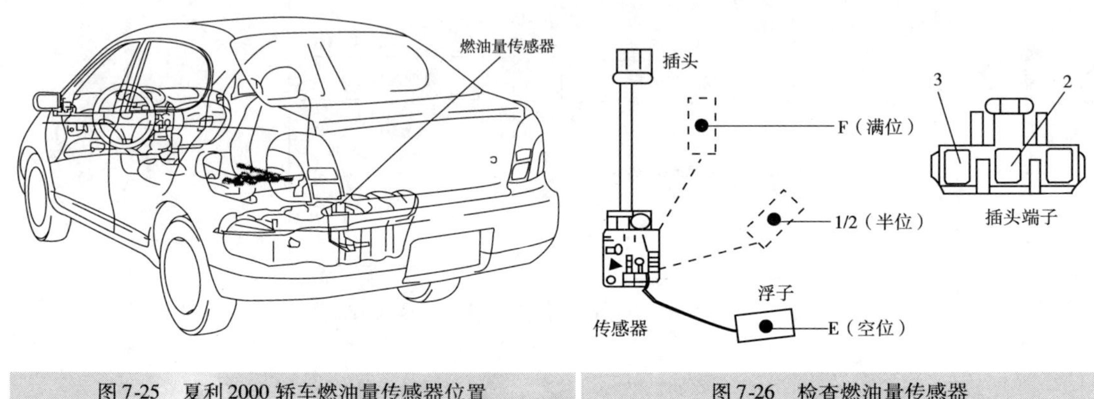

图7-25　夏利2000轿车燃油量传感器位置

图7-26　检查燃油量传感器

燃油量传感器电阻测量值　　表7-1

浮子位置	电阻值(Ω)
F(满位)	4.0±1
1/2(半位)	55.0±3
E(空位)	107.0±1

(4)装上燃油量传感器。

(5)插上燃油量传感器插头。

(6)检查燃油表显示是否准确(与此时油箱中油量对应)。如果燃油表显示不准,则检查燃油表及线路。

引导问题10　怎样规范地检查燃油表?

(1)拔下燃油量传感器插头。

(2)打开点火开关(ON),检查燃油表指针是否指向“E”(空位),如图7-27所示。

(3)用一个3.4W灯泡连接线束侧插头端子2与端子3,打开点火开关(ON),灯泡应亮,燃油表指针应指向“F”(满位),如图7-28所示。如果燃油表指示不符合要求,则表明燃油表损坏,应更换燃油表。

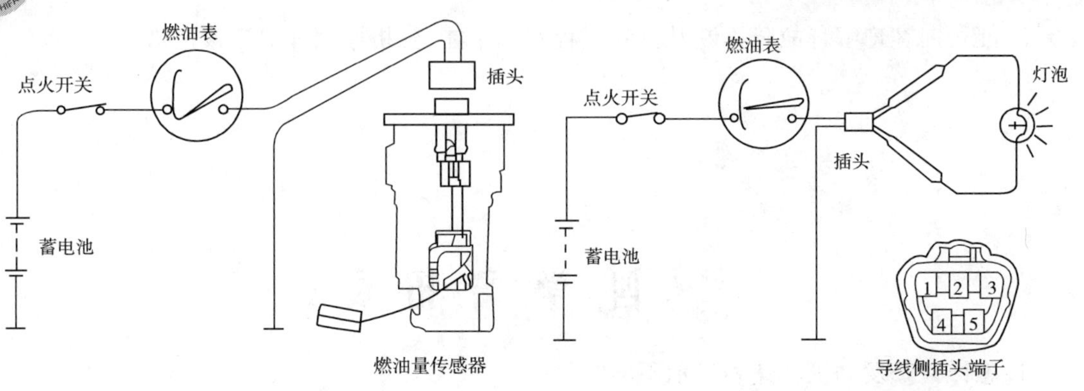

图 7-27　检查燃油表指示"E"位

图 7-28　检查燃油表指示"F"位

三、评价与反馈

1. 对本学习任务进行评价，见表 7-2。

评　分　表　　表 7-2

考核项目	评分标准	分数	学生自评	小组评价	教师评价	小计
活动参与	是否积极主动	5				
安全生产	有无安全隐患	10				
现场 5S	是否做到	10				
任务方案	是否合理	15				
操作过程	燃油量传感器检查； 燃油表检查	30				
任务完成情况	是否圆满完成	5				
工具和设备使用	是否规范、标准	10				
劳动纪律	是否违反	10				
工单填写	是否完整、规范	5				
总分		100				
教师签名：			年　月　日		得分	

2. 在实施作业时，每一个安全事项都注意到了吗？如没有，找出忽略的地方和原因。

3. 能否向客户解释故障诊断及排除过程？如不能，分析原因并提出改进措施。

四、学 习 拓 展

1. 怎样检修发动机转速表显示不准？

2. 查阅资料，说明哪些车型采用电子仪表。

学习任务八

电动刮水器不工作的检修

学习目标

完成本学习任务后，你应当能：

1. 叙述电动刮水器的作用、组成及工作原理；
2. 能读懂给定的"检测工艺流程"，对测试结果进行分析；
3. 正确地使用工具和设备；
4. 规范地检查电动刮水器电路。

建议完成本学习任务的时间为6课时。

学习任务描述

一辆卡罗拉1.6L轿车，车主反映：前风窗电动刮水器不工作。需要你对电动刮水器电路进行检测，确定故障部位并进行修理。

学习内容

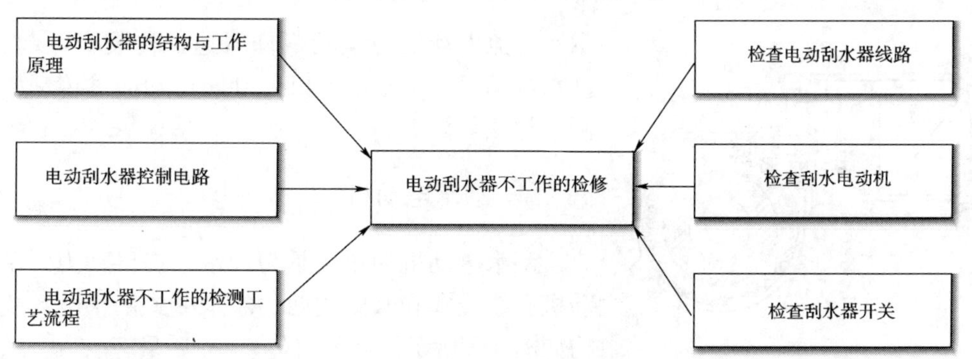

一、资 料 收 集

引导问题1　刮水器的作用是什么？它有哪些类型？

汽车在雨、雪天行驶时，风窗玻璃上的雨水或积雪会影响驾驶人视线。刮水器的作用是刮除风窗玻璃上的雨、雪，使驾驶人有良好的视线，确保行车安全。汽车前风窗玻璃装有刮水器，有些汽车后风窗玻璃也装有刮水器。

刮水器根据其动力不同可分为真空式、气动式和电动式三种。电动刮水器具有工作可靠、易控制，以及不受发动机工况影响等，目前，在汽车上广泛应用。

引导问题2　电动刮水器由哪些部件组成？

电动刮水器由直流电动机、蜗轮蜗杆减速机构、传动机构和刮水片等组成，如图 8-1 所示。直流电动机与蜗轮蜗杆减速机构装在一起，构成刮水电动机。刮水电动机的旋转运动通过传动机构使刮水片往复摆动。

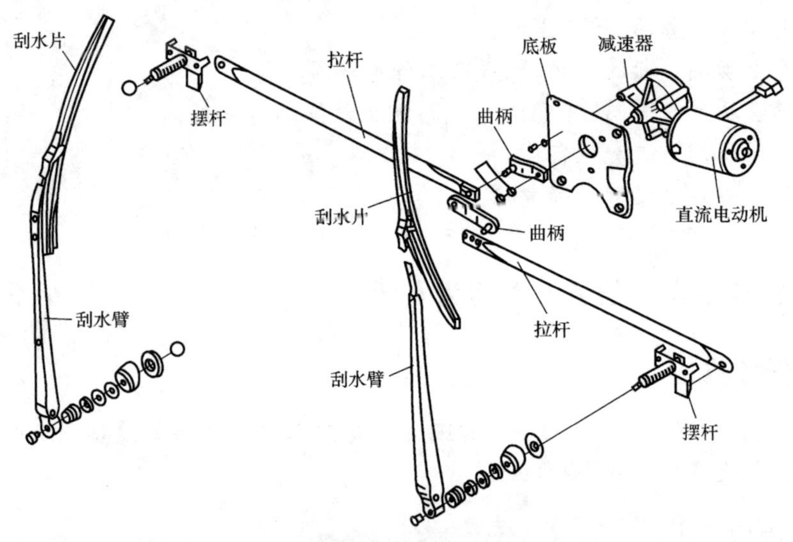

图 8-1　电动刮水器的组成

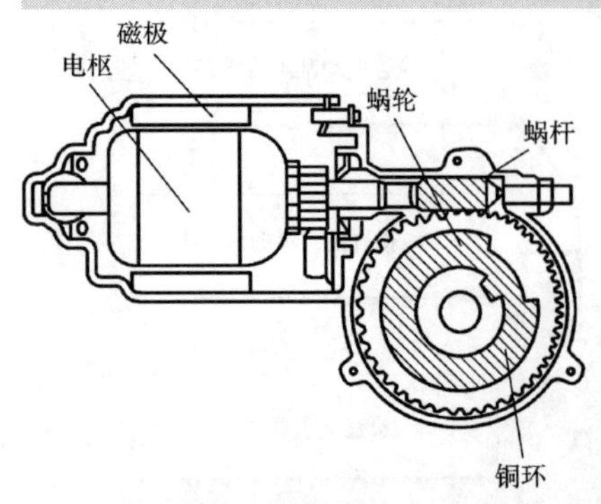

图 8-2　永磁式刮水电动机结构

1 刮水电动机

刮水电动机的作用是为刮水片提供动力。刮水电动机有绕线式和永磁式两种。永磁式刮水电动机的结构如图 8-2 所示。它具有体积小、质量轻、噪声小、结构简单等优点。

2 传动机构

传动机构的作用是将刮水电动机的旋转运动转变为刮水片的摆动。传动机构一般为平面四杆机构，杆件的连接均采用球形铰接，如图8-3所示。

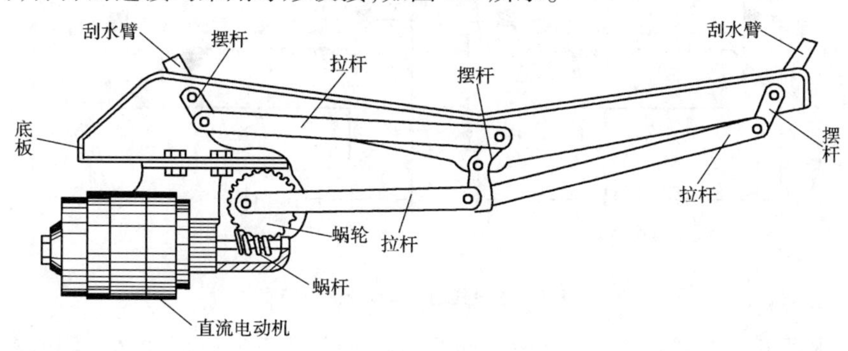

图8-3　传动机构

3 刮水片

刮水片用来刮去风窗玻璃上的雨或雪。刮水片由主桥、副桥和橡胶刮片组成，如图8-4所示。

刮水片与刮水臂的连接形式有凸台插入式、槽孔插入式和弯钩式，如图8-5所示。

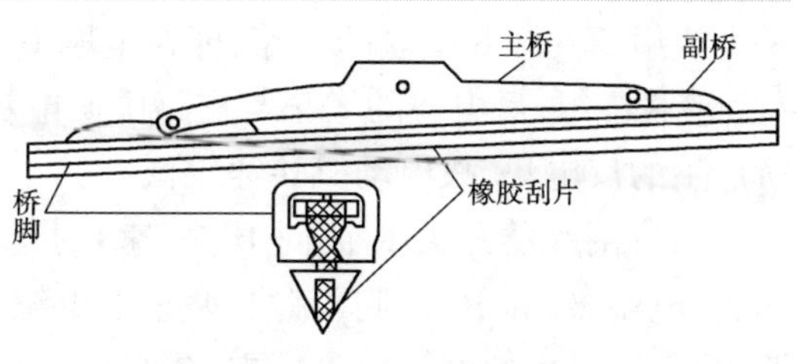

图8-4　刮水片结构

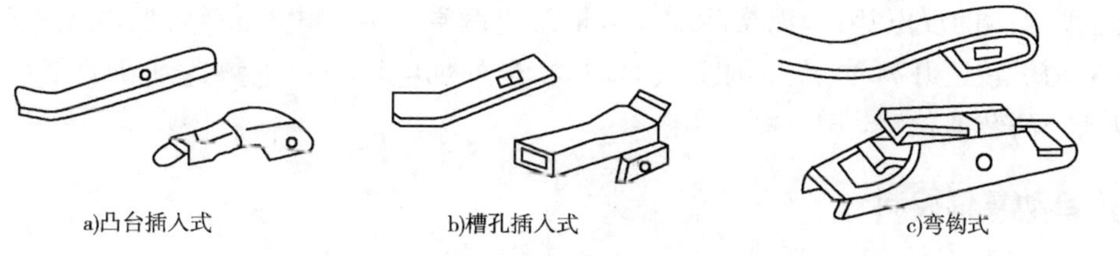

图8-5　刮水片与刮水臂的连接形式

引导问题3　刮水电动机是怎样控制的?

刮水器在使用中应具有变速(低速、高速)、间歇和自动复位等功能，以满足不同条件的要求，可通过对刮水电动机的控制来实现。

1 变速控制

刮水器应能根据雨、雪的大小来调整刮水片的刮水速度，在雨、雪小时使用低速刮水，而雨、雪大时使用高速刮水。刮水电动机应能够改变转速，以调整刮水片的刮水速度。

永磁式刮水电动机的变速是利用三个电刷来改变正、负电刷之间串联线圈的个数实现

变速的，如图 8-6 所示。

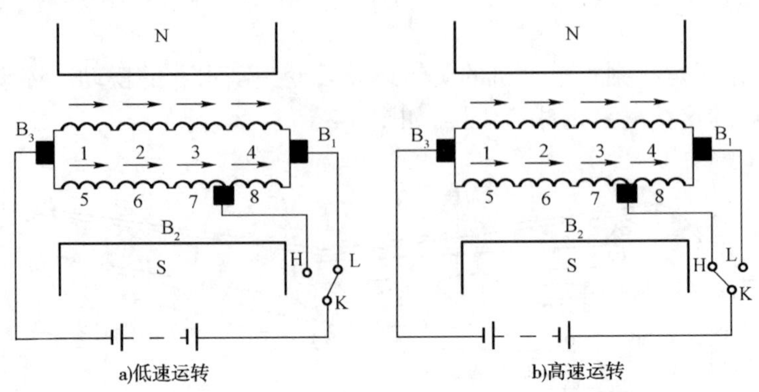

图 8-6　永磁式刮水电动机变速控制

当将刮水器开关 K 拨向 L(低速)时，如图 8-6a)所示，电源电压加在电刷 B_1 和 B_3 之间，在电刷 B_1 和 B_3 之间有两条电枢绕组并联支路，一条是由绕组 1、2、3、4 串联的支路，另一条是由绕组 5、6、7、8 串联的支路，即在电刷 B_1 和 B_3 之间的两条并联支路中，每条支路中各有 4 个串联绕组，反电势的大小与支路中反电势的大小相等。由于外加电压需要平衡 4 个绕组所产生的反电势，故电动机转速较低。

当将刮水器开关 K 拨向 H(高速)时，如图 8-6b)所示，电源电压加在电刷 B_2 和 B_3 之间，在电刷 B_2 和 B_3 之间同样有两条电枢绕组并联支路，一条是由绕组 1、2、3、4、8 串联的支路，另一条是由 5、6、7 串联的支路，绕组 1、2、3、4、8 同在一条支路中，其中绕组 8 与绕组 1、2、3、4 的反电势方向相反，相互抵消后，使每条支路变为 3 个串联绕组。外加电压只需平衡 3 个绕组所产生的反电势，因而实际加在电枢绕组两端的有效电压值增高，电动机的转速升高。在电动机转速升高时，产生的反电势增大，当外加电压与反电势达到新的平衡后，电动机便以某一高转速稳定运转。

2 自动复位控制

在任何时刻关闭刮水器开关，刮水片都要自动停止在风窗玻璃的下部，以免影响驾驶人的视线，因而在刮水电动机内设有自动复位装置。

自动复位装置及电动刮水器工作电路如图 8-7 所示。铜环式自动复位装置由两个圆弧形铜环和两个触点及触点臂组成，两个铜环嵌在减速蜗轮(塑料或尼龙)上，其中长铜环搭铁，两个触点在触点臂的弹力作用下与蜗轮端面和铜环保持接触。

接通点火开关，将刮水器开关置于“I”(低速挡)或“II”(高速挡)时，刮水电动机以低速或高速运转，然后将刮水器开关置于“0”(停止)，如果刮水片没有停在规定的位置，与刮水器开关连接的触点和长铜环相接触，刮水电动机仍以低速运转，如图 8-7b)所示。蜗轮旋转到特定位置，电路中断，如图 8-7a)所示。由于电枢的运动惯性，电枢不能立即停止转动，此时以发电方式运行，电枢绕组通过两个触点与短铜环接触而短路，电枢绕组将产生电磁力矩被制动，电枢迅速停止运转，使刮水片停止在特定位置(风窗玻璃的下部)。

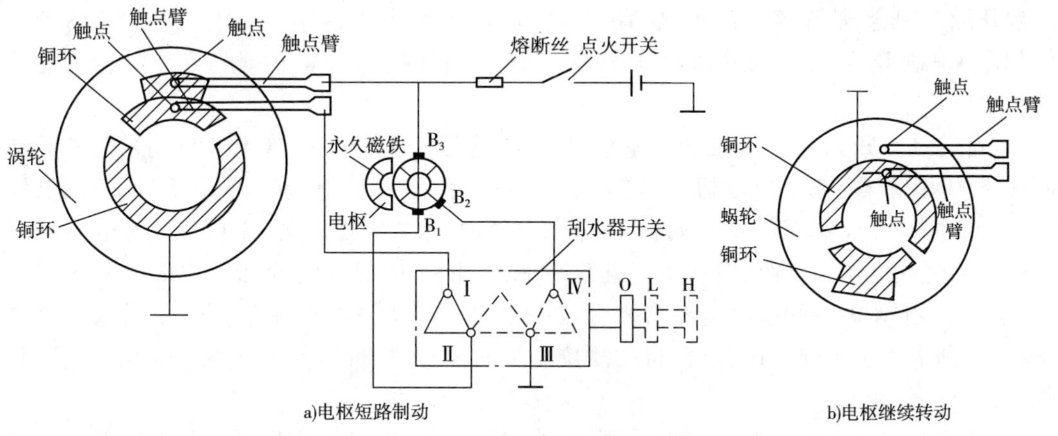

图 8-7　自动复位装置及电动刮水器工作电路

3 间歇控制

汽车在小雨或雾天行驶时，如果刮水器以一定的刮水速度连续刮水，风窗玻璃上的微量水分和灰尘就会形成一层发黏的表面，不仅不能将风窗玻璃刮拭干净，相反会使玻璃模糊不清，影响驾驶人的视线，因此，刮水器要能够进行间歇刮水。在电动刮水器电路中设置刮水器间歇继电器，与自动复位装置配合，使刮水电动机每隔几秒运转一下。刮水电动机间歇控制电路如图 8-8 所示。

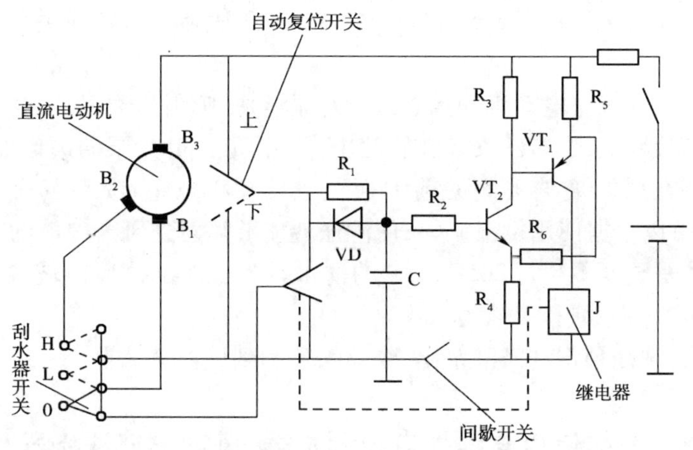

图 8-8　刮水电动机间歇控制电路

刮水器开关置于间歇挡（刮水器开关处于“0”，且间歇开关闭合）时，电源将通过自动复位开关向电容器 C 充电，其电路为：蓄电池正极→点火开关→熔断丝→自动复位开关常闭触点（上）→电阻 R_1→电容器 C→搭铁→蓄电池负极，电容器 C 两端的电压逐渐升高。当电容器 C 两端的电压升高到一定值时，晶体管 VT_1 和 VT_2 先后相继由截止转为导通，从而接通继电器磁化线圈电路，其电路为：蓄电池正极→电源开关→熔断丝→电阻 R_5→晶体管 VT_1→继电器磁化线圈→间歇开关→搭铁→蓄电池负极。在电磁吸力的作用下，继电器常闭触点打

开,常开触点闭合,从而接通刮水电动机电路,其电路为:蓄电池正极→电源开关→熔断丝→电刷 B_3→电刷 B_1→刮水器间歇继电器常开触点→搭铁→蓄电池负极,刮水电动机低速旋转。

当自动复位开关的常开触点(下)接通时,电容器 C 通过二极管 VD、自动复位开关常开触点(下)迅速放电,刮水电动机继续转动。随着电容器 C 放电,晶体管 VT_1 基极的电位逐渐降低,晶体管 VT_1 和 VT_2 由导通转为截止,从而切断继电器磁化线圈电路,继电器常开触点打开,常闭触点闭合,刮水电动机仍继续转动,其电路为:蓄电池正极→电源开关→熔断丝→电刷 B_3→电刷 B_1→间歇继电器常闭触点→自动复位开关常开触点(下)→搭铁→蓄电池负极。当刮水片位于规定位置时,自动复位开关的常开触点(下)打开,常闭触点(上)闭合,刮水电动机停止转动。

电容器 C 再次充电、放电,如此反复,刮水电动机间歇运转,实现刮水片的间歇动作。

爱丽舍 1.6L 轿车电动刮水器与洗涤器电路如图 8-9 所示。主要部件包括刮水器开关、刮水器间歇继电器、刮水电动机等。

引导问题 4　风窗玻璃洗涤器的作用是什么?它的组成与工作过程是怎样的?

风窗玻璃洗涤器的作用是向风窗玻璃上喷射洗涤液,与刮水器配合,以除去风窗玻璃上的灰尘和脏物。

风窗玻璃洗涤器主要由储液罐、洗涤泵、输液管、喷嘴、洗涤开关等组成,如图 8-10 所示。

洗涤泵一般由永磁直流电动机和离心式叶片泵组成,喷射压力可达 70 ~ 88kPa。洗涤泵一般直接安装在储液罐上,也有的安装在管路中。在离心式叶片泵的进口处设置滤清器。

喷嘴通常安装在风窗玻璃下面的前围板上或发动机罩上,喷嘴的直径一般为 0.8 ~ 1.0mm,喷嘴方向可以根据使用情况调整,使洗涤液能够喷射到风窗玻璃的适当位置。

常用的洗涤液是硬度不超过 205×10^{-6} 的清水。为了能刮掉风窗玻璃上的油、蜡等,可在清水中添加少量的去垢剂和缓蚀剂。

接通洗涤开关,洗涤泵将洗涤液泵出,经喷嘴喷洒到风窗玻璃上。

引导问题 5　怎样使用与维护电动刮水器、风窗玻璃洗涤器?

1　电动刮水器与风窗玻璃洗涤器的使用

(1)刮水器与洗涤器开关组合在一起,安装在转向盘右下方,如图 8-11 所示。刮水器和洗涤器开关操纵杆端部旋钮有 OFF(关闭)、INT(间歇)、LO(低速)、HI(高速)四个挡位,当旋钮转到某挡位时,刮水器便作相应的动作,将操纵杆向上抬时,洗涤泵工作,洗涤液喷出。

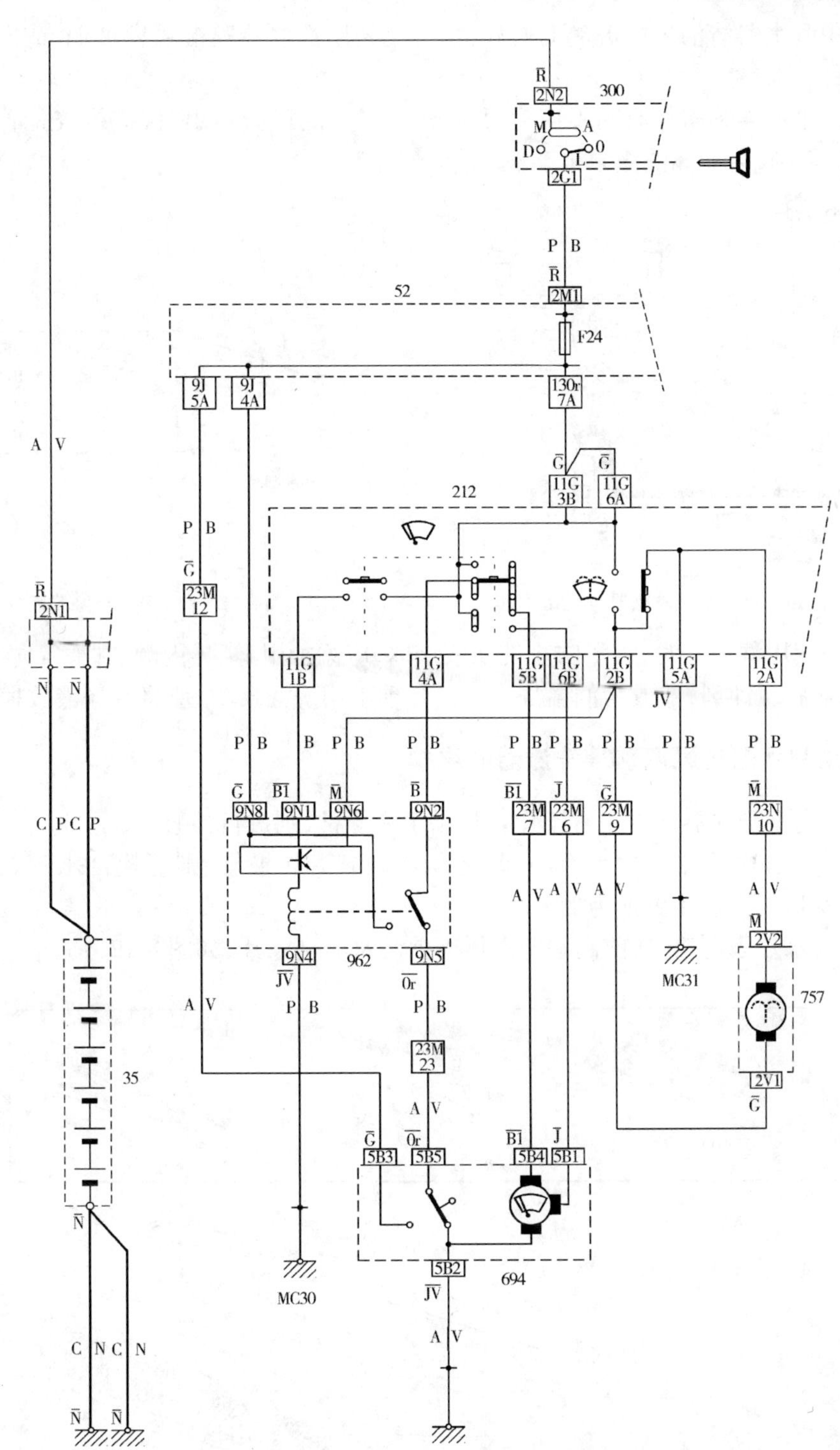

图 8-9　爱丽舍 1.6L 轿车电动刮水器与洗涤器电路图

35-蓄电池；50-发动机舱熔断器盒；52-驾驶室熔断器盒；212-刮水器与洗涤器开关；300-点火开关；694-刮水电动机；757-洗涤器电动机；962-刮水器间歇继电器

(2)在用刮水器清洁风窗玻璃上的灰尘时,应先用洗涤器喷湿风窗玻璃,或向风窗玻璃洒水,再开刮水器。

(3)洗涤泵的连续工作时间不应超过1min。当无洗涤液喷出时,应检查是否缺洗涤液或喷嘴堵塞,否则,会损坏洗涤泵电动机。

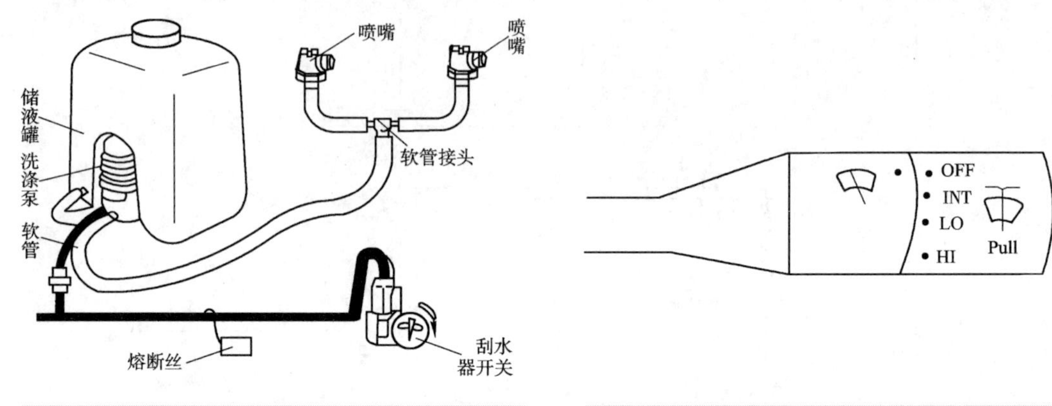

图8-10　风窗玻璃洗涤器的组成

图8-11　刮水器与洗涤器开关

(4)冬季使用洗涤器时,为了防止洗涤液结冰,应添加甲醇、异丙醇、甘醇等防冻剂,再加少量的去垢剂和缓蚀剂,即成为低温洗涤液。冬季不用洗涤器时,应将洗涤液放掉。

2 电动刮水器与风窗玻璃洗涤器的维护

(1)检查电动刮水器是否正常工作。如果工作异常,则进行检修。

(2)检查刮水片的橡胶片是否磨损、老化或破裂。如果有,则更换刮水片。以卡罗拉1.6L轿车刮水器的刮水片更换为例。

①脱开刮水片固定架,从前刮水臂上拆下前刮水器刮水片,如图8-12所示。

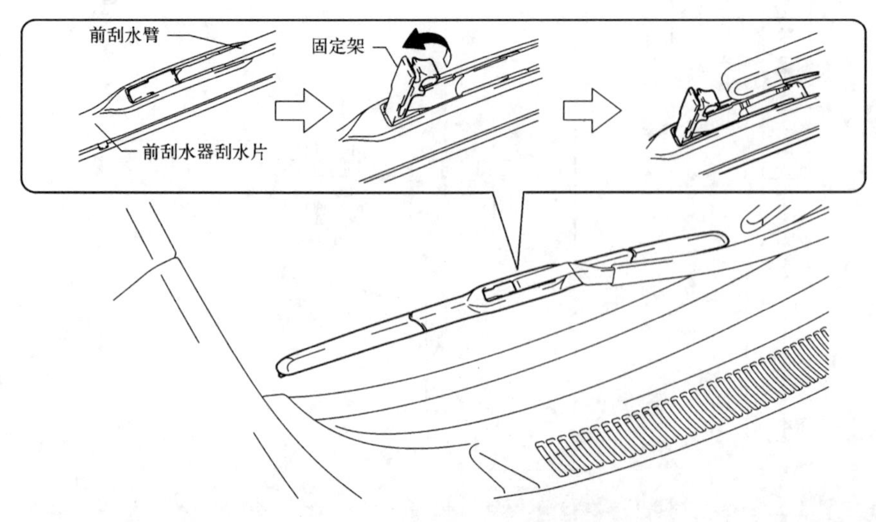

图8-12　拆下刮水片

②从刮水片上拆下橡胶条,如图 8-13 所示。

③从橡胶条上拆下 2 个橡胶条背板,如图 8-14 所示。

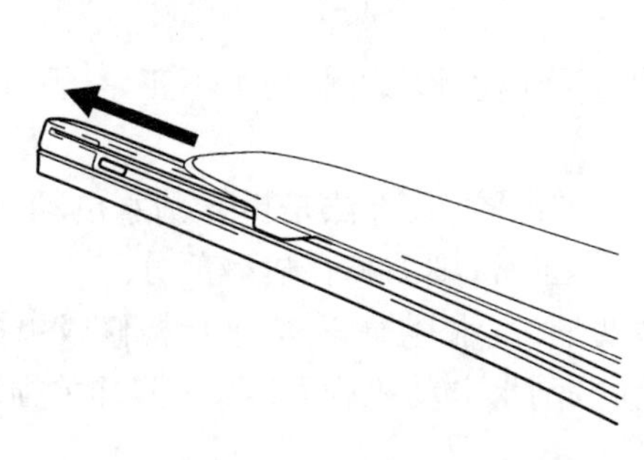

图 8-13　拆下橡胶条

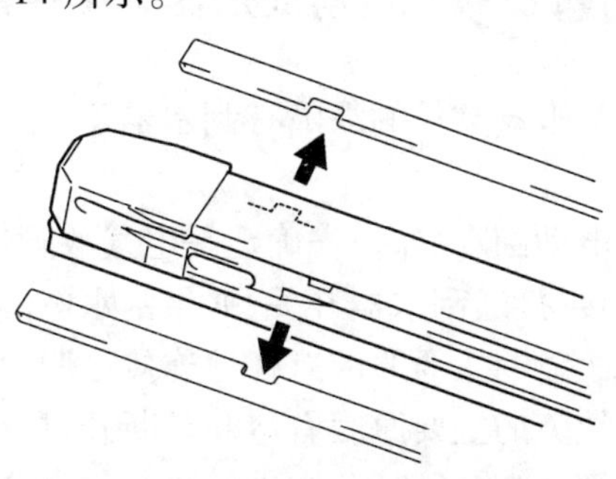

图 8-14　拆下橡胶条背板

④更换橡胶条和 2 个橡胶条背板。对齐橡胶条的凸出部分与橡胶背板上的槽口,将 2 个橡胶背板装在橡胶条上,如图 8-15 所示。

⑤将橡胶条紧紧压入刮水片,使它们牢固啮合,如图 8-16 所示。

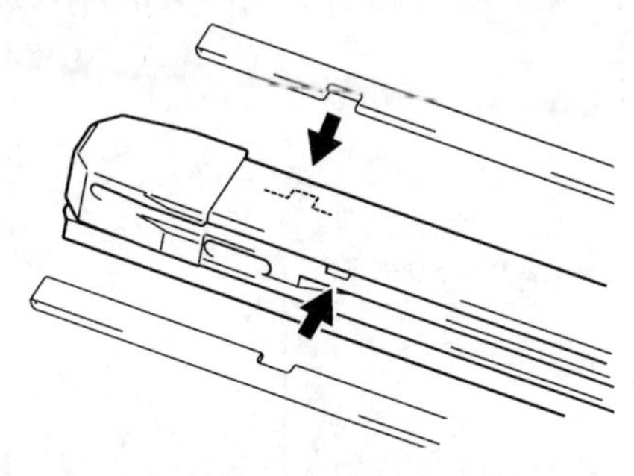

图 8-15　装上橡胶背板

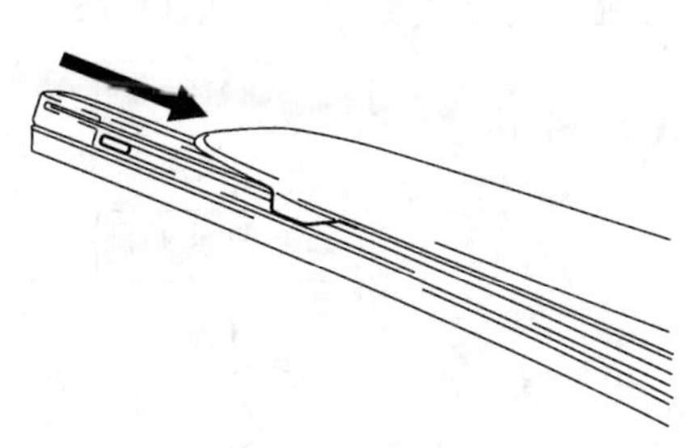

图 8-16　压入橡胶条

⑥将刮水片装到刮水臂上。

⑦检查刮水片与风窗玻璃接触是否正常。

(3)检查风窗洗涤器储液罐中洗涤液是否充足。如果不足,则添加洗涤液。

(4)检查洗涤液的喷射位置是否合适,如图 8-17 所示。如果喷射位置不合适,则调整喷嘴方向。

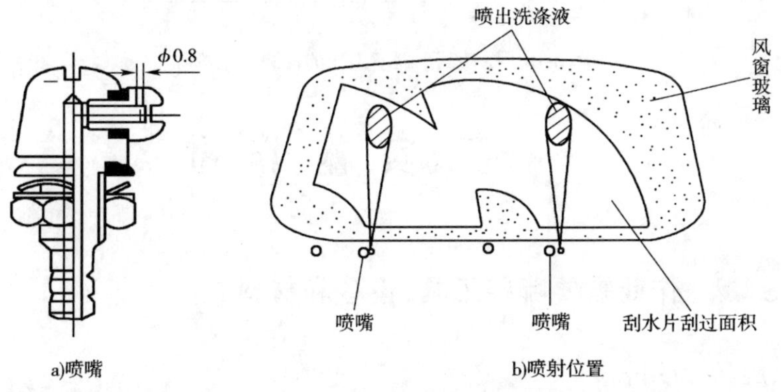

图 8-17　洗涤液的喷射位置

引导问题6　电动刮水器有哪些常见故障？

电动刮水器常见的故障有刮水器不工作、刮水器速度慢、间歇刮水不正常、刮水器不能复位等。

检修电动刮水器时，先确定是电气故障还是机械故障，其方法是拆开刮水电动机与传动机构的连接，接通刮水器开关，如果刮水电动机工作正常，则故障在机械部分。

机械故障的主要原因有杆件连接松脱、杆件变形、刮水片损坏，应进行检修或更换零件。

电气故障的主要原因有熔断丝断开、接线松脱、刮水电动机损坏、刮水器开关损坏、间歇继电器损坏，线路断路等，应进行检修或更换部件。

引导问题7　电动刮水器不工作的检测工艺流程是怎样的？

卡罗拉1.6L轿车前风窗电动刮水器不工作，说明电动刮水器电路有故障，应按照规定的检测工艺流程进行故障分析，如图8-18所示。

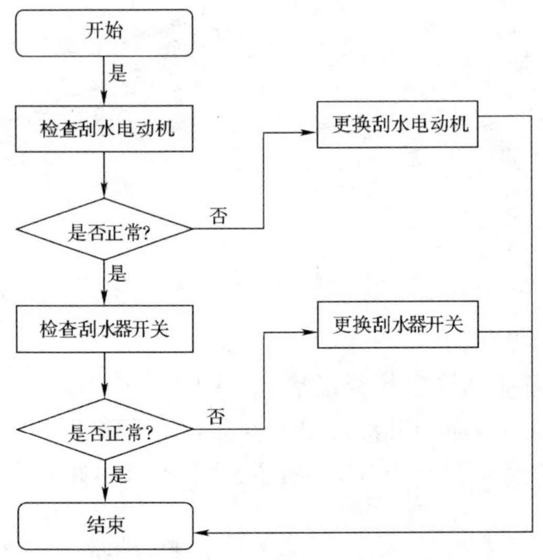

图8-18　电动刮水器不工作的检测工艺流程

二、实 施 作 业

引导问题8　作业需要哪些工具、设备和材料？

(1)扳手、旋具、万用表。

(2)翼子板护裙、转向盘护套、变速杆护套、座椅护套和脚垫。

(3)刮水电动机、刮水器开关。

(4)一汽丰田卡罗拉轿车维修手册。

引导问题9 通过查询与查找,填写车辆以下信息。

生产年份____________,车牌号码____________,行驶里程____________ km,车辆识别代码(VIN)____________________。

相关引导问题

以下"实施作业"的详细内容见本书"学习任务一　蓄电池的检查和更换":

(1)作业前的准备;

(2)蓄电池的检查。

引导问题10 怎样规范地检查刮水电动机?

(1)拔下刮水电动机插头,刮水电动机端子如图8-19所示。

(2)检查刮水电动机低速(LO)运行。将蓄电池正极接刮水电动机端子5(+1),蓄电池负极接刮水电动机端子4(E),刮水电动机应低速旋转,否则,更换刮水电动机。

(3)检查刮水电动机高速(HI)运行。将蓄电池正极接刮水电动机端子3(+2),蓄电池负极接刮水电动机端子4(E),刮水电动机应高速旋转,否则,更换刮水电动机。

(4)检查刮水电动机自动停止运行,如图8-20所示。将蓄电池正极接刮水电动机端子5(+1),蓄电池负极接刮水电动机端子4(E),刮水电动机低速旋转时,断开端子5(+1),使刮水器电动机停止在除自动停止位置外的任何位置。用SST(09843-18040)连接刮水电动机端子1(+S)和端子5(+1),将蓄电池正极接刮水电动机端子2(B),蓄电池负极接刮水电动机端子4(E),使刮水电动机以低速重新起动后,刮水电动机应在自动停止位置自动停止,否则,更换刮水电动机。

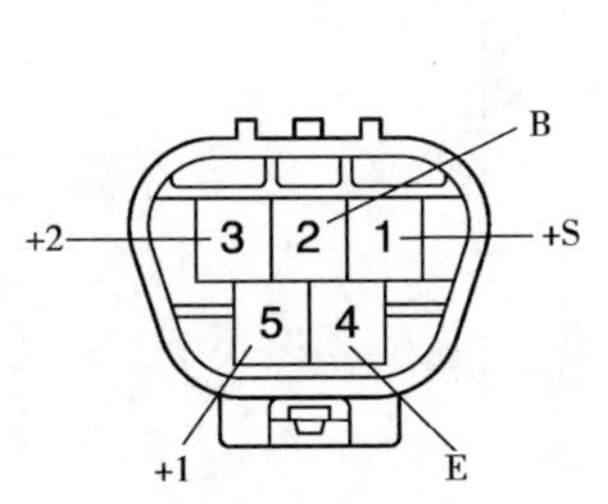

图8-19　刮水电动机端子

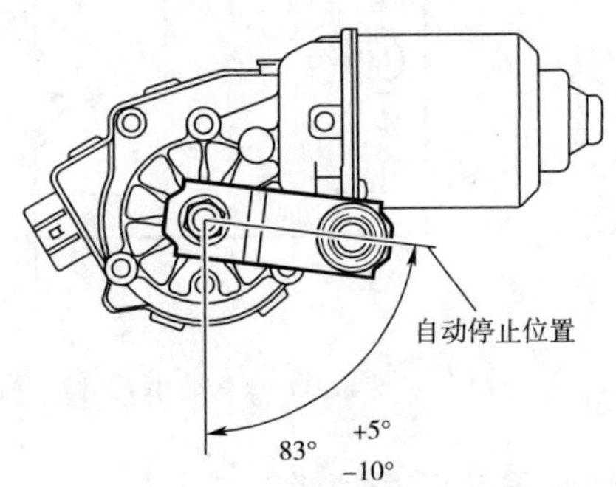

图8-20　刮水电动机自动停止位置

引导问题 11　怎样规范地检查刮水器开关?

卡罗拉 1.6L 轿车刮水器与洗涤器系统图如图 8-21 所示,刮水器开关端子如图 8-22 所示。

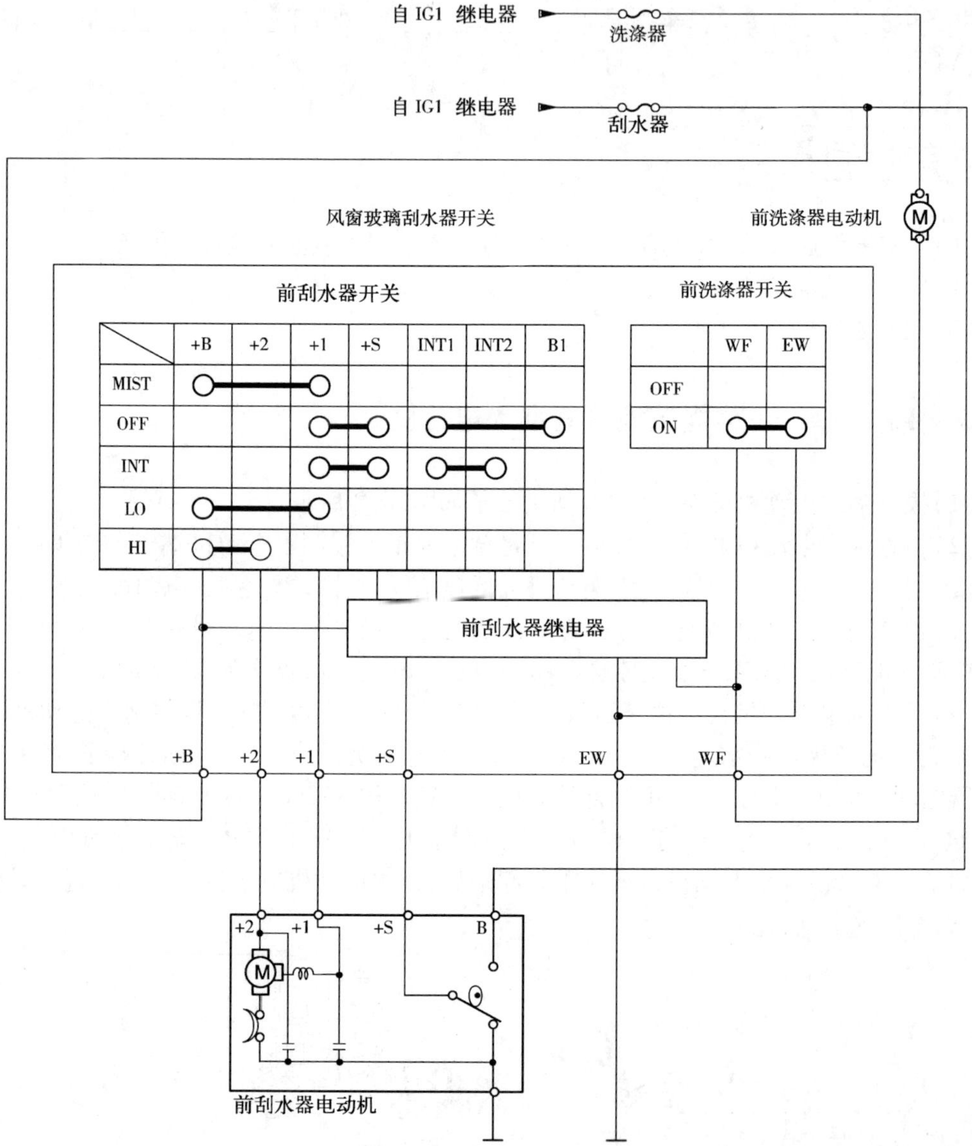

图 8-21　卡罗拉 1.6L 轿车刮水器与洗涤器系统图

1 检查刮水器开关导通性

用万用表电阻挡检查刮水器开关的导通性,见表 8-1。如果不符合要求,则更换刮水器

与洗涤器开关。

2 检查刮水器开关间歇性(不带间歇调整)

(1)万用表置于电压挡,将万用表正极接刮水器开关端子E10-3(+1),万用表负极接端子E9-2(EW)。

(2)将蓄电池正极接端子E10-2(+B),将蓄电池负极接端子E9-2(EW)和E10-1(+S)。

(3)将刮水器开关置于INT(间歇)位置。

(4)将蓄电池正极接端子E10-1(+S),并保持5s。

(5)将蓄电池负极接端子E10-1(+S)。

(6)检查端子E10-3(+1)和E9-2(EW)之间的电压。正常电压变化如图8-23所示。如果不符合要求,则更换刮水器开关。

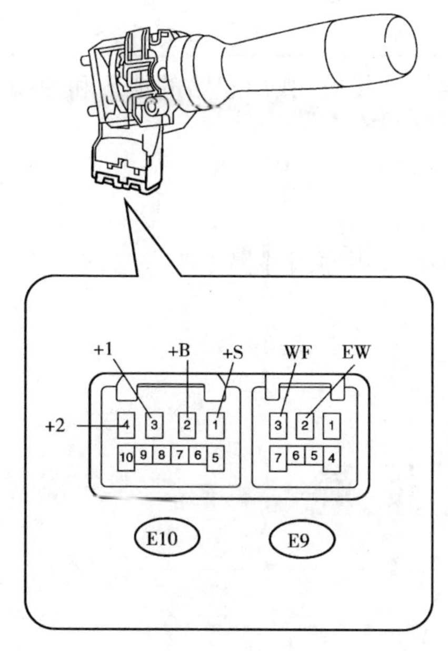

图8-22 刮水器开关端子

+B-刮水器开关电源端子;+2-低速(LO)端子;+1-高速(HI)端子;WF-洗涤器开关电源端子;EW-洗涤器开关与间歇继电器搭铁端子

检查刮水器开关的导通性 表8-1

表笔连接端子	开关状态	规定状态
E10-1(+S)—E10-3(+1)	INT	小于1Ω
	OFF	
E10-2(+B)—E10-3(+1)	MIST	
	LO	
E10-2(+B)—E10-4(+2)	HI	

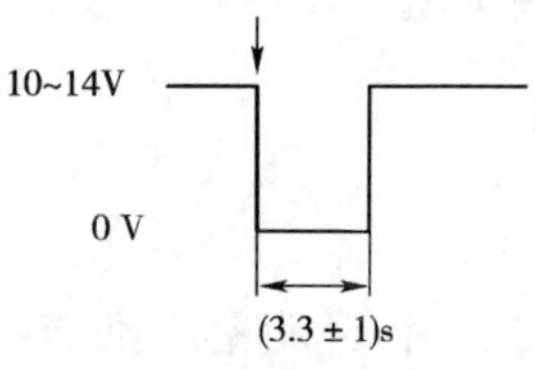

图8-23 正常电压变化

三、评价与反馈

1. 对本学习任务进行评价,见表8-2。

评 分 表 表8-2

考核项目	评分标准	分数	学生自评	小组评价	教师评价	小计
活动参与	是否积极主动	5				
安全生产	有无安全隐患	10				
现场5S	是否做到	10				
任务方案	是否合理	15				
操作过程	刮水电动机检查; 刮水器开关检查	30				
任务完成情况	是否圆满完成	5				
工具和设备使用	是否规范、标准	10				
劳动纪律	是否违反	10				
工单填写	是否完整、规范	5				
总分		100				
教师签名:			年 月 日		得分	

2. 在实施作业时,每一个安全事项都注意到了吗?如没有,找出忽略的地方和原因。

3. 能否向客户解释故障诊断及排除过程?如不能,分析原因并提出改进措施。

四、学习拓展

1. 哪些车型采用了后风窗电动刮水器?

2. 查阅资料,说明桑塔纳2000GSi轿车电动刮水器的控制。

学习任务九

中控门锁不能锁止的检修

学习目标

完成本学习任务后,你应当能:

1. 叙述中控门锁的作用、组成及工作原理;
2. 读懂给定的“检测工艺流程”,对测试结果进行分析;
3. 正确地使用工具和设备;
4. 规范地检查中控门锁电路。

建议完成本学习任务的时间为 8 课时。

学习任务描述

一辆夏利 2000 轿车,车主反映:左后门锁不能锁止。需要你对中控门锁电路进行检测,确定故障部位并进行修理。

学习内容

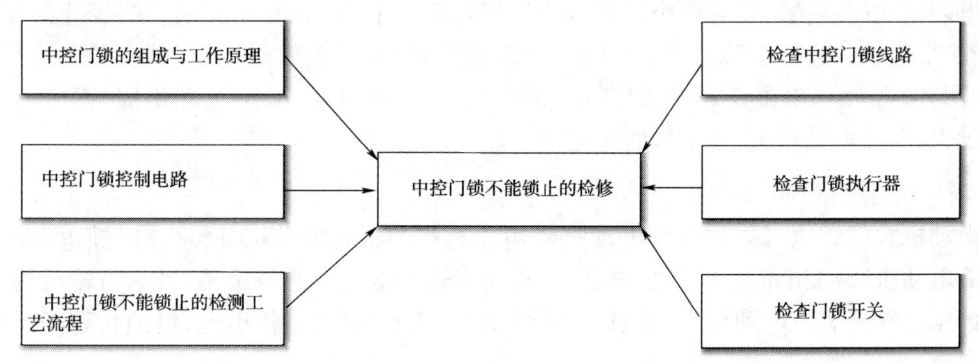

一、资料收集

引导问题1　中控门锁由哪些部件组成？

汽车的车门门锁和行李舱盖锁实现集中控制，即采用中控门锁，使用十分方便。中控门锁由门锁执行器和门锁开关组成，如图9-1所示。

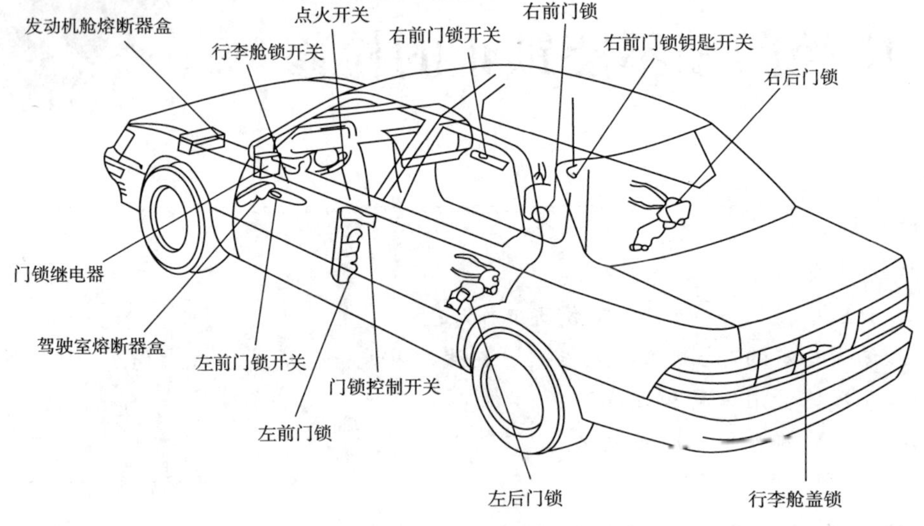

图9-1　中控门锁组成

1 门锁执行器

门锁执行器用于拨动锁扣，完成门锁的锁止和开锁动作。门锁执行器有电磁铁式和电动机式两种形式。

1 电磁铁式门锁执行器

电磁铁式门锁执行器有两个电磁线圈，分别用于门锁的锁止与开启。当锁止线圈通电时，衔铁带动锁扣连杆左移，门锁锁止；当开锁线圈通电时，衔铁带动锁扣连杆右移，门锁开启，如图9-2所示。电磁铁式门锁执行器结构简单、内部摩擦力小、动作敏捷、操作方便，但耗电量大、电磁铁质量大，且动作时有撞击声。

2 电动机式门锁执行器

电动机式门锁执行器由门锁电动机和齿轮机构组成，如图9-3所示。门锁电动机为双向直流电动机，改变电流方向，电动机可正反向旋转。电动机通电旋转，带动齿轮机构，实现门锁的锁止和开启。电动机式门锁执行器体积小、耗电量小、动作迅速，但锁止和开启后，因疏忽通电，容易烧毁电动机。

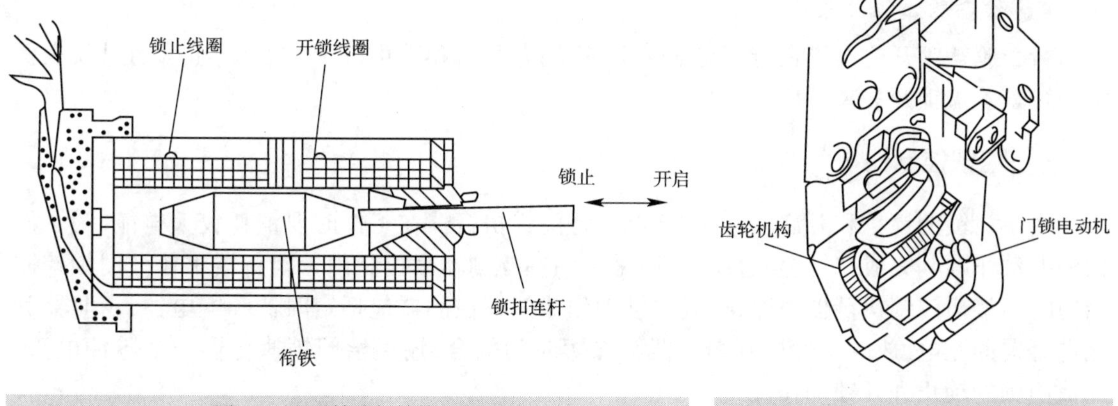

图9-2 电磁铁式门锁执行器

图9-3 电动机式门锁执行器

2 门锁开关

门锁开关包括门锁钥匙开关、门锁控制开关(中控门锁开关、车门门锁开关)、行李舱锁开关等。

1 门锁钥匙开关

门锁钥匙开关一般设在前车门门锁上,从车外通过钥匙开启和锁止门锁,如图9-4所示。

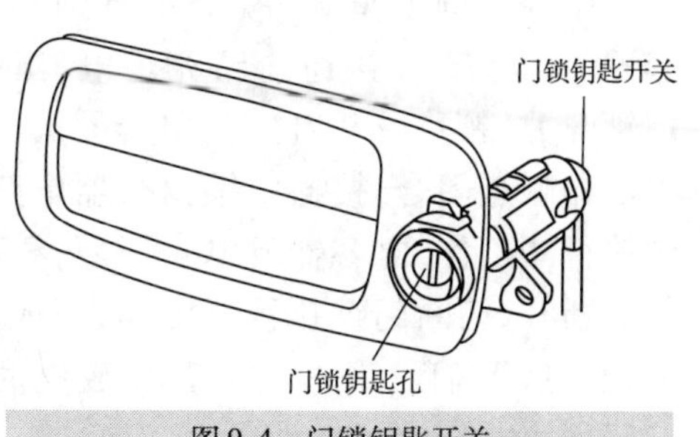

图9-4 门锁钥匙开关

2 门锁控制开关

门锁控制开关包括中控门锁开关与车门门锁开关,安装在车门扶手上,如图9-5所示。中控门锁开关由驾驶人操作,集中控制各门锁的锁止和开启。车门门锁开关由其他乘员操作,控制单个车门门锁的锁止和开锁。

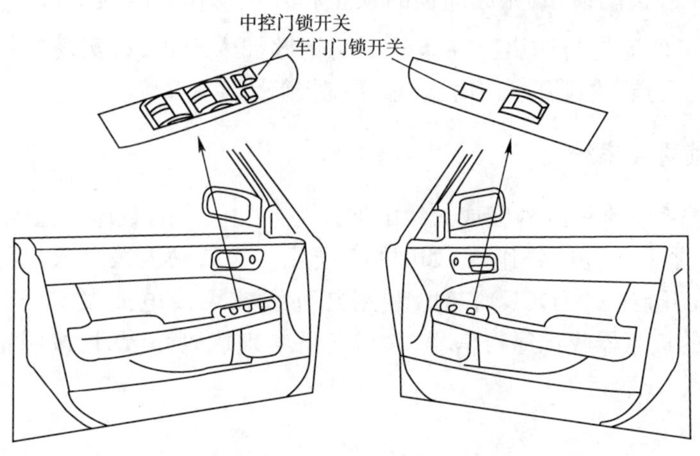

图9-5 门锁控制开关

❸ 行李舱盖锁开关

行李舱盖锁开关设置在行李舱盖锁上，用钥匙开启和锁止行李舱盖锁，也可通过仪表板下的行李舱盖锁开关来开启和锁止。

3 门锁控制器

由于门锁的锁止和开启动作是短暂的，且门锁执行器在工作时要消耗较大电能，为了使门锁的动作顺利完成，又防止过载，一般采用门锁控制器来控制门锁执行器工作。门锁控制器短时间接通门锁执行器电路，控制门锁动作。门锁控制器包括定时器和继电器，定时器利用电容器的充电、放电特性控制继电器触点短时间闭合，输送给门锁执行器一个脉冲电流，完成门锁的锁止和开锁动作。

引导问题2　中控门锁是怎样控制的？

中控门锁工作电路如图9-6所示。电容器在门锁开关接通前已充足电，当接通门锁开关（锁止或开启）时，电容器放电，使继电器触点闭合，接通门锁执行器电路，门锁执行器工作，电容器放电完毕后，继电器触点断开，切断门锁执行器电路，完成门锁的锁止或开启。当一只电容器放电时，另一只电容器充电。

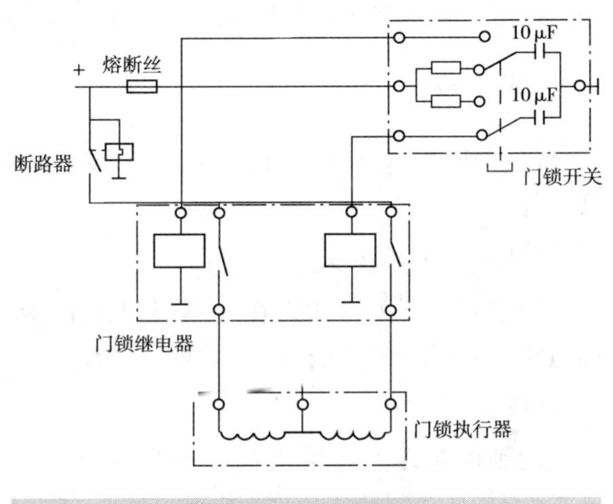

图9-6　中控门锁工作电路

引导问题3　中控门锁遥控与防盗报警系统的组成与工作过程是怎样的？

中控门锁可实现遥控与防盗。在车外不用钥匙插入门锁，可实现短距离（一般为1～10m）锁止和开启。当非法打开车门时，防盗系统报警。

1 中控门锁遥控系统

中控门锁遥控系统常用红外线或无线电波作为遥控信号的载体。遥控系统一般由遥控器（发射器）、接收器和中控门锁组成，如图9-7所示。当驾驶人操纵遥控器，即按下遥控器的锁止（LOCK）或开启（UNLOCK）按钮，利用红外线或无线电波发出身份密码（开、闭代码），设置在车内的接收器收到遥控信号，并与身份鉴别代码一致时，按照相应的功能代码，实现门锁的锁止或开启。

❶ 遥控器

当遥控器按钮接通时，读出存储在存储器中的功能代码和身份鉴定代码（固定代码＋可变代码),经信号调制处理后,转换为红外线或无线电波的遥控信号,并向外发射。遥控器操作的距离一般在1~10m,可以在车身周围进行操作,也可在钥匙孔周围进行操作,这些性质取决于遥控信号的载体。

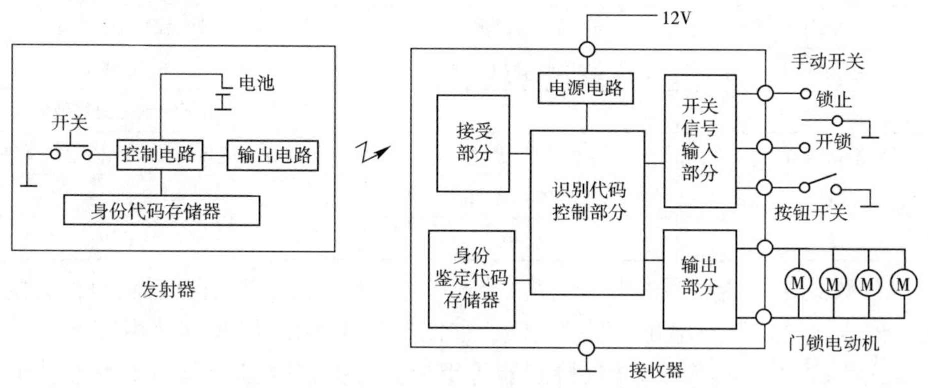

图9-7　中控门锁遥控系统组成示意图

(1)红外线式遥控器由发光二极管、控制电路、身份代码存储器、开关和电池等组成,如图9-8所示。红外线式遥控器要延长遥控的距离,必须提高发光输出功率,一般采用脉冲方式调节驱动发光二极管,以延长遥控距离。调制频率大多为38kHz,可以从CPU回路的时钟信号进行分频获得。对系统时钟进行CR振荡,对回路进行全固态化,能显著提高其抗落地冲击的性能。

(2)无线电波式遥控器主要由输出部分、控制电路、身份代码存储器、开关和电池等组成,其中输出部分由调制电路、高频振荡电路、高频放大电路以及发射天线等组成,如图9-9所示。无线电波的调制方式分为调频和调幅。调频方式的频率利用率高,抗电磁干扰性好,噪声小,发射频率为VHF~UHF频带之间,需要晶振或SAW等机械振子。使用SAW振子时,没有递增放大电路,高频振荡电路结构可以简化。由于元件耐冲击性差,为了确保耐落地冲击,应加强防护。对于无线电波式遥控器,必须符合发射电功率法规的要求。

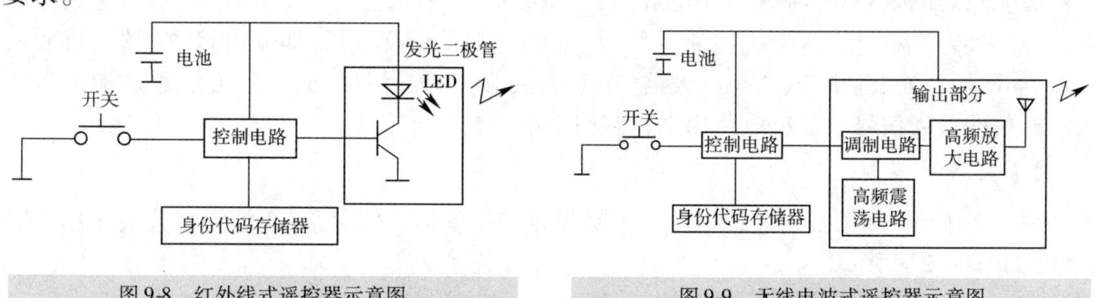

图9-8　红外线式遥控器示意图　　图9-9　无线电波式遥控器示意图

(3)遥控器的性能比较,见表9-1。

2 接收器

接收器对接收的信号进行放大和调制,检查身份鉴定代码是否相符,当代码一致时,判别功能代码,并驱动相应的执行器。

遥控器的性能比较　　表 9-1

项　目	红外线式遥控器	无线电波式遥控器
操作距离	2～5m	3～10m
方向性	大(光直射性)	小(无线电迁移性)
接收器安装位置	受光可能部位(仪表板等)	任意
干扰信号	荧光灯	使用不同频带的其他电波
环境干扰因素	车窗积雪、结冰	根据气候条件、地点发生距离变化
响应性	0.1～0.2s	0.2～0.3s
法规	无	有

(1)红外线式接收器主要由电源电路、接收部分、身份鉴定代码存储器、身份鉴定控制电路、开关信号输入电路以及输出电路等组成,如图 9-10 所示。接收部分由接收遥控器信号的光敏二极管、放大器、选频放大器、检波器等组成。开关信号是指车门手动开关的输入信号。输出电路用来控制门锁电动机。红外线式接收器必须设有红外线接收窗,能让红外线透过。一般接收器与防盗电控单元制成一体。

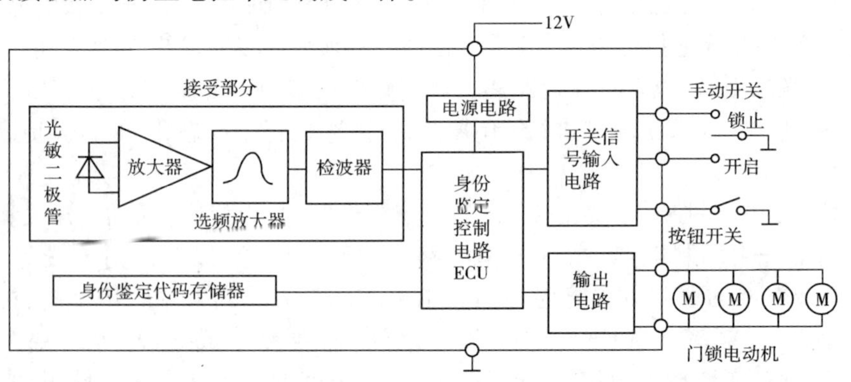

图 9-10　红外线式接收器组成示意图

(2)无线电波式接收器主要由电源电路、接收部分、身份鉴定代码存储器、身份鉴定控制电路、开关信号输入电路、输出电路等组成,如图 9-11 所示。接收部分由接收天线、射频放大器、局部振荡器、混频器、选频放大器、功率放大器、滤波器等组成。开关信号是指车门的手动开关的输入信号。输出电路用来控制门锁电动机。

3 天线

(1)发射天线用于发射遥控信号。不必设置专用发射天线,可用车门锁钥匙板兼作发射天线,如图 9-12 所示。

(2)接收天线用于接收遥控信号。可采用遥控专用接收天线,与收音机共用同一个天线,或采用镶嵌在汽车后风窗玻璃内的加热电阻线作为天线等多种形式。与收音机共用同一个天线作为接收天线,接收信号后,由分配器将信号分检出遥控信号和收音机接收信号。

4 中控门锁

中控门锁由控制部分和执行机构两部分组成。控制部分包括编码器、输入器、存储器、

鉴别器、驱动级、抗干扰电路、显示装置、保险装置和电源等部分。执行机构为门锁执行器。

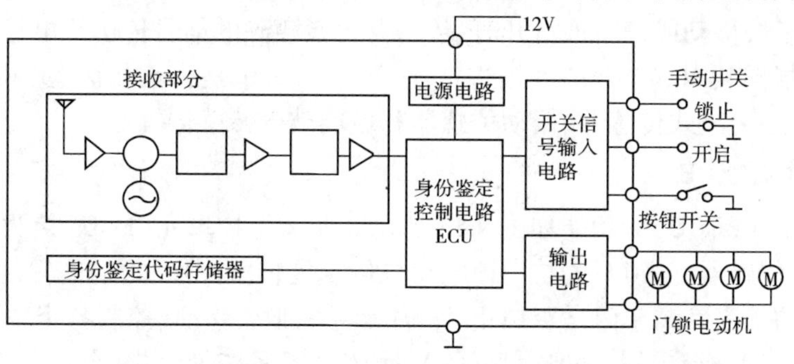

图 9-11　无线电波式接收器组成示意图

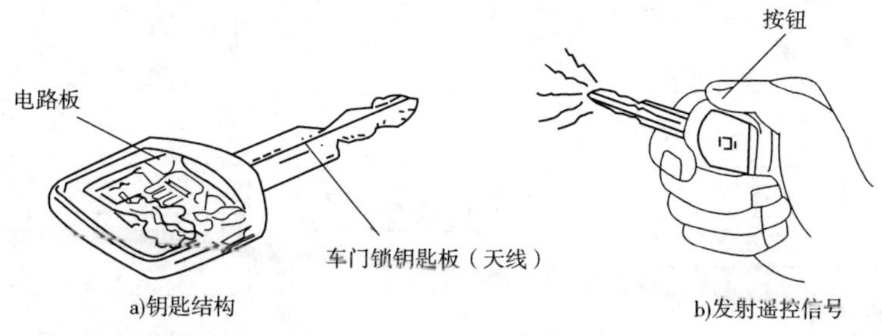

图 9-12　用车门锁钥匙作发射天线

2 防盗报警系统

防盗系统一般由报警调置/解除装置、传感器(检测器)、防盗电控单元(ECU)、报警装置、防止汽车起动和移动装置等组成,如图 9-13 所示。

1 报警调置/解除装置

当所有车门、行李舱盖关闭时,车主通过报警调置/解除装置使所有门锁锁止,防盗报警系统进入预警状态,设在车内可见位置的指示灯开始闪烁,显示防盗报警系统正确无误地开始工作,对窃贼也是一种心理威慑。调置方法可分为主动式与被动式两种,主动式是指用于装置起动的特别操作方式,具有暗号开关或密码电源开关,其典型的方式是红外线或无线电波遥控方式,这种方式的优点是在安装上具有通用性,而缺点是容易忘记调置,出现疏忽;被动式则对驾驶人不要求特别操作,当车门关闭后,防盗报警装置自动工作,能够提高防盗效果。

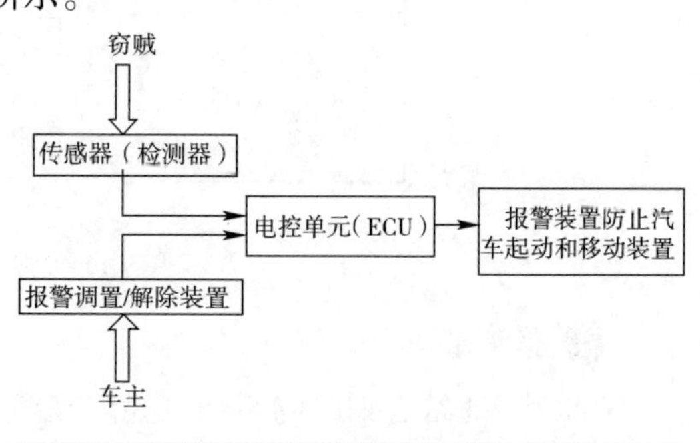

图 9-13　汽车防盗系统的组成示意图

2 传感器(检测器)

防盗报警系统工作时,传感器检测汽车有无异常情况发生,如车门开启操作不正常;行

李舱盖、加油口盖或发动机罩被非法打开；汽车非法移动而产生振动、车辆倾斜；车窗玻璃被打破等。当汽车被移动或车门被打开时，传感器将检测到的信号传送给电控单元（ECU），电控单元（ECU）根据其内部储存的数据进行比较，判断汽车是否正在被盗。传感器主要有红外线式传感器、超声波式传感器、振动传感器和玻璃破碎传感器等。

3 电控单元（ECU）

防盗电控单元（ECU）的功能如图9-14所示。防盗电控单元（ECU）接收各种传感器（防盗传感器、车速传感器、门锁开关与门锁电动机位置传感器等）发送的信号，根据其预先存储的数据和编制的程序判断车门是否锁止、车辆是否被非法移动，控制各个执行器（门锁执行器、发动机ECU、起动继电器、喇叭、灯光等），防盗报警系统处于报警状态，即报警装置发出声光报警信号，并阻止发动机起动。

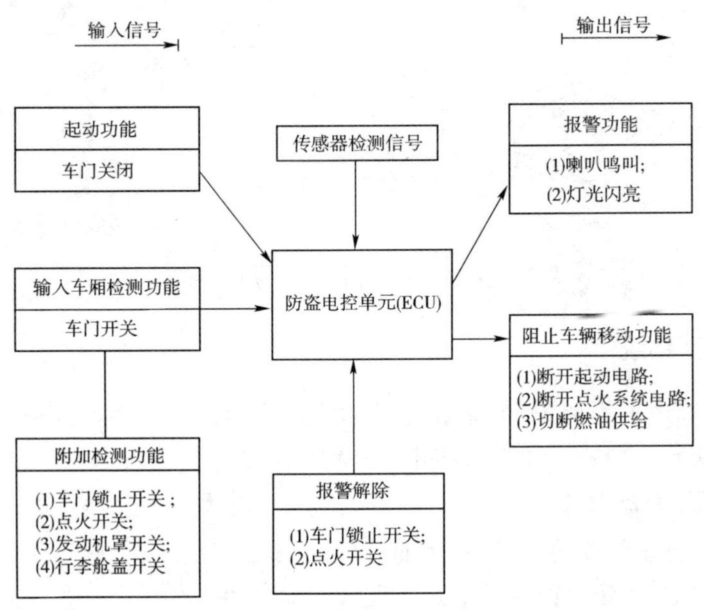

图9-14　防盗电控单元（ECU）功能

4 报警装置

“报警”通常有喇叭鸣叫和灯光闪亮两种方式。有的安装专用警笛，或者向车主用电波报警。也可利用电波在电子地图上显示被盗车位置，并向警方报警。

5 防止汽车起动和移动装置

防止汽车起动的防盗措施主要通过切断发动机的起动电路，以及通过发动机ECU间接切断燃油供应和切断点火系统电路来实现。也有防盗电控单元（ECU）直接切断起动电路、切断燃油供给和点火系统电路。防盗电控单元（ECU）直接切断起动电路如图9-15所示。

凯越轿车中控门锁遥控与防盗报警系统电路如图9-16、图9-17所示。

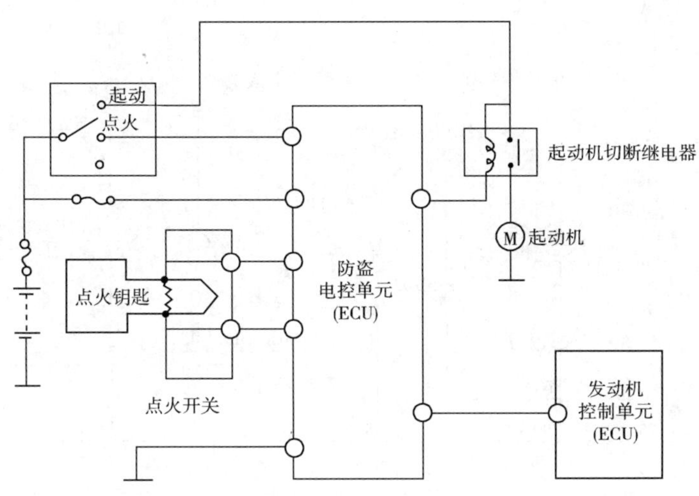

图 9-15　防盗 ECU 直接切断起动电路

引导问题 4　CAN 总线的组成和工作是怎样的?

CAN 是"Controller Area Network"的简称,即控制器局域网,是国际上应用最广泛的现场总线之一。CAN 被作为汽车环境中的控制器通信,在各控制单元(ECU)之间交换信息,形成汽车电子控制网络。CAN 总线解决了现代汽车中控制单元(ECU)之间的通信需要更多信号线的问题,如图 9-18 所示。

1 CAN 总线的类型

CAN 总线按照电子控制系统的信息量、响应速度、可靠性等要求分为 A 级、B 级、C 级、D 级四类。

(1)A 级是面向传感器/执行器控制的低速网络,数据传输速率通常小于 20kB/s。主要用于电动车窗、电动刮水器、空调、照明等。A 级目前首选的标准是 LIN 总线。

(2)B 级是面向独立控制单元(ECU)间数据共享的中低速网络,数据传输速率在 30 ~ 125kB/s。主要用于舒适系统、仪表系统。B 级网络的国际标准是 CAN 总线。

(3)C 级是面向实时性控制的中高速网络,数据传输速率在 125kB/s ~ 1MB/s 之间。主要用于发动机、自动变速器、驱动防滑、防抱死制动系统(ABS)等控制系统。C 级未来会使用到具有高速实时传输特性的一些总线标准、协议,包括采用时间触发通信的 X-by-Wire 系统总线标准和用于安全气囊控制与通信的总线协议、标准。按汽车局域网的发展趋势,C 级将逐步普及并占主导地位。

(4)D 级是面向信息娱乐传输的高速网络,数据传输速率在 1MB/s 以上。主要用于导航、音响、车载电话等系统。D 级主要标准是 DDB 和 MOST。

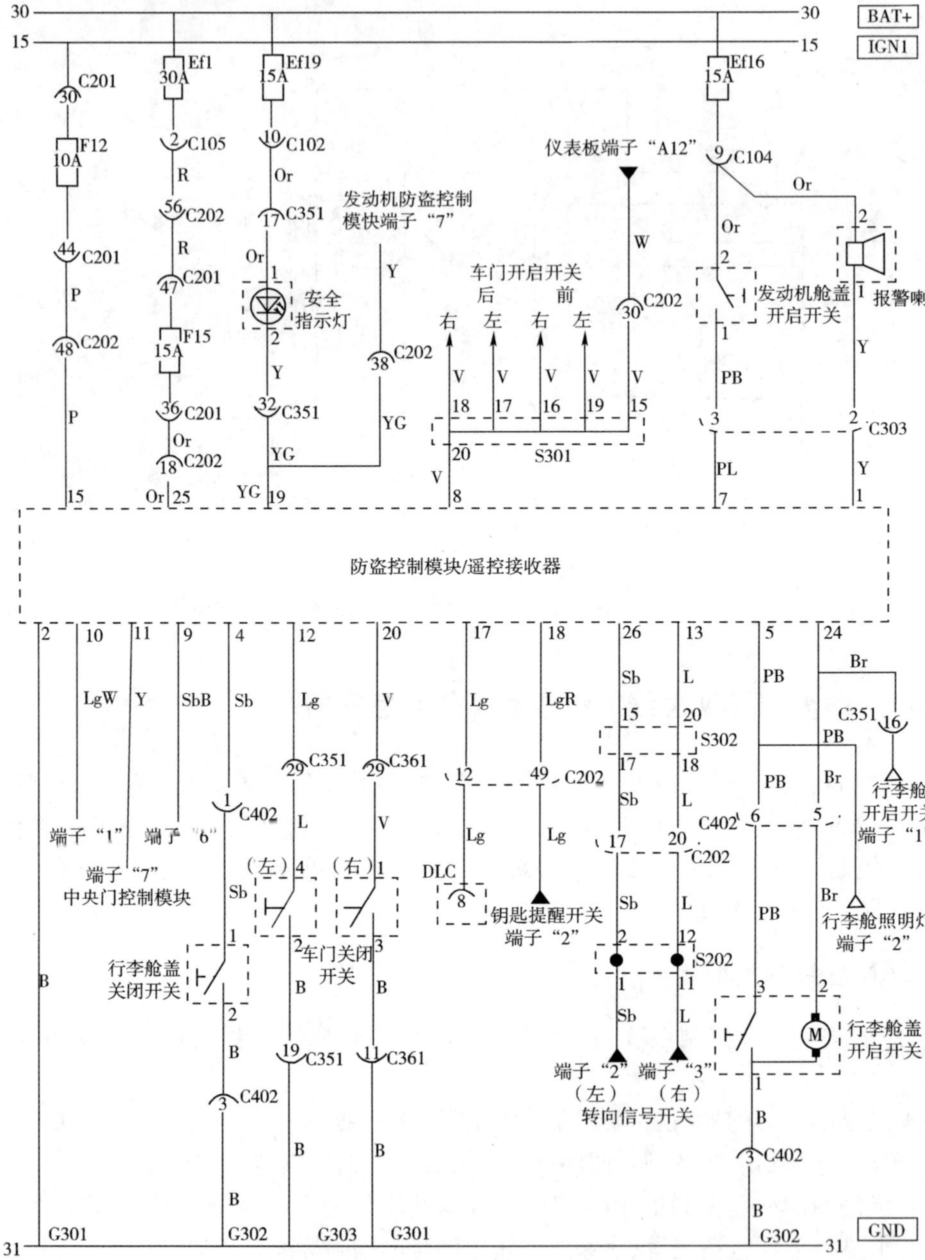

图 9-16　凯越轿车中控门锁遥控与防盗报警系统电路图(1/2)

2 CAN 总线的基本术语

1 数据总线

数据总线是指控制单元(ECU)间运行数据的通道,即所谓的信息高速公路,实际是一条或两条导线,如图 9-19 所示。如果控制单元(ECU)可以发送和接收数据,则这样的数据总线就称为双向数据总线。数据总线可以实现在一条数据线上传递的信号能被多个系统的控制单元(ECU)共享。数据总线应用在汽车电气系统上,可以通过不同的编码信号来表示不同的开关动作信号,根据指令接通或断开对应的用电设备(如前照灯、转向信号灯、电动刮水器等),一线多用,大大减少了汽车上导线的数目。

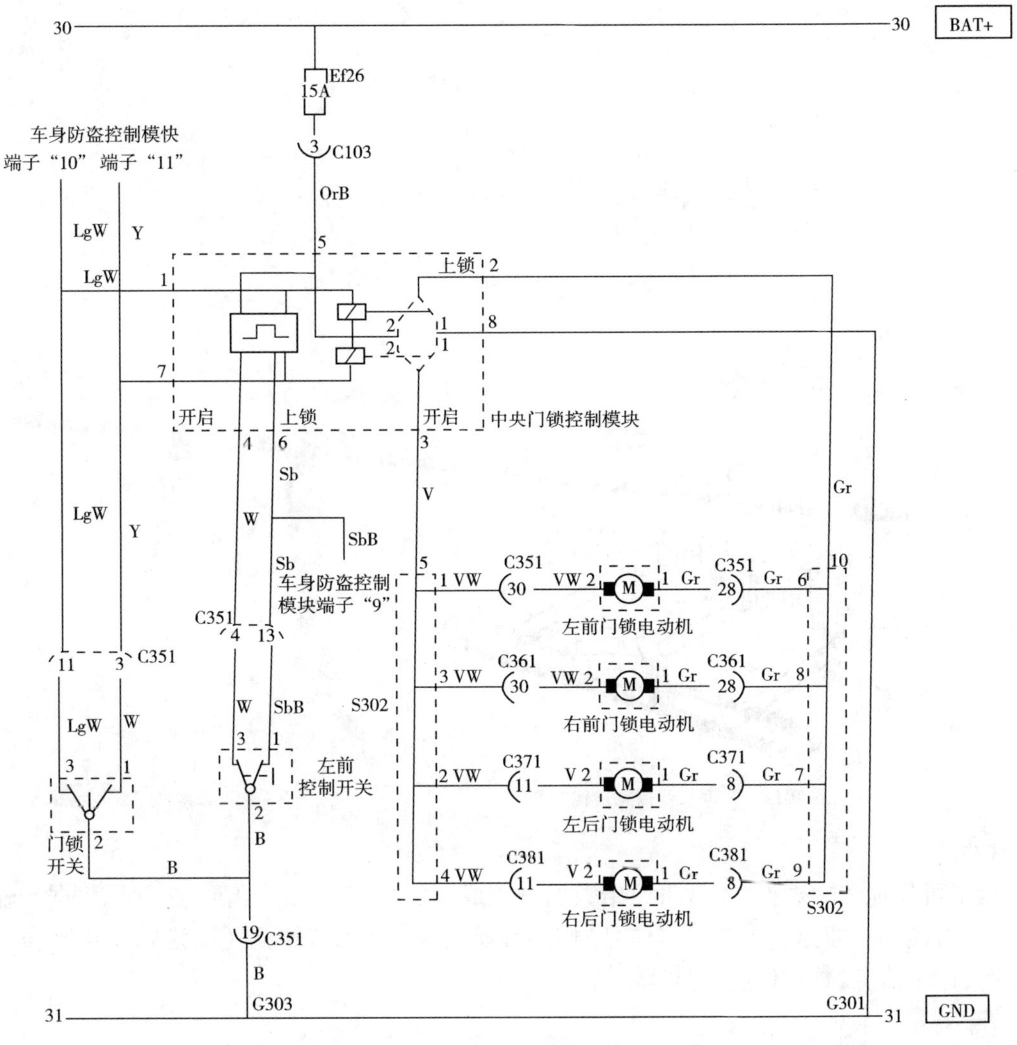

图 9-17　凯越轿车中控门锁遥控与防盗报警系统电路图(2/2)

为了抗电子干扰,双线制数据总线的两条线是绞在一起的,称为双绞线,如图 9-20 所示。双绞线最大数据传输速率可达几 Mbit/s,成本较低,传输距离较近,非常适合汽车网络。

❷ 模块/节点

模块是指控制单元(ECU)。CAN 总线中的控制单元(ECU)被称为节点。

❸ 链路

链路是指网络信息传输的媒体,分为无线和有线两种类型,目前,汽车上使用的大多数

都是有线网络。通常用于局域网的传输媒体有光纤、同轴电缆和双绞线。

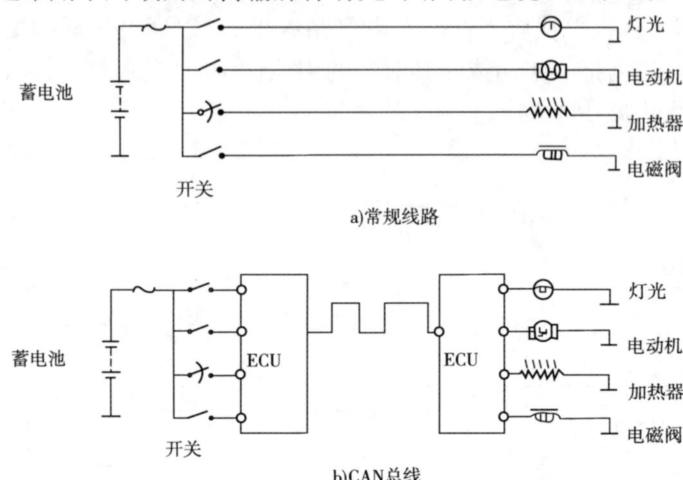

图 9-18　常规线路与 CAN 总线比较

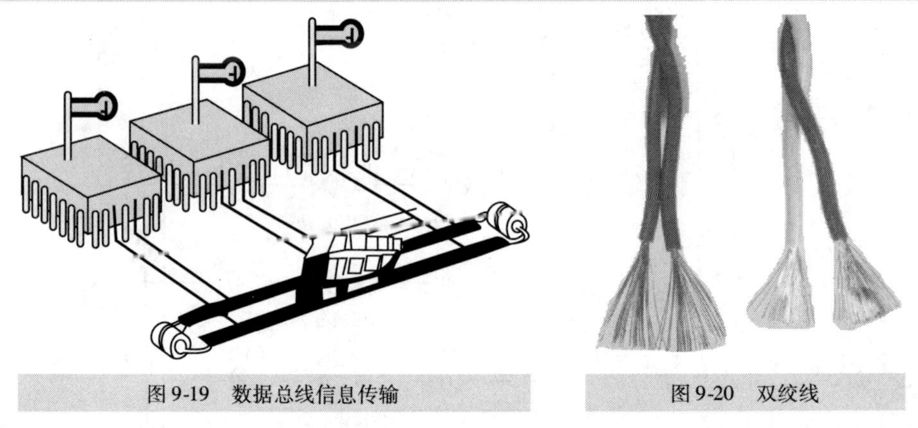

图 9-19　数据总线信息传输

图 9-20　双绞线

4 帧

为了可靠地传输数据，通常将原始数据分割成一定长度的数据单元，这就是数据传输的单元，称为帧。一帧内应包括同步信号（帧的开始与终止）、错误控制（检错码或纠错码）、流量控制、控制信息、数据信息、寻址等。

5 传输协议

传输协议又称通信协议，是控制通信实体间有效完成信息交换的一组约定和规则。传输协议的三要素为语法（帧的格式）、语义（帧的数据和控制信息）和定时规则（传输的顺序以及速度匹配）。

6 网关

网关是一种有特殊功能的控制单元（ECU），在汽车上有多个总线和网络的情况下，能达到信息的共享而不产生协议间的冲突，实现无差错的数据传递。网关也是一种节点，只不过同时属于遵循不同协议的多个网段。汽车内联网主要有两种网关，一种是在高、低速 CAN 之间的网关，主要由一片嵌有两个 CAN 模块的控制器和两种收发器构成，如图 9-21 所示；另一种是 CAN 和 LIN 之间的网关。至于 CAN-LIN 网关,因为 LIN 是用串口和 LIN 收发器进行通信的,所以用一片嵌有 CAN 模块及 SCI 串口的控制器和两种收发器便能实现,把图 9-21 中的"诊断"模块换成 LIN 的收发器就可以了。

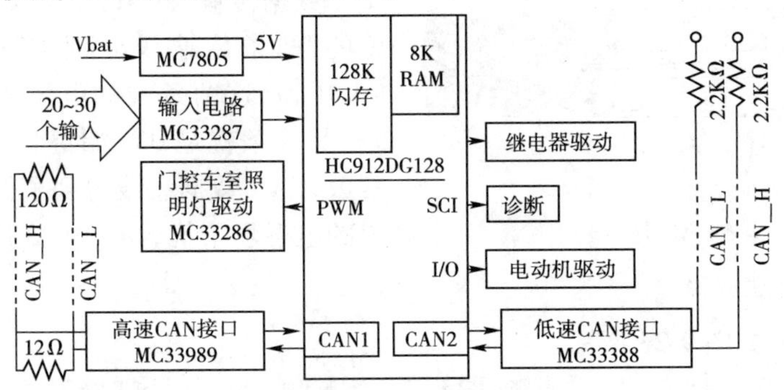

图 9-21 在高、低速 CAN 之间的网关

3 CAN 总线的组成

CAN 总线由一个控制器、一个收发器、两个数据传输终端以及两条数据传输线组成,如图 9-22 所示。除数据传输线外,其他元件都置于控制单元内部,控制单元功能不变。

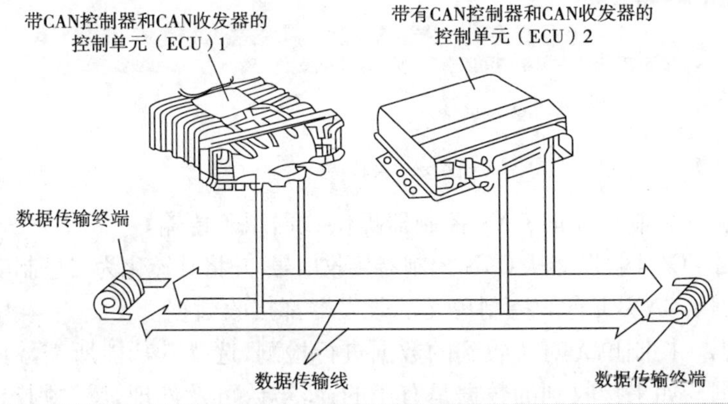

图 9-22 CAN 总线的组成

1 CAN 控制器

CAN 控制器是用来接收控制单元中控制器传输来的数据,对这些数据进行处理并将其传输到 CAN 收发器。同样 CAN 控制器也接收 CAN 收发器传输来的数据,对这些数据进行处理并将其传输到控制单元中的控制器。

2 CAN 收发器

CAN 收发器将 CAN 控制器传输来的数据转化为电信号并将其传输到数据传输线,也为 CAN 控制器接收和转发数据。

3 数据传输终端

数据传输终端是一个电阻器,其作用是防止数据在线端被反射,并以回声的形式返回。

数据在线端被反射会影响数据的传输。

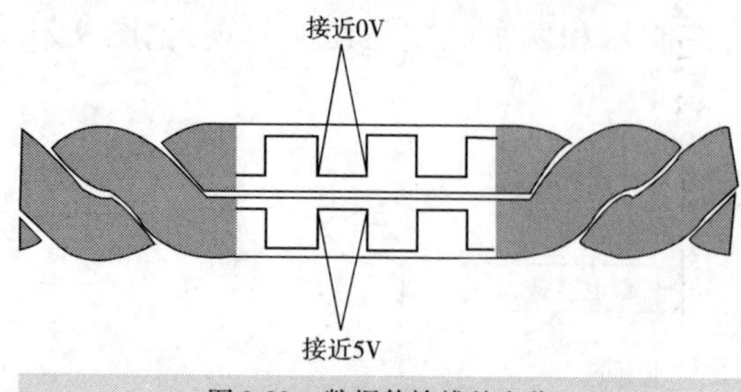

图 9-23　数据传输线的电位

4 数据传输线

数据传输线(BUS)是双向对数据进行传输的,两条传输线分别被称为 CAN(H)和 CAN(L),这两条线的电位相反,如果一条是 5V,另一条就是 0V,始终保持电压总和为一常数,CAN 数据总线得到了保护,使其免受外界的电磁场干扰,如图 9-23 所示。

5 数据传输过程

数据传输过程如图 9-24 所示。

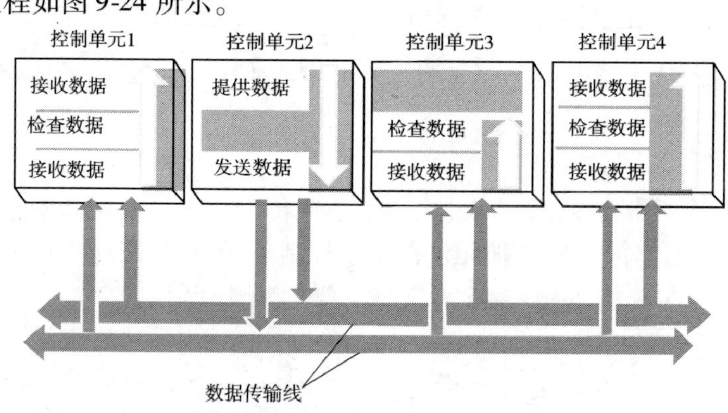

图 9-24　数据传输过程

(1)提供数据。控制单元向 CAN 控制器提供数据用于传输。
(2)发送数据。CAN 收发器从 CAN 控制器接收信号,并将其转化为二进制电信号发送出去。
(3)接收数据。CAN 所有的控制单元的收发器都接收数据。
(4)检验数据。控制单元对接收到的数据进行检测,选择其功能所需数据。
(5)认可数据。如果接收到的数据是有用的,将被认可及处理,反之则忽略掉。

4 CAN 总线实例

中控门锁控制单元如图 9-25 所示。各控制单元之间采用 CAN 总线,使得经过车门的导线数量减少,线路变得简单。

引导问题 5　中控门锁有哪些常见故障?

中控门锁常见故障有所有门锁均不能锁止和开锁、单个门锁不能锁止和开启、单个门锁不能锁止或开启。

所有门锁均不能锁止和开启可能原因有:熔断器断开;电源线断路或插接器松脱;中控开关搭铁锈蚀或松脱;门锁控制器有故障等。检查熔断器是否断开;如果熔断器正常,则检

查中控开关电源线路插接器连接是正常;如果电源电路正常,则检查中控开关搭铁是否良好,检查中控开关是否损坏。

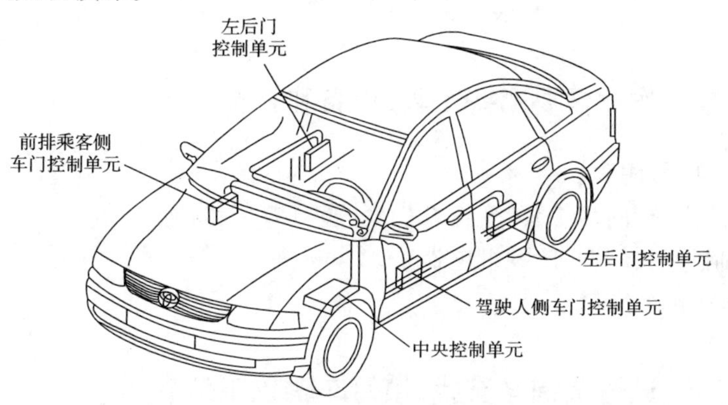

图 9-25　中控门锁控制单元位置

单个门锁不能锁止和开启、单个门锁不能锁止或开启可能原因有:门锁开关有故障;门锁电动机(或电磁铁)有故障;线路断路或插接器松脱等。检查门锁电动机(或电磁铁)是否正常;检查门锁开关是否正常;检查门锁电动机(或电磁铁)至门锁开关线路或插接器连接是否正常。

引导问题 6　中控门锁不能锁止的检测工艺流程是怎样的?

夏利 2000 轿车左后门锁不能锁止,说明中控门锁电路有故障,应按照规定的检测工艺流程进行故障分析,如图 9-26 所示。

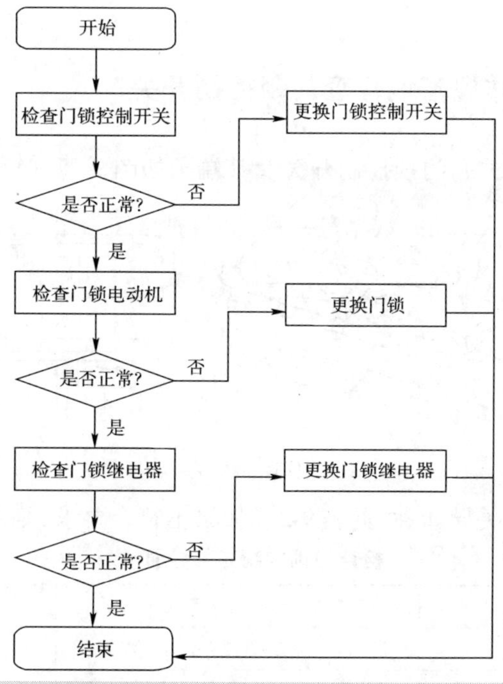

图 9-26　中控门锁不能锁止的检测工艺流程

二、实施作业

引导问题7　作业需要哪些工具、设备和材料？

(1)扳手、旋具、万用表。

(2)翼子板护裙、转向盘护套、变速杆护套、座椅护套和脚垫。

(3)门锁控制开关、门锁、门锁继电器。

(4)夏利2000轿车维修手册。

引导问题8　通过查询与查找，填写车辆以下信息。

生产年份＿＿＿＿＿＿，车牌号码＿＿＿＿＿＿，行驶里程＿＿＿＿＿＿ km，车辆识别代码(VIN)＿＿＿＿＿＿＿＿＿＿。

相关引导问题

以下“实施作业”的详细内容见本书“学习任务一　蓄电池的检查和更换”：

(1)作业前的准备；

(2)蓄电池的检查。

引导问题9　怎样规范地检查门锁控制开关？

(1)拆下门锁控制开关。门锁控制开关及其端子如图9-27所示。

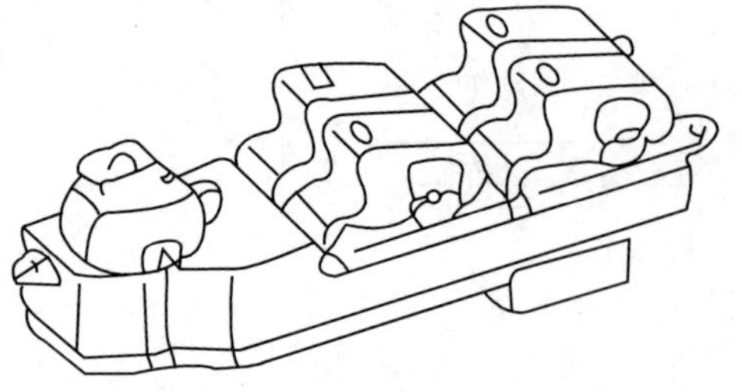

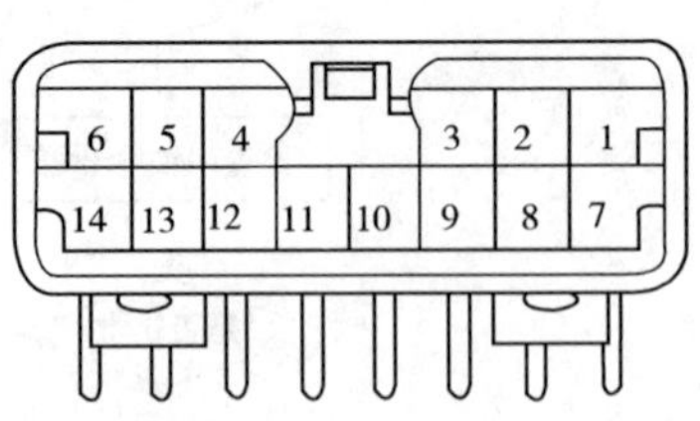

图9-27　门锁控制开关及其端子

(2)检查门锁控制开关导通性，见表9-2。如果不符合要求，则更换门锁控制开关。

检查门锁控制开关导通性　　表9-2

开关位置	检查端子	导通性
锁止(LOCK)	2—3;2—4	导通
开锁(UNLOCK)	3—7;4—7	导通

(3)如果门锁控制开关正常,则检查左后门锁电动机及线路,或检查门锁继电器及线路。

(4)装上门锁控制开关。

引导问题10 怎样规范地检查门锁电动机?

(1)拔下左后门锁插头。

(2)用蓄电池直接向门锁电动机供电,检查门锁电动机动作情况,如图9-28所示。如果不符合要求,则更换左后门锁。

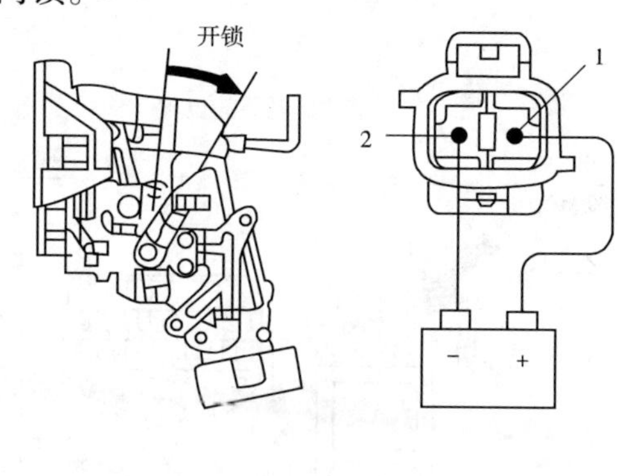

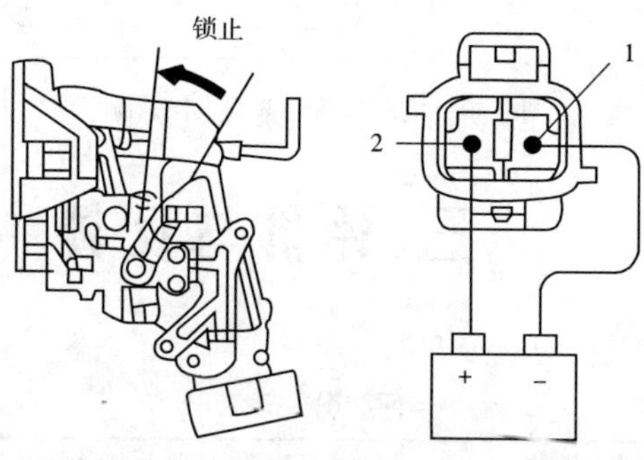

图9-28 检查门锁电动机动作情况

(3)如果门锁电动机正常,则检查门锁继电器及线路。

(4)插上左后门锁插头。

引导问题11 怎样规范地检查门锁继电器?

门锁继电器的位置如图9-29所示。

将13端子与电压表正极相连,1端子与电压表负极相连,将门锁控制开关置于开锁位置,电压应在0.2s内从零上升至蓄电池电压,如图9-30所示。将1端子与电压表正极相连,13端子与电压表负极相连,将门锁控制开关置于锁止位置,电压应在0.2s内从零上升至蓄电池电压。如果不符要求,则更换门锁继电器。

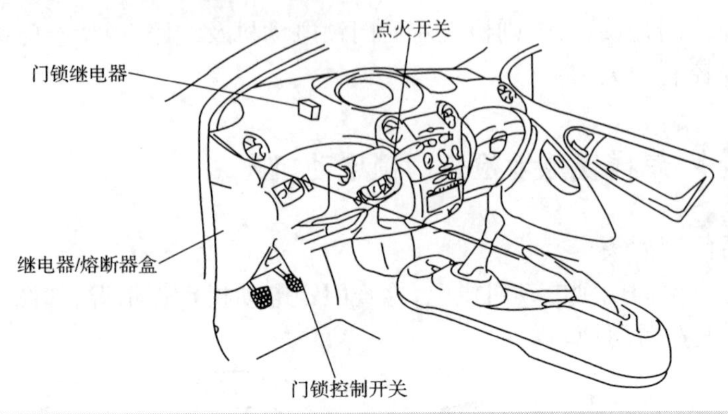

图 9-29　门锁继电器的位置

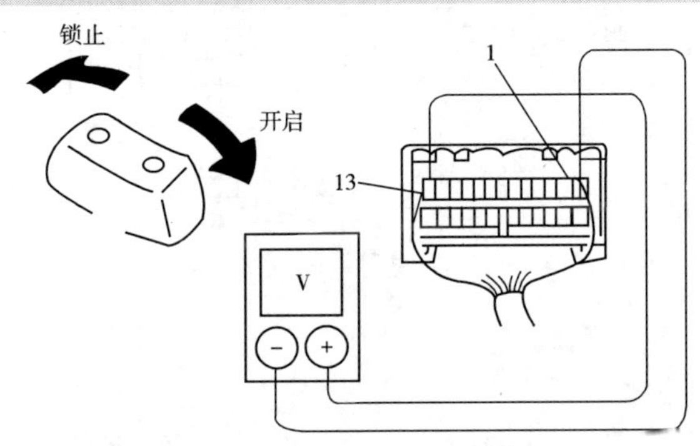

图 9-30　检查门锁继电器工作情况

三、评价与反馈

1. 对本学习任务进行评价，见表 9-3。

评　分　表　　表 9-3

考核项目	评分标准	分数	学生自评	小组评价	教师评价	小计
活动参与	是否积极主动	5				
安全生产	有无安全隐患	10				
现场 5S	是否做到	10				
任务方案	是否合理	15				
操作过程	门锁控制开关检查； 门锁电动机检查； 门锁继电器检查	30				
任务完成情况	是否圆满完成	5				
工具和设备使用	是否规范、标准	10				
劳动纪律	是否违反	10				
工单填写	是否完整、规范	5				
总分		100				
教师签名：			年　月　日		得分	

2. 在实施作业时，每一个安全事项都注意到了吗？如没有，找出忽略的地方和原因。

3. 能否向客户解释故障诊断及排除过程？如不能，分析原因并提出改进措施。

四、学 习 拓 展

1. 查阅资料，说明凯越轿车遥控器是怎样编程的。

2. 查阅资料，说明卡罗拉轿车中控门锁的检修。

学习任务十

电动车窗不能升降的检修

学习目标

完成本学习任务后,你应当能:

1. 叙述电动车窗的组成与工作原理、电动天窗的基本组成;
2. 能读懂给定的"检测工艺流程",对测试结果进行分析;
3. 正确地使用工具和设备;
4. 规范地检查电动车窗电路。

建议完成本学习任务的时间为 6 课时。

学习任务描述

一辆卡罗拉1.6L轿车,车主反映:前乘客侧(右前)电动车窗不能升降,其他电动车窗工作正常。需要你对电动车窗电路进行检测,确定故障部位并进行修理。

学习内容

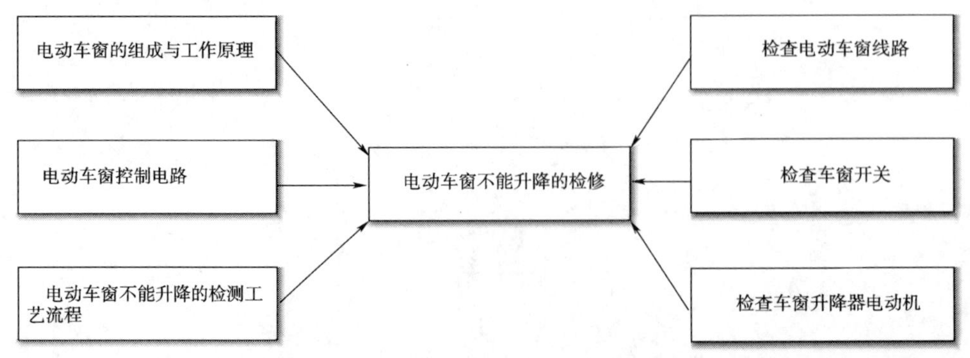

一、资料收集

引导问题1 电动车窗由哪些部件组成?

汽车车窗玻璃的升降通常有手动和电动两种操作方式。现代汽车普遍采用电动车窗,电动车窗由电力驱动使车窗玻璃升降,实现关窗和开窗,操作十分方便。电动车窗由电动车窗升降器和车窗开关组成,如图10-1所示。

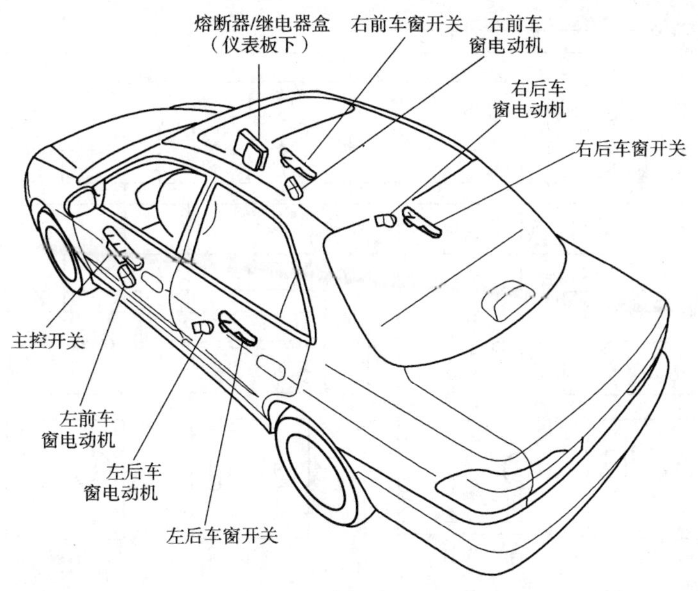

图10-1 电动车窗组成

引导问题2 电动车窗升降器的结构和工作过程是怎样的?

电动车窗升降器包括电动机和车窗玻璃升降机构。电动机一般为双向永磁直流电动机,用车窗开关控制电动机的电流方向,实现正反方向旋转。车窗玻璃升降机构用来使车窗玻璃上下移动,它有绳轮式、齿条式和交叉臂式三种形式。

交叉臂式电动车窗升降器如图10-2所示。电动机输出齿轮驱动扇形齿轮转动,通过交叉臂机构带动车窗玻璃上下移动。

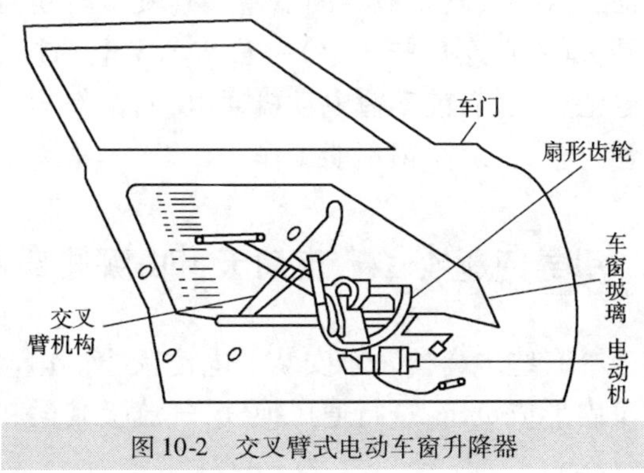

图10-2 交叉臂式电动车窗升降器

引导问题3 电动车窗是怎样控制的?

电动车窗工作电路如图10-3所示。车窗开关包括主控开关和车窗开关,主控开关一般安装在驾驶人侧车门扶手上或中控台上,由驾驶人集中操纵所有电动车窗;车窗开关安装在每个车门扶手上,由乘员操纵单个车窗。电动车窗升降器的电动机都通过主控开关搭铁,当接通车窗开关"上"或"下",电动机通电旋转,改变通过电动机电流的方向,可改变电动机转向,使车窗玻璃升起或降下。

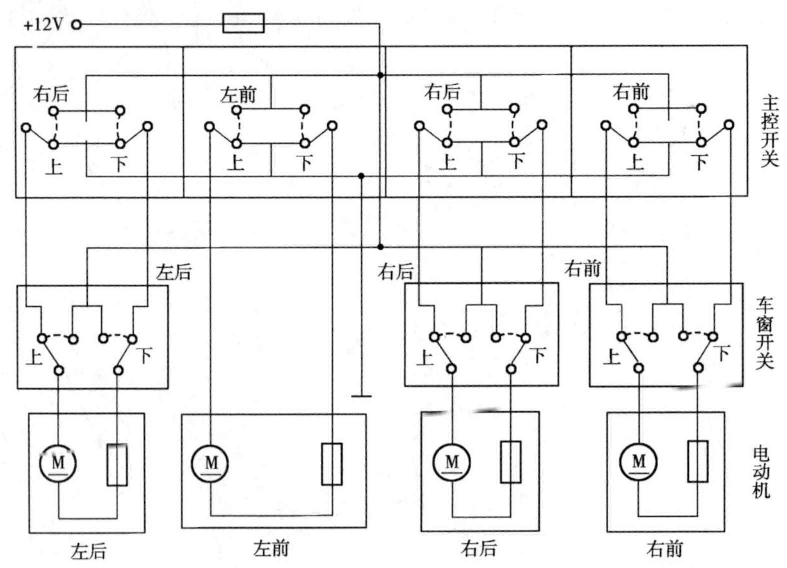

图10-3　电动车窗工作电路

爱丽舍1.6L轿车电动车窗电路如图10-4所示。以右前车窗为例,分析电动车窗电路。打开点火开关,接通右前车窗开关(右前车门扶手上),前车窗继电器触点闭合,电流从蓄电池正极→发动机舱熔断器盒→驾驶室熔断器盒熔断丝F27→前车窗继电器触点→右前车窗开关(右前车门扶手上)→右前车窗电动机→右前车窗开关(左前车门扶手上)→搭铁→蓄电池负极,右前车窗电动机通电,右前车窗上升或下降。后车窗设有锁止开关,关闭后车窗锁止开关,后车窗不能工作。

引导问题4 电动天窗由哪些部件组成?

有些中高档轿车安装了电动天窗。电动天窗开启后,汽车行驶时,车顶气流快速流动,车内形成负压,进行通风换气,气流极其柔和,可使车内空气新鲜。

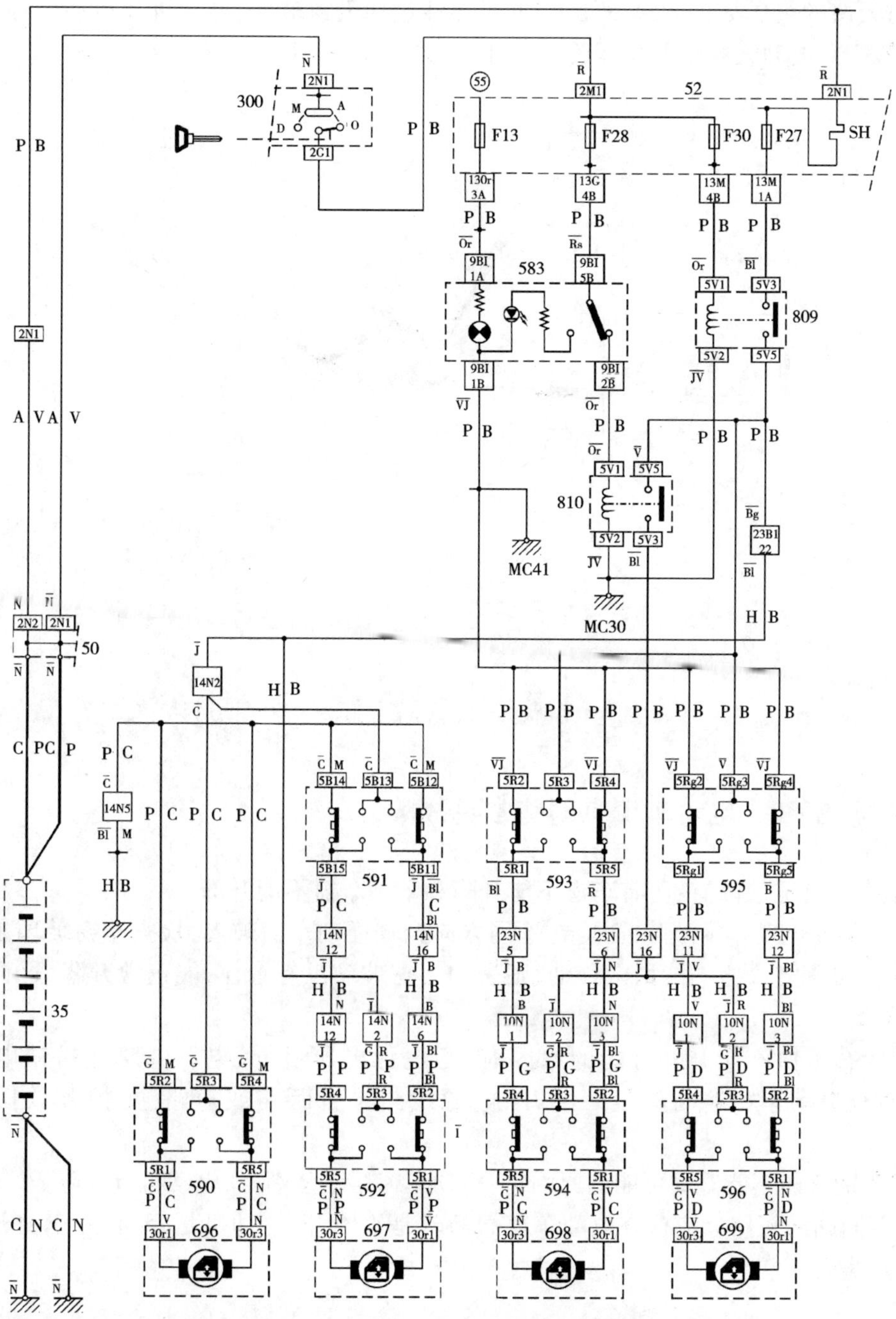

图 10-4　爱丽舍 1.6L 轿车电动车窗电路图

35-蓄电池；50-发动机舱熔断器盒；52-驾驶室熔断器盒；300-点火开关；583-后车窗锁止开关；590-左前车窗开关（左前车门扶手上）；591-右前车窗开关（左前车门扶手上）；592-右前车窗开关（右前车门车门扶手上）；593-左后车窗开关（仪表台上）；594-左后车窗开关（左后车门扶手上）；595-右后车窗开关（仪表台上）；596-右后车窗开关（右后车门扶手上）；696-左前车窗电动机；697-右前车窗电动机；698-左后车窗电动机；699-右后车窗电动机；809-前车窗继电器；810-后车窗继电器

电动天窗的组成如图 10-5 所示。主要部件包括天窗玻璃、电动机及传动机构、天窗开关、遮阳板等。电动天窗由天窗开关控制开启、关闭、倾斜等。

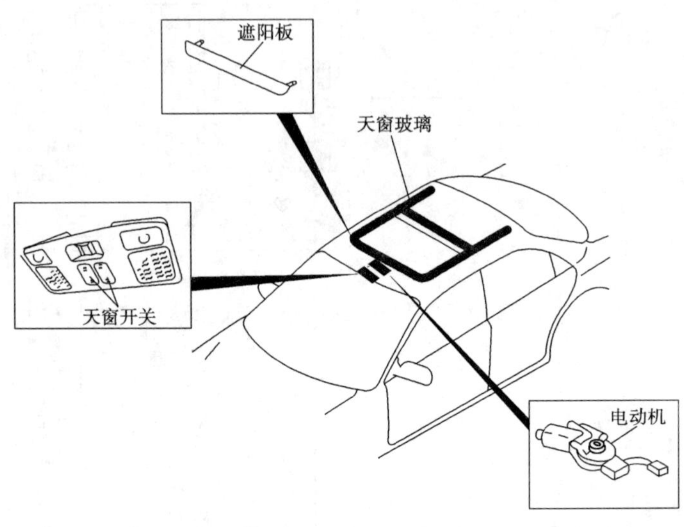

图 10-5　电动天窗组成

引导问题 5　电动车窗有哪些常见故障?

电动车窗常见故障有:所有车窗不能升降和个别车窗不能升降。

(1)在检修电动车窗故障前,应在不同方向轻轻摇动车窗玻璃,检查车窗玻璃是否移动阻力过大。如果各个方向能稍微移动,则表明车窗玻璃没有卡住,能正常升降,这样有利于进一步检查。

(2)所有车窗不能升降可能的原因有:蓄电池电压过低、电源电路或搭铁电路有故障。应检查电动车窗熔断丝是否断开、电源线路是否断路或短路、主控开关搭铁是否不良。

(3)个别车窗不能升降可能的原因有:电动车窗熔断丝断开、电动机有故障、车窗开关有故障、线路断路或短路。应检查电动车窗熔断丝是否断开、电动机是否损坏、车窗开关是否损坏、线路是否正常。

引导问题 6　电动车窗不能升降的检测工艺流程是怎样的?

卡罗拉 1.6L 轿车前乘客侧(右前)电动车窗不能升降,说明电动车窗有故障,应按照规定的检测工艺流程进行故障分析,如图 10-6 所示。

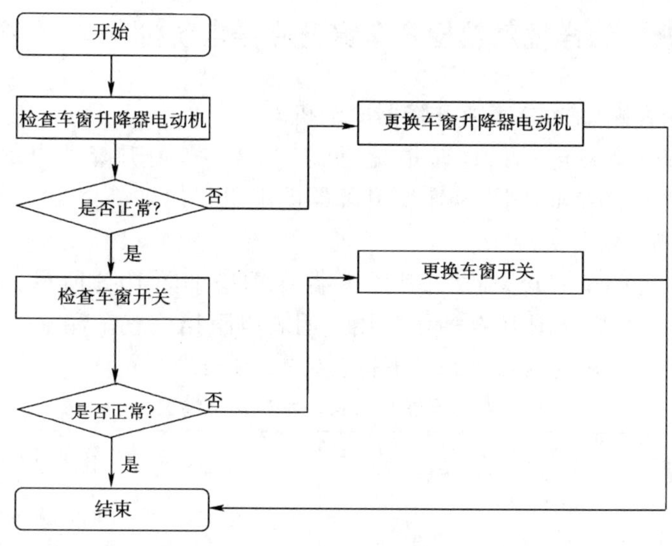

图 10-6　电动车窗不能升降的检测工艺流程

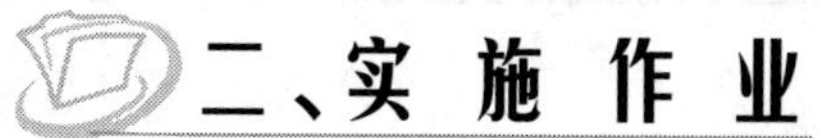

二、实 施 作 业

引导问题 7　作业需要哪些工具、设备和材料?

(1)扳手、旋具、万用表。
(2)翼子板护裙、转向盘护套、变速杆护套、座椅护套和脚垫。
(3)熔断丝、车窗升降器电动机、车窗开关。
(4)一汽丰田卡罗拉轿车维修手册。

引导问题 8　通过查询与查找,填写车辆以下信息。

生产年份＿＿＿＿＿＿＿＿,车牌号码＿＿＿＿＿＿＿＿,行驶里程＿＿＿＿＿＿＿＿ km,车辆识别代码(VIN)＿＿＿＿＿＿＿＿＿＿＿＿＿。

相关引导问题

以下“实施作业”的详细内容见本书“学习任务一　蓄电池的检查和更换”:
(1)作业前的准备;
(2)检查蓄电池。

引导问题 9　怎样规范地检查车窗升降器电动机？

（1）拆下前乘客侧（右前）车窗升降器电动机。

（2）检查车窗升降器电动机运转情况，见表 10-1。车窗升降器电动机运转情况，如图 10-7所示。如果不符合要求，则更换车窗升降器电动机。如果符合要求，则检查车窗升降器电动机至前乘客侧车窗开关线路。

（3）拔下前乘客侧车窗开关插头，其插头端子（H7）如图 10-8 所示。前乘客侧车窗升降器电动机插头端子（H8）如图 10-9 所示。用万用表电阻挡检查车窗升降器电动机至车窗开关之间线路是否断路，见表 10-2。如果不符合要求，则修理线路。

检查车窗升降器电动机运转情况　　表 10-1

连接条件	规定状态
蓄电池正极—电动机端子 1 蓄电池负极—电动机端子 2	电动机齿轮顺时针旋转
蓄电池正极—电动机端子 2 蓄电池负极—电动机端子 1	电动机齿轮逆时针旋转

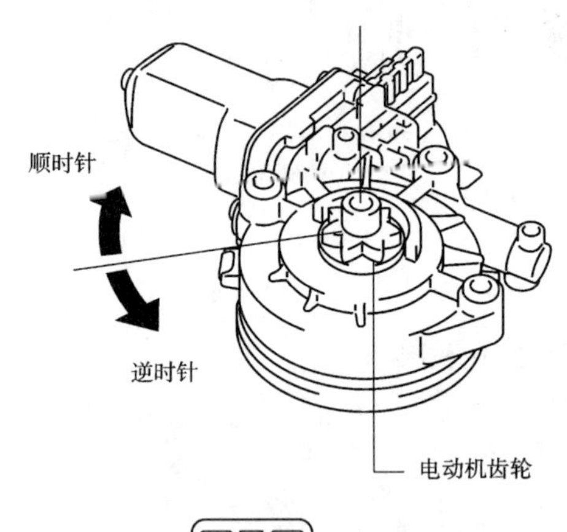

图 10-7　车窗升降器电动机运转

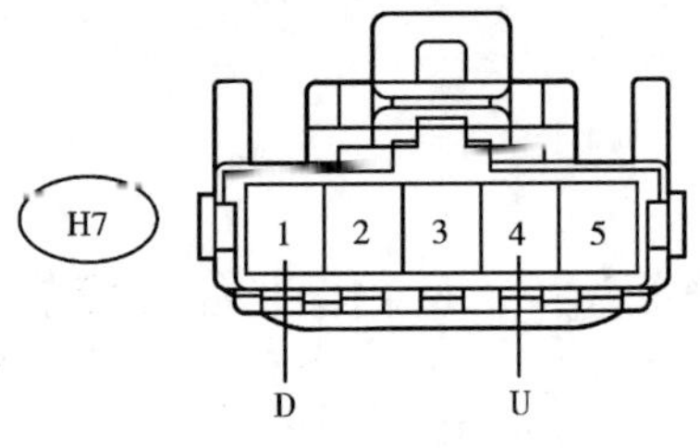

图 10-8　前乘客侧车窗开关插头端子

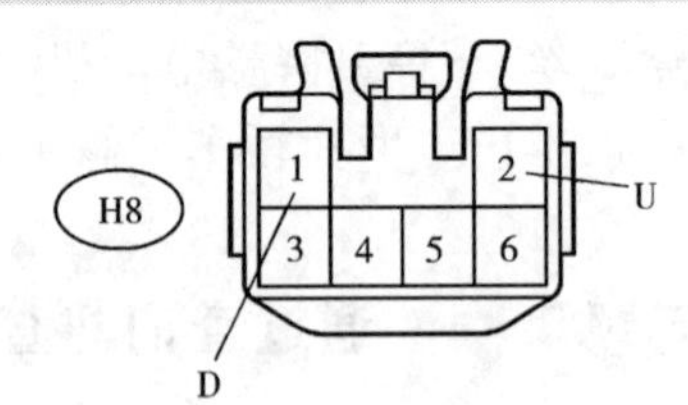

图 10-9　前乘客侧车窗升降器电动机插头端子

检查车窗升降器电动机与车窗开关之间导线导通性　　表 10-2

检测端子	规定状态
H7-4（U）— H8-2（U）	小于 1Ω
H7-1（D）— H8-1（D）	小于 1Ω

（4）连接车窗升降器电动机插头、车窗开关插头。检查车窗升降器电动机是否恢复正常。如果没有，则检查前乘客侧车窗开关。

（5）装上前乘客侧车窗升降器电动机、前乘客侧车窗开关。

引导问题 10 怎样规范地检查车窗开关?

(1)拆下前乘客侧(右前)车窗开关。

(2)拔下前乘客侧车窗开关插头(H7)。前乘客侧车窗开关端子如图 10-10 所示。

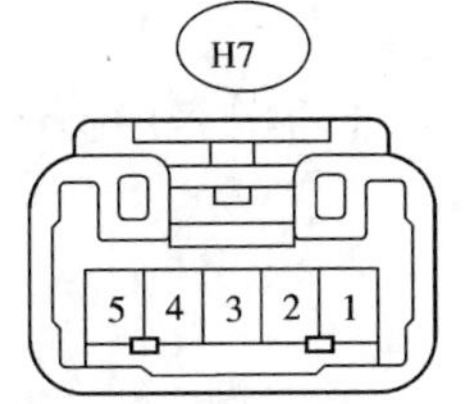

图 10-10 前乘客侧车窗开关端子

(3)用万用表电阻挡检查车窗开关端子之间导通性,见表 10-3。如果不符合要求,则更换前乘客侧车窗开关。

(4)打开点火开关,用万用表电压挡检查车窗开关插头端子 3(图 10-8)有无电压(蓄电池电压),如无电压,说明电源线路断路,应修理线路。用万用表电压挡检查车窗开关插头端子 2、端子 3(图 10-8)与车身搭铁是否导通,如不导通,说明搭铁线路断路,应修理搭铁线。

检查车窗开关端子之间导通性 表 10-3

检 测 端 子	开 关 状 态	规 定 状 态
端子 1(D)—端子 2(S)	UP	小于 1Ω
端子 3(B)—端子 4(U)		小于 1Ω
端子 1(D)—端子 2(SD)	OFF	小于 1Ω
端子 4 (U)—端子 5(SU)		小于 1Ω
端子 4(U)—端子 5(SU)	DOWN	小于 1Ω
端子 1(D)—端子 3(B)		小于 1Ω

(5)插上前乘客侧车窗开关插头。检查前乘客侧车窗升降是否恢复正常。

(6)装上前乘客侧车窗开关。

三、评价与反馈

1. 对本学习任务进行评价,见表 10-4。

评 分 表 表 10-4

考核项目	评分标准	分数	学生自评	小组评价	教师评价	小计
活动参与	是否积极主动	5				
安全生产	有无安全隐患	10				
现场 5S	是否做到	10				
任务方案	是否合理	15				
操作过程	车窗升降器电动机检查; 车窗开关检查	30				
任务完成情况	是否圆满完成	5				
工具和设备使用	是否规范、标准	10				
劳动纪律	是否违反	10				
工单填写	是否完整、规范	5				
总分		100				
教师签名:			年 月 日		得分	

2. 在实施作业时，每一个安全事项都注意到了吗？如没有，找出忽略的地方和原因。

3. 能否向客户解释故障诊断及排除过程？如不能，分析原因并提出改进措施。

四、学习拓展

1. 怎样更换爱丽舍 1.6L 轿车电动车窗升降器？

2. 查阅资料，说明卡罗拉 1.6L 轿车驾驶人侧（前左）电动车窗自动升降与防夹控制。

学习任务十一

电动后视镜调节异常的检修

学习目标

完成本学习任务后,你应当能:

1. 叙述电动后视镜的作用、组成及工作原理;
2. 能读懂给定的"检测工艺流程",对测试结果进行分析;
3. 正确地使用工具和设备;
4. 规范地检查电动后视镜电路。

建议完成本学习任务的时间为4课时。

学习任务描述

一辆雅阁2.3L轿车,车主反映:左电动后视镜上下调节异常。需要你对电动后视镜电路进行检测,确定故障部位并进行修理。

学习内容

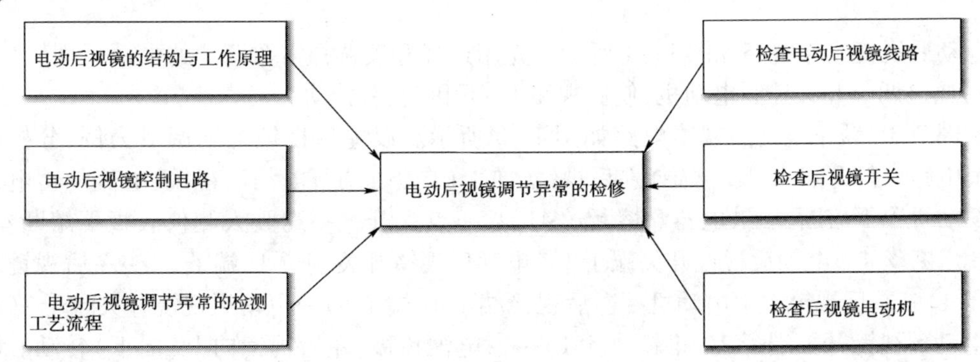

一、资料收集

引导问题 1　后视镜的作用是什么？电动后视镜由哪些部件组成？

后视镜又称倒车镜，安装在汽车前部左右两侧车门上。后视镜的作用是供驾驶人观察汽车两侧及后方的车辆、行人及其他情况。

后视镜应能根据不同驾驶人的要求进行调节，使后视镜处于适当位置。后视镜可采用手动调节和电动调节。采用电动调节的后视镜称为电动后视镜，操作十分方便。电动后视镜和后视镜开关如图 11-1 所示。

电动后视镜开关包括选择开关和调节开关，如图 11-2 所示。选择开关用于选择左或右电动后视镜。调节开关控制电动后视镜的调节方向。

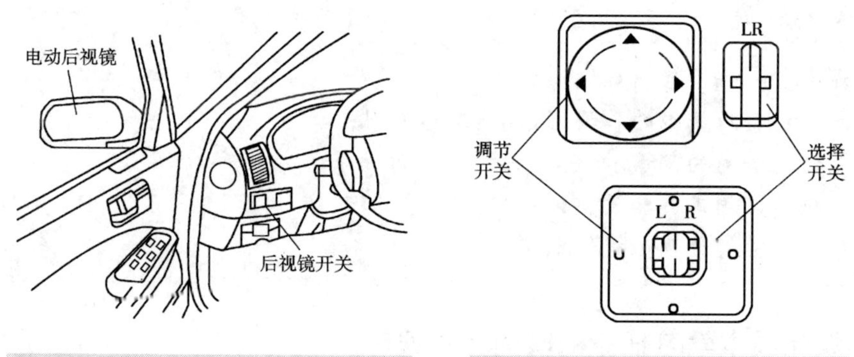

图 11-1　电动后视镜及后视镜开关　　图 11-2　电动后视镜开关

电动后视镜的结构如图 11-3 所示。后视镜上装有两个可逆的电动机及其传动机构，一个电动机驱动后视镜上下转动，另一个电动机驱动后视镜左右转动，调节角度一般为 20° ~ 30°。后视镜由电动机驱动，可上、下或左、右转动。

引导问题 2　电动后视镜是怎样控制的？

电动后视镜工作电路如图 11-4 所示。先用选择开关选择需要调节的电动后视镜（左或右），再通过调节开关控制电动机，使后视镜上、下和左、右转动。

雅阁 2.3L 轿车电动后视镜电路如图 11-5 所示。以左后视镜上下调节为例，分析电动后视镜电路。打开点火开关，选择左后视镜，向上（向下）调节电动后视镜，电流从蓄电池正极→发动机罩下熔断丝/继电器盒熔断丝 41、42→点火开关→驾驶人侧仪表板下熔断丝/继电器盒熔断丝 4→电动后视镜开关端子 1→电动后视镜开关端子 4（端子 7）→左后视镜端子 5（端子 4）→左后视镜上下电动机→左后视镜端子 4（端子 5）→电动后视镜开关端子 7（端子 4）→电动后视镜开关端子 2→搭铁（G551）→蓄电池负极，左后视镜向上（向下）转动。电动后视镜具有折回和伸出功能。

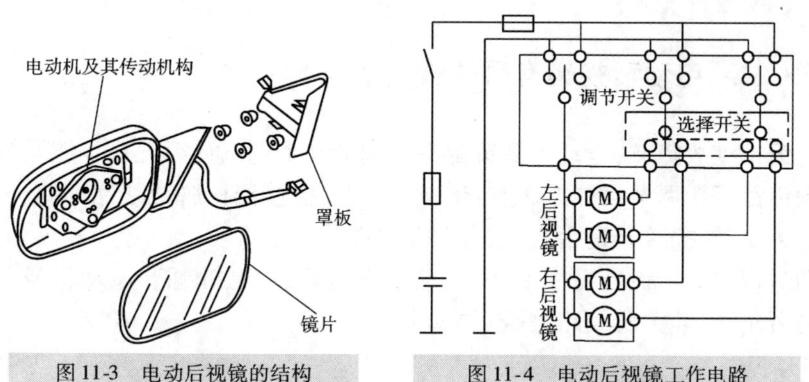

图 11-3　电动后视镜的结构

图 11-4　电动后视镜工作电路

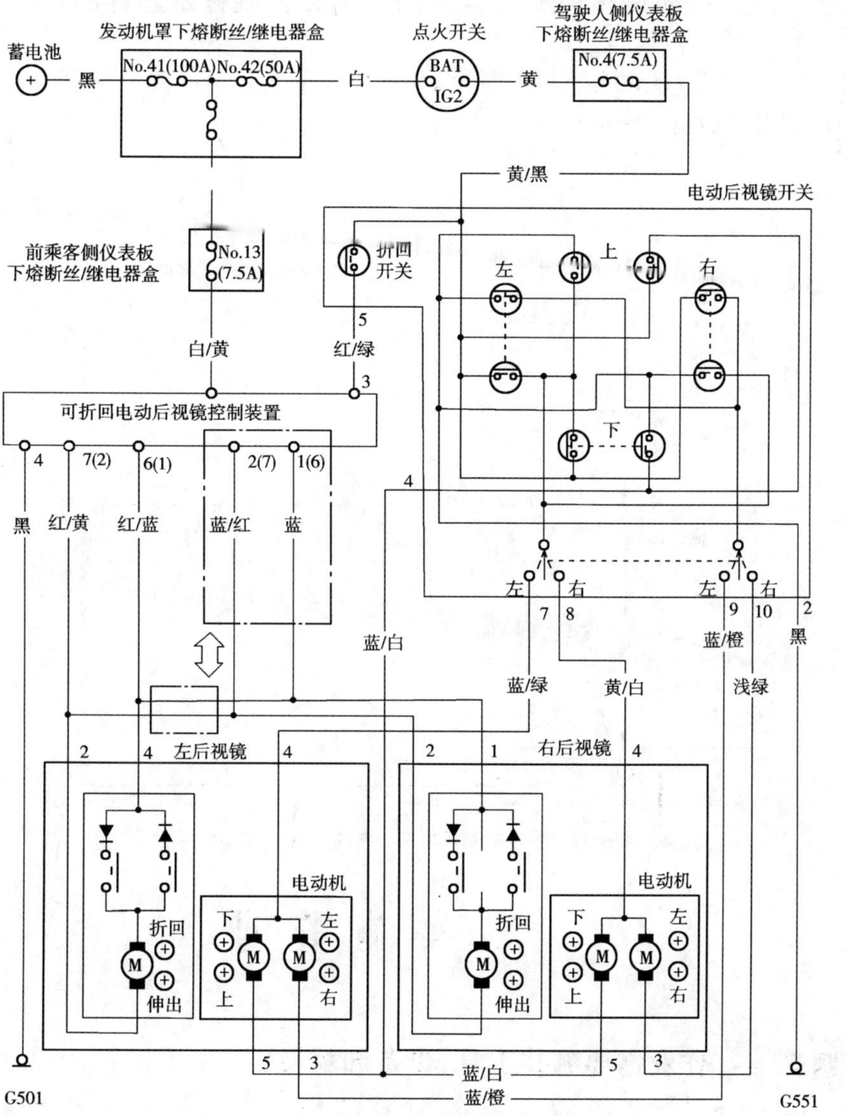

图 11-5　雅阁 2.3L 轿车电动后视镜电路图

引导问题3　电动后视镜有哪些常见故障?

电动后视镜常见故障有:电动后视镜都不能调节和个别电动后视镜不能调节。

电动后视镜都不能调节可能原因有:熔断丝断开、插接器松脱或线路断路、开关有故障。检查熔断丝是否断开、插接器是否松脱、开关及线路是否正常。

个别电动后视镜不能调节可能原因有:插接器松脱或线路断路、电动机或开关有故障。检查电动机是否正常、开关及线路是否正常。

引导问题4　电动后视镜调节异常的检测工艺流程是怎样的?

雅阁2.3L轿车左后视镜上下调节异常,说明电动后视镜有故障,应按照规定的检测工艺流程进行故障分析,如图11-6所示。

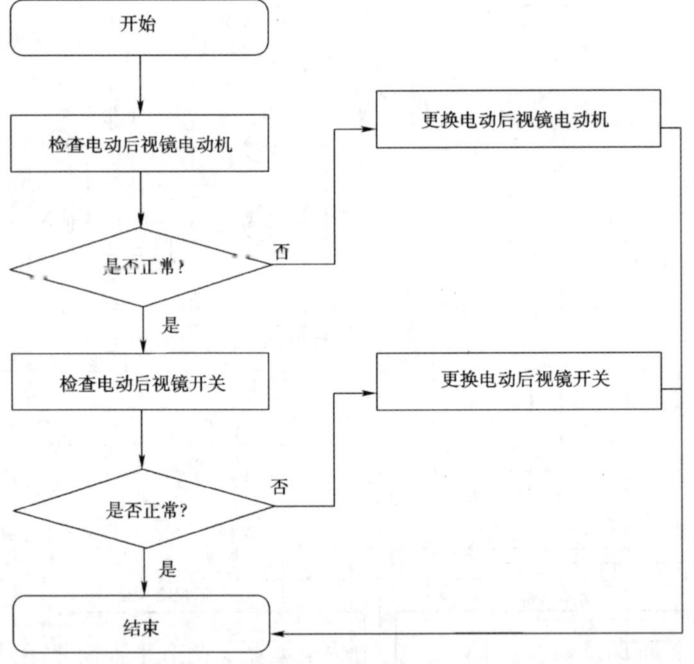

图11-6　电动后视镜调节异常的检测工艺流程

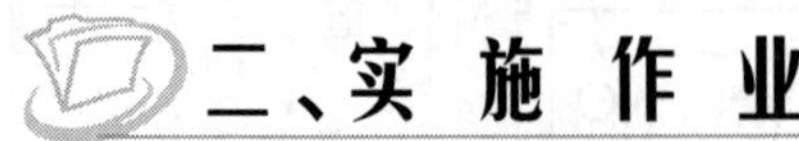

二、实施作业

引导问题5　作业需要哪些工具、设备和材料?

(1)扳手、旋具、万用表。

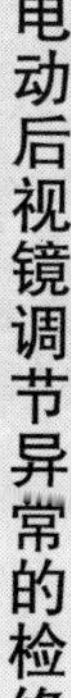

(2)翼子板护裙、转向盘护套、变速杆护套、座椅护套和脚垫。

(3)电动后视镜、后视镜开关。

(4)广州本田雅阁轿车维修手册。

引导问题6 通过查询与查找,填写车辆以下信息。

生产年份____________,车牌号码____________,行驶里程____________ km,车辆识别代码(VIN)____________________。

相关引导问题

以下“实施作业”的详细内容见本书“学习任务一　蓄电池的检查和更换”:

(1)作业前的准备;

(2)检查蓄电池。

引导问题7 怎样规范地检查后视镜电动机?

(1)关闭点火开关。

(2)拆下驾驶人侧(左前)车门内饰板。

(3)断开左电动后视镜插头,如图11-7所示。

(4)用蓄电池直接向后视镜上下调节电动机通电,检查后视镜电动机运转情况,见表11-1。如果不符合要求,则更换左电动后视镜。

检查左后视镜电动机运转情况　　表11-1

接蓄电池正极	接蓄电池负极	左后视镜是否转动
端子5	端子4	是(向上)
端子4	端子5	是(向下)

(5)连接左电动后视镜插头。检查左电动后视镜上下调节是否恢复正常。如果没有,则检查电动后视镜开关。

(6)装上驾驶人侧车门内饰板。

引导问题8 怎样规范地检查电动后视镜开关?

(1)关闭点火开关。

(2)拆下驾驶人侧(左前)车门内饰板。

(3)断开电动后视镜开关插头,拆下电动后视镜开关,如图11-8所示。

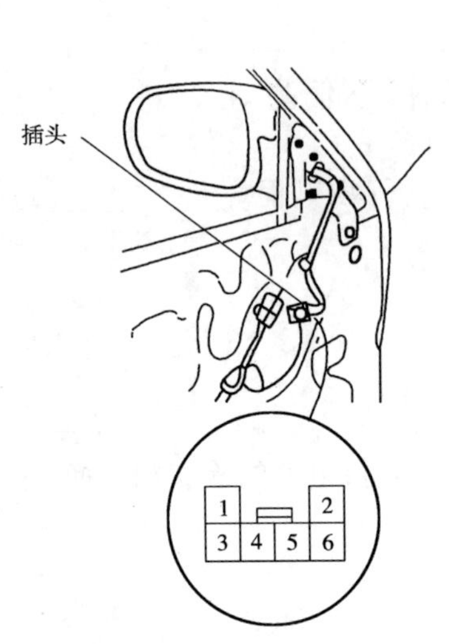

图 11-7　左电动后视镜插头端子

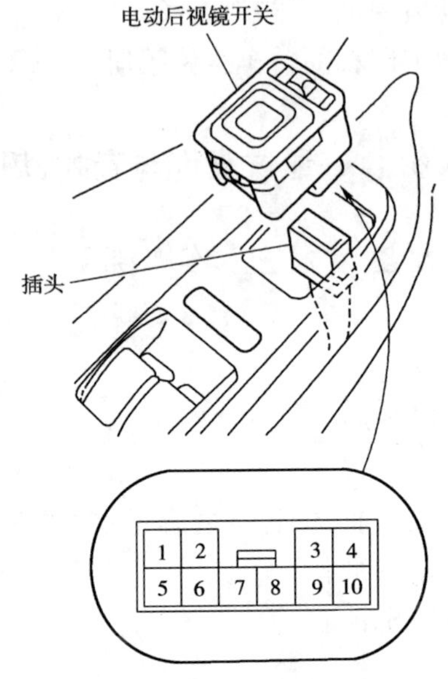

图 11-8　拆下电动后视镜开关

(4)电动后视镜上下调节开关工作见表 11-2。检查电动后视镜开关端子之间的导通情况，相应端子应导通，否则，说明电动后视镜开关损坏。

表 11-2

电动后视镜调节开关工作

开关位置 \ 端子		1	2	4	7	8	9	10
左电动后视镜	上	○	—	○				
			○	—	○			
	下	○	—	—	○			
			○	○				

(5)连接电动后视镜开关插头。

(6)装上电动后视镜开关。

(7)装上驾驶人侧车门内饰板。

三、评价与反馈

1. 对本学习任务进行评价，见表 11-3。

评 分 表 表 11-3

考核项目	评分标准	分数	学生自评	小组评价	教师评价	小计
活动参与	是否积极主动	5				
安全生产	有无安全隐患	10				
现场 5S	是否做到	10				
任务方案	是否合理	15				
操作过程	后视镜电动机检查； 电动后视镜开关检查	30				
任务完成情况	是否圆满完成	5				
工具和设备使用	是否规范、标准	10				
劳动纪律	是否违反	10				
工单填写	是否完整、规范	5				
总分		100				
教师签名：		年 月 日			得分	

2. 在实施作业时，每一个安全事项都注意到了吗？如没有，找出忽略的地方和原因。

3. 能否向客户解释故障诊断及排除过程？如不能，分析原因并提出改进措施。

四、学 习 拓 展

1. 分析雅阁 2.3L 轿车后视镜折回与伸出控制电路。

2. 查阅资料，说明电动后视镜的更换过程。

学习任务十二

电动座椅不能调整的检修

学习目标

完成本学习任务后,你应当能:

1. 叙述电动座椅的结构及工作原理;
2. 能读懂给定的“检测工艺流程”,对测试结果进行分析;
3. 正确地使用工具和设备;
4. 规范地检查电动座椅电路。

建议完成本学习任务的时间为4课时。

学习任务描述

一辆雅阁2.3L轿车,车主反映:驾驶人电动座椅不能前后移动调整。需要你对电动座椅电路进行检测,确定故障部位并进行修理。

学习内容

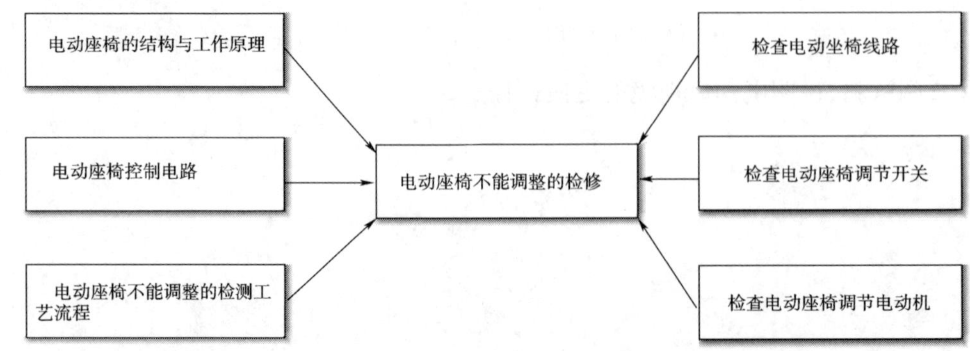

一、资料收集

引导问题1 电动座椅由哪些部件组成?

为了适应不同驾驶人、乘员对座椅位置的要求,提高乘坐舒适性,尤其使驾驶人保持正确的坐姿和便于驾驶操作,驾驶人座椅和前排乘员座椅设置了调节装置。座椅一般能进行多部位、多向调整,如前后移动调节、前端上下调节、后端上下调节、靠背倾斜调节、头枕调节等,如图12-1所示。

座椅可采用手动或电动方式进行调整。采用电动调整的座椅,称为电动座椅。电动座椅调整灵活、方便、省力。电动座椅由调节开关和调节装置等组成,其中调节装置包括调节电动机和传动机构,如图12-2所示。

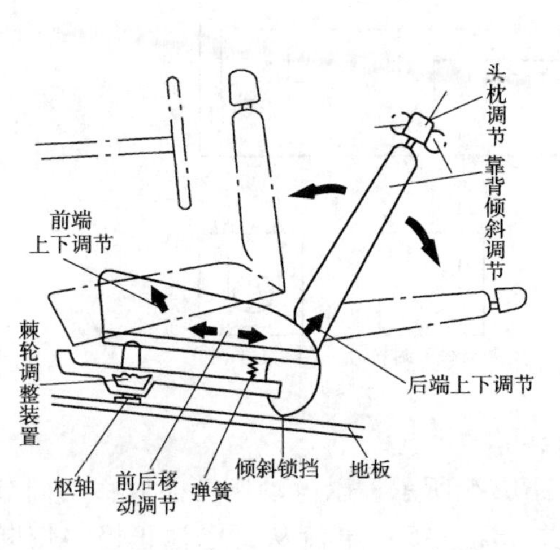

图12-1 座椅调整示意图

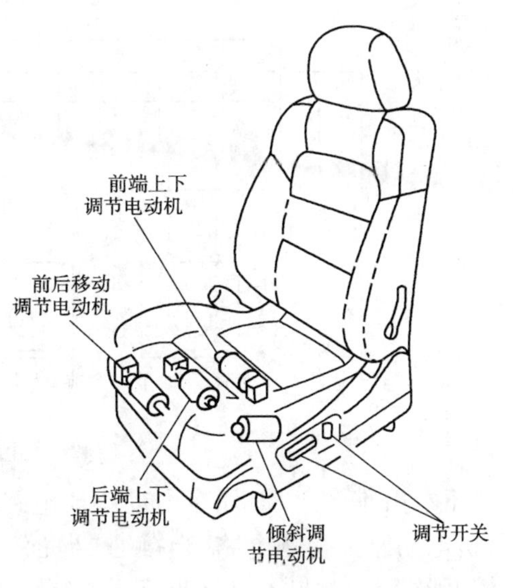

图12-2 电动座椅的组成

引导问题2 电动座椅调节装置的结构和工作过程是怎样的?

电动座椅的调整是由调节装置完成的。电动座椅的前后移动调节装置如图12-3所示,包括前后移动调节电动机和传动机构,前后调节电动机为双向永磁直流电动机,传动机构由螺杆、螺母、轨道、支架等组成。前后移动调节电动机通电旋转,带动螺杆转动,使螺母在轨道上滑动,座椅便可向前或向后移动。

引导问题3 电动座椅是怎样控制的?

电动座椅工作电路如图12-4所示。调节开关控制调节电动机转动,可实现座椅不同方

向的调节。

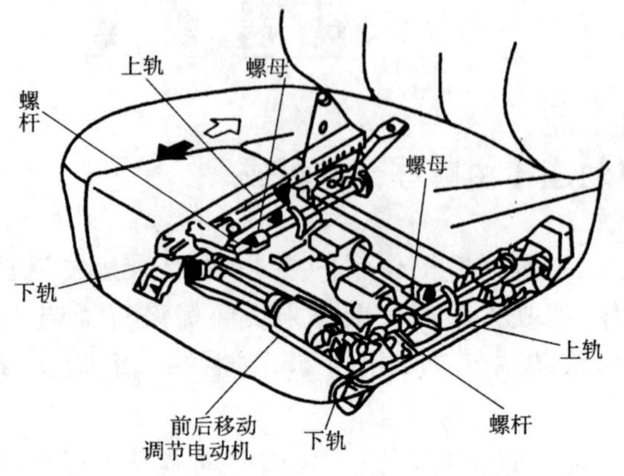

图 12-3　电动座椅前后移动调节装置结构

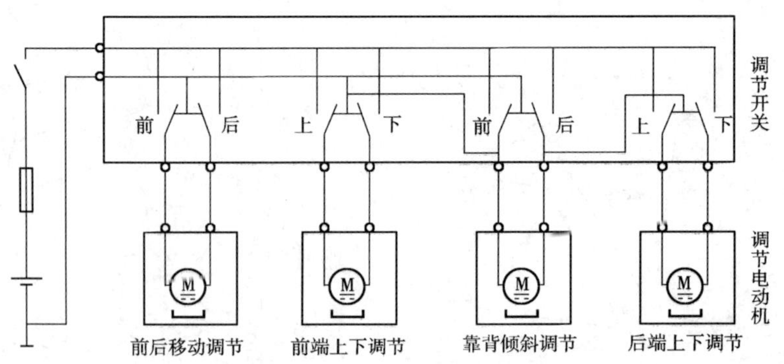

图 12-4　电动座椅工作电路

广州本田雅阁 2.3L 轿车电动座椅电路如图 12-5 所示。以电动座椅前后移动调节为例，分析电动座椅控制电路，当接通“向前”开关（B2—A5），电流从蓄电池正极→熔断丝 42→熔断丝 55→熔断丝 2→调节开关端子 B2→调节开关端子 A5→前后移动调节电动机端子 2→前后移动调节电动机→前后移动调节电动机端子 1→调节开关端子 A1→调节开关端子 B5→搭铁（G551）→蓄电池负极，前后移动调节电动机转动，座椅向前移动；当接通“向后”开关（B2—A1），电流从蓄电池正极→熔断丝 42→熔断丝 55→熔断丝 2→调节开关端子 B2→调节开关端子 A1→调节开关端子 B5→前后移动调节电动机端子 1→前后移动调节电动机→前后移动调节电动机端子 2→调节开关端子 A5→搭铁（G551）→蓄电池负极，经过前后移动调节电动机的电流方向相反，前后移动调节电动机向相反方向转动，座椅向后移动。

引导问题 4　电动座椅有哪些常见故障？

电动座椅常见故障有完全不能调整和某方向不能调整。

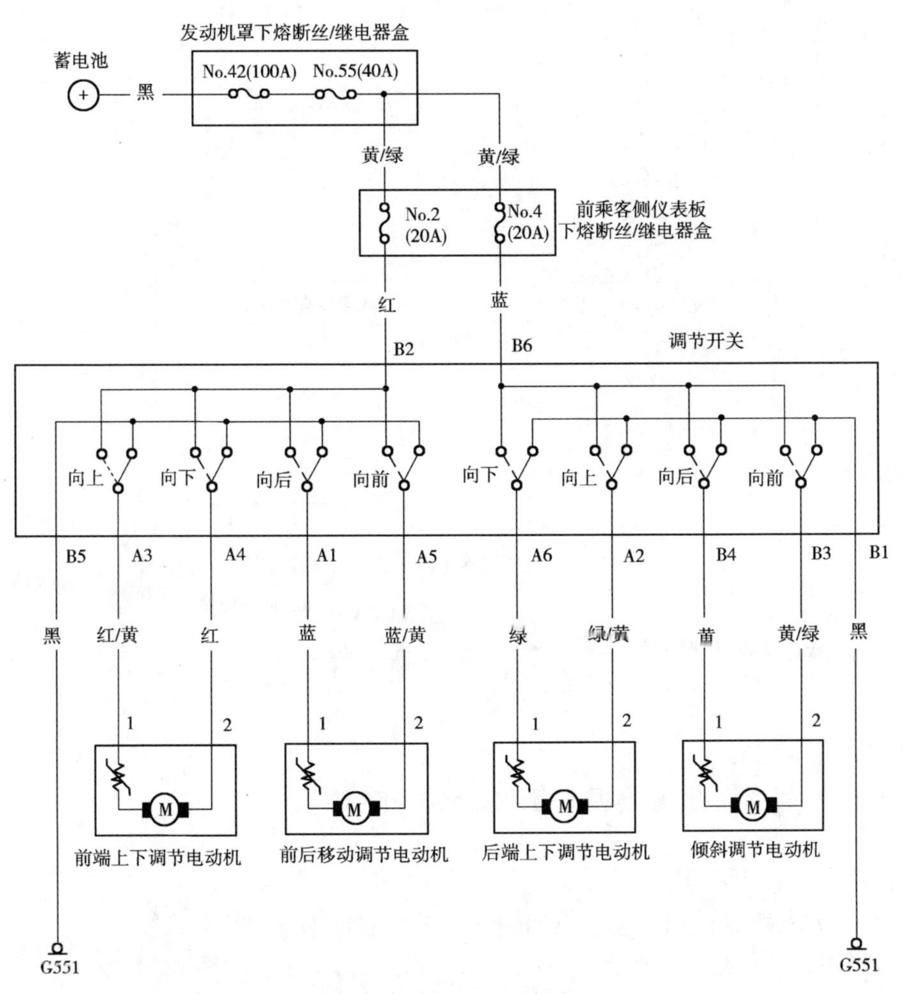

图 12-5　广州本田雅阁 2.3L 轿车电动座椅电路图

(1)电动座椅完全不能调整的可能原因有:熔断丝断开、线路断路或短路、调节开关有故障等。应检查熔断丝是否断开、线路是否正常、调节开关是否损坏。

(2)电动座椅某方向不能调整的可能原因有:线路断路或短路、调节开关有故障、调节电动机有故障等。应检查线路是否正常、调节开关是否损坏、调节电动机是否损坏。

引导问题 5　电动座椅不能调整的检测工艺流程是怎样的?

雅阁 2.3L 轿车电动座椅不能前后移动调整,说明电动座椅有故障,应按照规定的检测工艺流程进行故障分析,如图 12-6 所示。

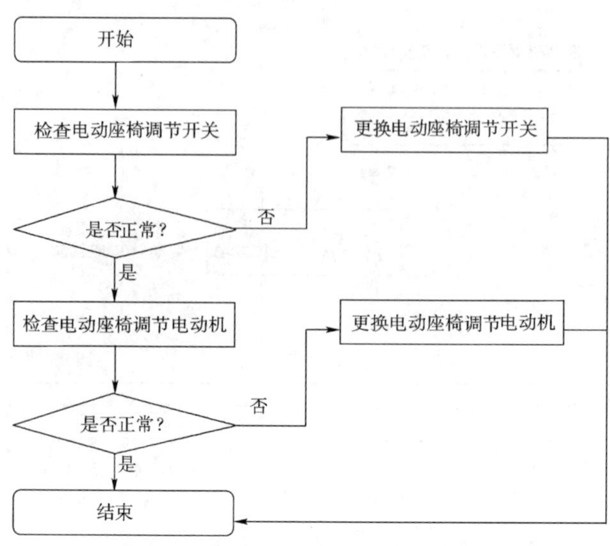

图 12-6　电动座椅不能调整的检测工艺流程

二、实 施 作 业

引导问题 6　作业需要哪些工具、设备和材料？

(1)扳手、旋具、万用表。

(2)翼子板护裙、转向盘护套、变速杆护套、座椅护套和脚垫。

(3)调节电动机、调节开关。

(4)广州本田雅阁轿车维修手册。

引导问题 7　通过查询与查找，填写车辆以下信息。

生产年份＿＿＿＿＿＿＿＿，车牌号码＿＿＿＿＿＿＿＿，行驶里程＿＿＿＿＿＿＿＿ km，车辆识别代码(VIN)＿＿＿＿＿＿＿＿＿＿＿。

相关引导问题

以下“实施作业”的详细内容见本书“学习任务一　蓄电池的检查和更换”：

(1)作业前的准备；

(2)检查蓄电池。

引导问题8 怎样规范地检查电动座椅调节开关?

(1)拨出调节开关的按钮,拆下开关罩,拔下调节开关的两个插头,从开关罩上拆下调节开关,如图12-7所示。

(2)调节开关端子如图12-8所示。用万用表电阻挡检查调节开关(前后移动调节开关)的导通情况,见表12-1。如果符合要求,则表明调节开关正常。如果不符合要求,则表明调节开关损坏,应更换调节开关。

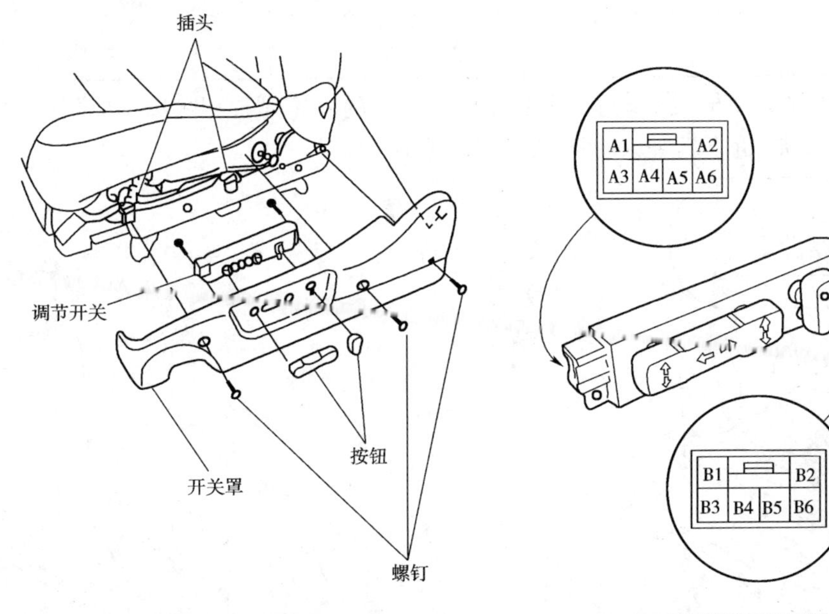

图12-7 拆下调节开关

图12-8 调节开关端子

检查调节开关导通情况 表12-1

调节开关位置	调节开关对应端子	是否导通
接通向前移动调节	A1—B5、A5—B2	导通
接通向后移动调节	A1—B6、A5—B5	导通

(3)插上电动座椅调节开关插头,检查电动座椅前后调整是否恢复正常。如果仍不能调整,则检查调节开关至前后移动调节电动机之间线路或前后移动调节电动机。

(4)装上调节开关、开关罩和按钮。

引导问题9 怎样规范地检查电动座椅调节电动机?

(1)拆下调节开关罩,拔下调节开关的两个插头。

(2)调节电动机插头端子如图 12-9 所示。将蓄电池直接向前后移动调节电动机通电，检查前后移动调节电动机运转情况,见表 12-2。如果符合要求,则表明前后移动调节电动机正常。如果前后移动调节电动机不运转,则检查前后移动调节电动机或前后移动调节电动机与调节开关之间线路。

检查调节电动机运转情况　　表 12-2

接蓄电池正极端子	接蓄电池负极端子	前后调节电动机是否运转转动
A5	A1	是(向前)
A1	A5	是(向后)

(3)拆下驾驶人座椅轨道端盖,拧下驾驶人座椅的固定螺栓(图 12-10 中黑三角),拆开座椅线束和线束夹,拆下驾驶人座椅,如图 12-10 所示。

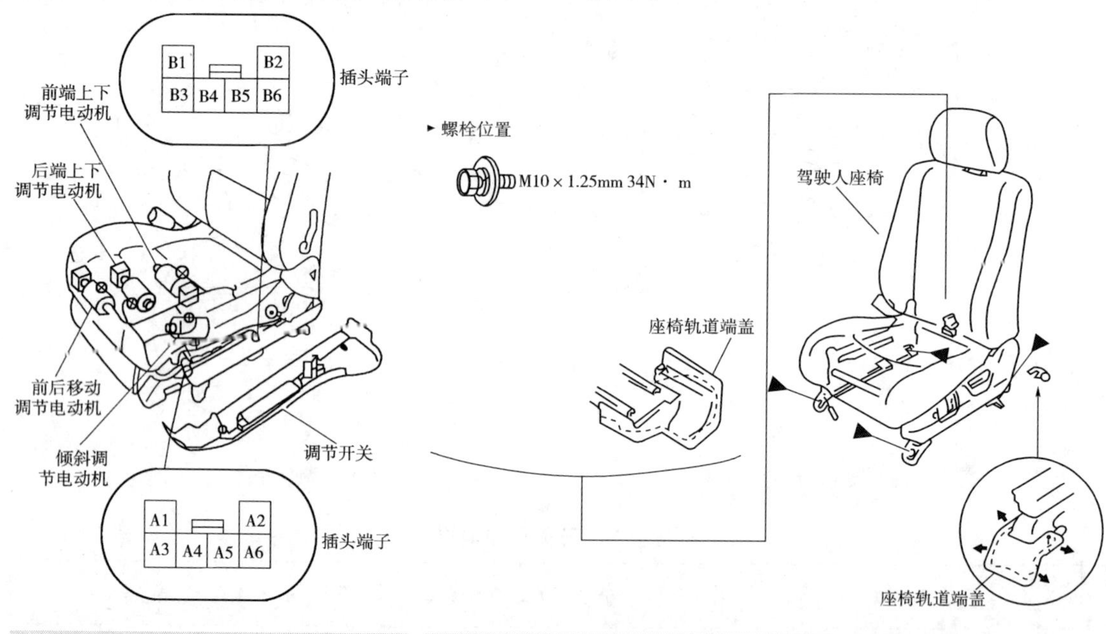

图 12-9　调节开关插头端子　　图 12-10　拆下驾驶人座椅

(4)拔下前后移动调节电动机插头,检查前后移动调节电动机是否正常。如果前后移动调节电动机损坏,则更换前后移动调节电动机。如果前后移动调节电动机正常,则检查前后移动调节电动机与调节开关之间导线是否断路。

(5)装上驾驶人座椅(螺栓拧紧力矩为 34N · m)。

(6)装上调节开关罩。

三、评价与反馈

1. 对本学习任务进行评价,见表 12-3。

评 分 表 表12-3

考核项目	评分标准	分数	学生自评	小组评价	教师评价	小计
活动参与	是否积极主动	5				
安全生产	有无安全隐患	10				
现场5S	是否做到	10				
任务方案	是否合理	15				
操作过程	电动座椅调节开关检查； 电动座椅调节电动机检查	30				
任务完成情况	是否圆满完成	5				
工具和设备使用	是否规范、标准	10				
劳动纪律	是否违反	10				
工单填写	是否完整、规范	5				
总分		100				
教师签名：			年 月 日		得分	

2. 在实施作业时，每一个安全事项都注意到了吗？如没有，找出忽略的地方和原因。

3. 能否向客户解释故障诊断及排除过程？如不能，分析原因并提出改进措施。

四、学习拓展

1. 查阅资料，分析卡罗拉轿车电动座椅电路。

2. 查阅资料，说明卡罗拉轿车电动座椅如何检修。

学习任务十三

安全气囊警告灯常亮的检修

学习目标

完成本学习任务后，你应当能：

1. 叙述安全气囊的功用、组成与工作原理；
2. 能读懂给定的"检测工艺流程"，对测试结果进行分析；
3. 正确地使用工具和仪器；
4. 规范地检查安全气囊电路；
5. 规范地更换安全气囊部件。

建议完成本学习任务的时间为6课时。

学习任务描述

一辆爱丽舍1.6L轿车，车主反映：安全气囊警告灯常亮。需要你对安全气囊电路进行检测，确定故障部位并进行修理。

学习内容

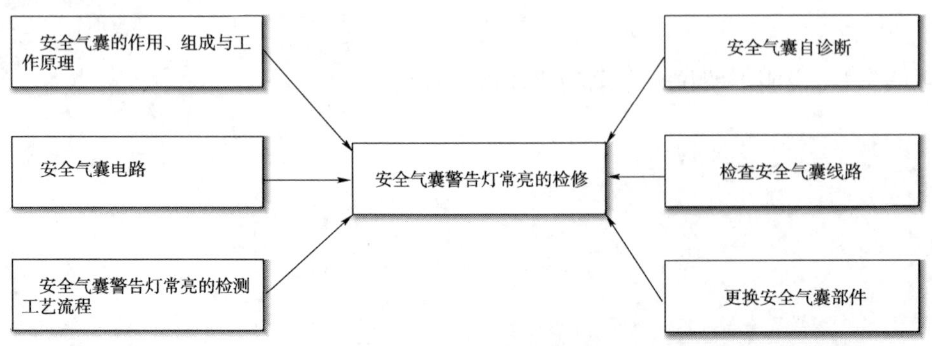

一、资料收集

引导问题1 安全气囊的作用是什么？它有哪些类型？

气囊(Air bag)是一种起缓冲作用的装置。SRS(Supplemental Restraint System)是“辅助约束系统”的英文缩写,通常称为安全气囊。安全气囊是安全带的辅助装置,只有在正确使用安全带的条件下,安全气囊才能充分地发挥保护乘员的作用。安全气囊属于被动安全系统。

1 安全气囊的作用

安全气囊的作用是在车辆发生碰撞后迅速在乘员和车内部件之间打开一个充满气体的气囊,让乘员扑在气囊上,通过气囊的排气节流吸收乘员的动能,使乘员在车内猛烈的碰撞得以缓冲,以达到保护乘员的目的。安全气囊对乘员的保护如图13-1所示。

2 安全气囊的分类

安全气囊已成为现代汽车上的常规装备,且普遍采用电子控制式安全气囊。但各种车型安全气囊的安装位置、安装数目等有所差异。

(1)按安全气囊的安装位置分为正面安全气囊和侧面安全气囊。正面安全气囊安装在转向盘上和杂物箱上,主要用于保护乘员的面部与胸部。侧面安全气囊安装在乘员座位侧,主要用于保护乘员的头部与腰部。

(2)按安全气囊的安装数目分为单安全气囊、双安全气囊和多安全气囊。单安全气囊:只装备驾驶人安全气囊(在转向盘上),仅保护驾驶人。双安全气囊:装备驾驶人安全气囊(在转向盘上)和前排乘员安全气囊(在杂物箱上),可保护驾驶人和前排乘员。多安全气囊:装备3个或3个以上安全气囊,除了前排安全气囊外,还有后排乘员安全气囊或侧面安全气囊等。有的车型还装备了安全带预张紧器,如图13-2所示。

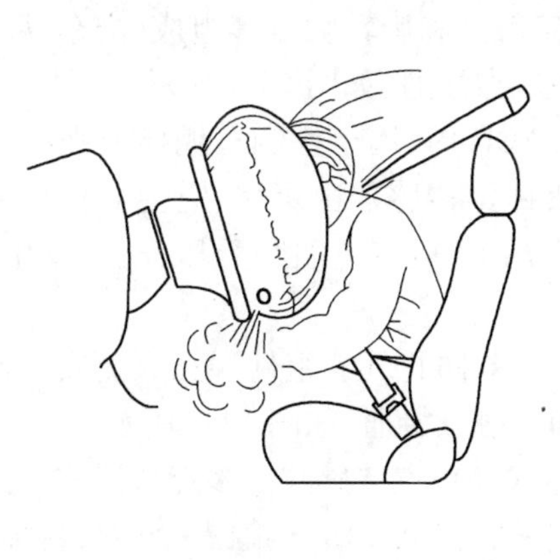

图13-1 安全气囊对乘员的保护

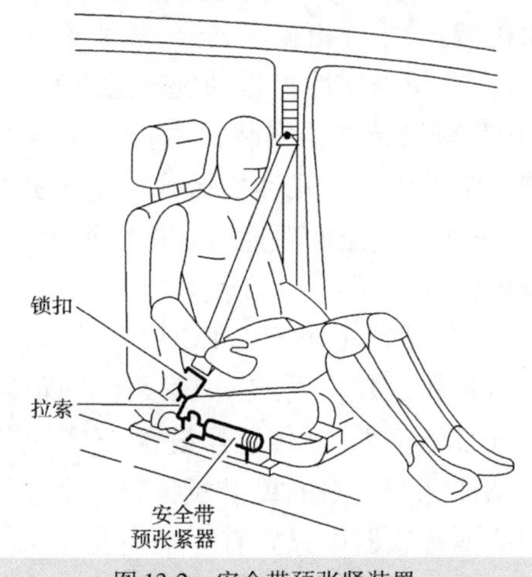

图13-2 安全带预张紧装置

引导问题2　安全气囊由哪些部件组成？

安全气囊主要部件包括碰撞传感器、SRS ECU、气囊组件和 SRS 警告灯，如图 13-3 所示。

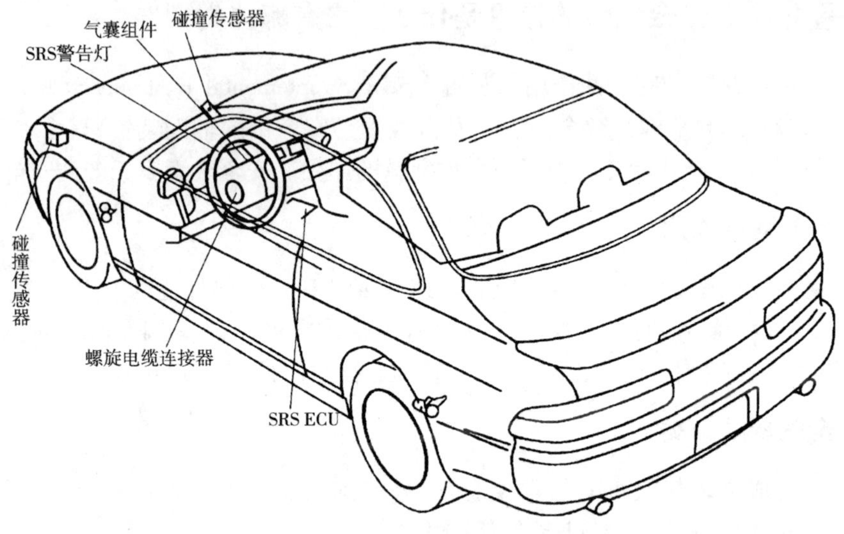

图 13-3　安全气囊的组成及部件位置

爱丽舍 1.6L 轿车安全气囊的组成如图 13-4 所示。包括驾驶人气囊、前排乘员气囊、前排安全带预张紧器、SRS ECU（内置碰撞传感器）、SRS 警告灯等。

1 传感器

安全气囊采用的传感器包括碰撞传感器（前碰撞传感器、中央碰撞传感器）、安全传感器。其作用是用来检测车辆碰撞强度，以作为 SRS ECU 计算安全气囊是否动作的参数。

（1）前碰撞传感器一般安装在车辆前翼子板上，用于检测车辆碰撞强度。前碰撞传感器通常采用机械式，主要由偏心转子、偏心重块、固定触点和旋转触点等组成，当车辆发生正面碰撞时，偏心重块因惯性力带动旋转触点转动，使触点接通，如图 13-5 所示。

（2）中央碰撞传感器安装在中控台上或 SRS ECU 内，用于检测车辆碰撞强度。中央碰撞传感器通常采用电子式和机械式。电子式中央碰撞传感器由重块、应变电阻片和集成电路组成，当车辆发生正面碰撞时，在重块惯性力作用下，应变电阻片受压，电阻发生改变，集成电路输出信号，如图 13-6 所示。

（3）安全传感器置于 SRS ECU 内，为保险传感器，防止气囊组件误点火。安全传感器通常采用机械式和汞开关式，当车辆发生正面碰撞时，触点接通，如图 13-7 所示。

安全气囊传感方式（传感器设置）有多点传感式和单点传感式。多点传感式安全气囊共有三个传感器，前左、右侧翼子板各有一个碰撞传感器，SRS ECU 内有一个中央碰撞传感器，当两个前碰撞传感器中只要有一个闭合，SRS ECU 根据传感器送来的信号进行处理和判断，符合安全气囊动作条件时，发出点火信号使气囊充气膨开。单点传感式安全气囊采用单个

电子式传感器，并且传感器与 SRS ECU 内点火控制模块、诊断模块集成在一起。由于安全气囊点火控制算法越来越完善，单点传感式安全气囊正逐步取代多点传感式安全气囊。

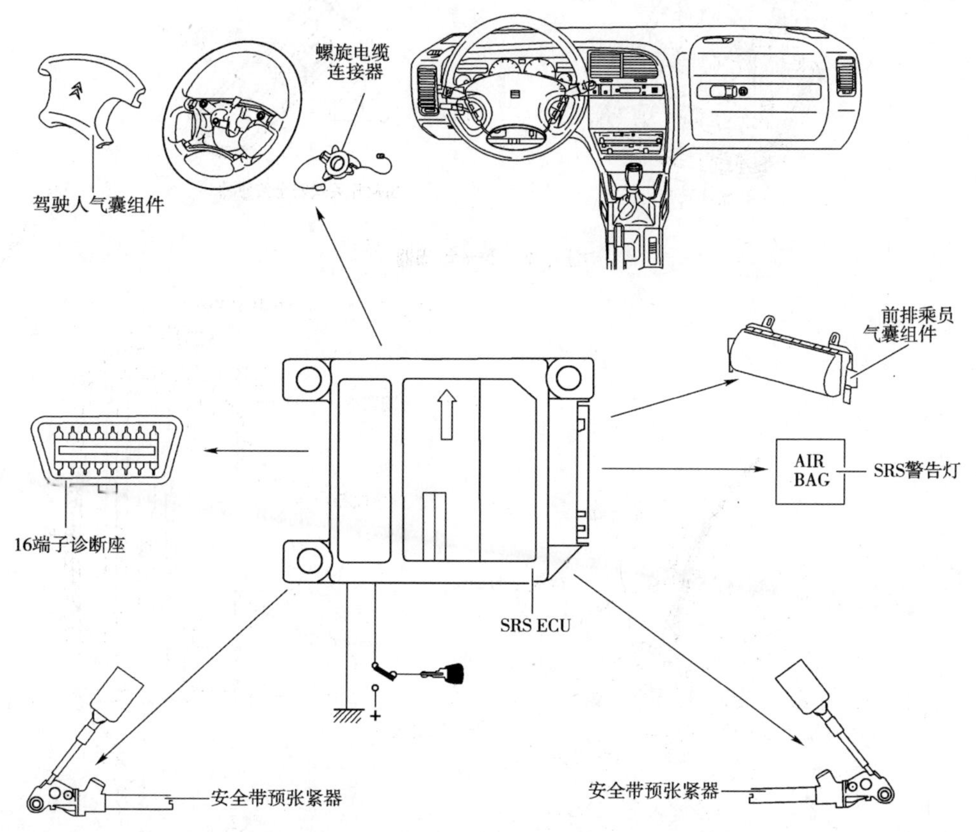

图 13-4　爱丽舍 1.6L 轿车安全气囊的组成

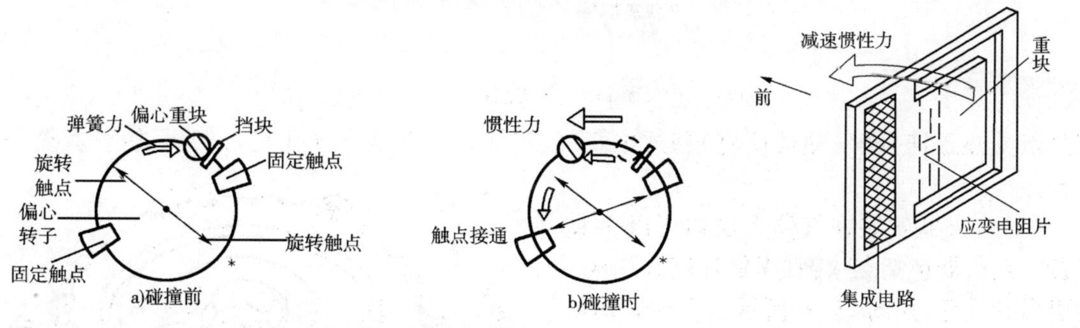

图 13-5　机械式前碰撞传感器示意图

图 13-6　电子式中央碰撞传感器示意图

2 气囊组件

气囊组件如图 13-8 所示，由气体生成器、点火器、气囊、固定板和盖板等组成。

(1)气体生成器如图 13-9 所示，由上盖、下盖、充气剂(片状叠氮化钠)和金属滤网组成。

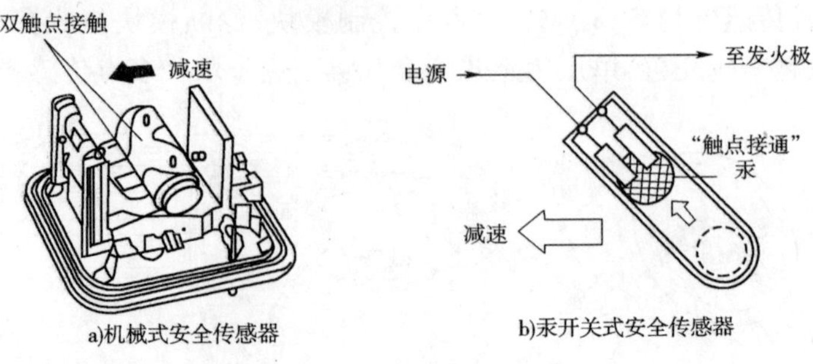

图 13-7　安全传感器

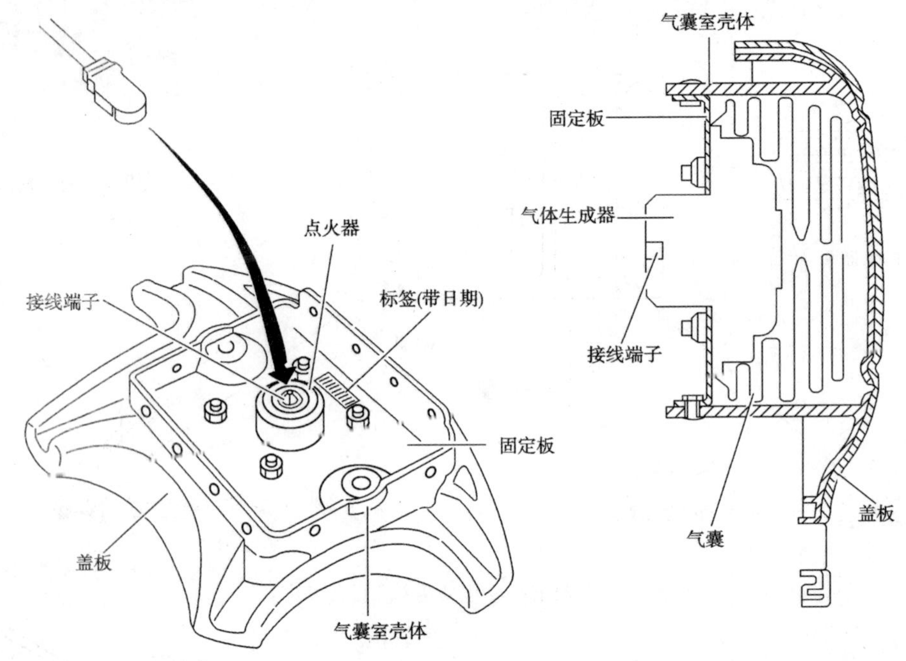

图 13-8　气囊组件

充气剂受热迅速分解(热效反应)释放出氮气,气体过滤后从充气孔充入气囊,使气囊瞬间展开。

(2)点火器安装在气体生成器内部中央位置。点火器包括点火剂(引爆炸药和引药)和引出导线等,如图 13-10 所示。当 SRS ECU 发出点火指令时,接通点火器的电热丝电路,点火剂爆炸产生热量,使充气剂受热分解瞬间释放出大量氮气。

(3)气囊多采用尼龙布涂氯丁橡胶或有机硅制成,涂层起密封和引燃作用。气囊背面有两个泄气孔,在气囊充气结束后,立即排

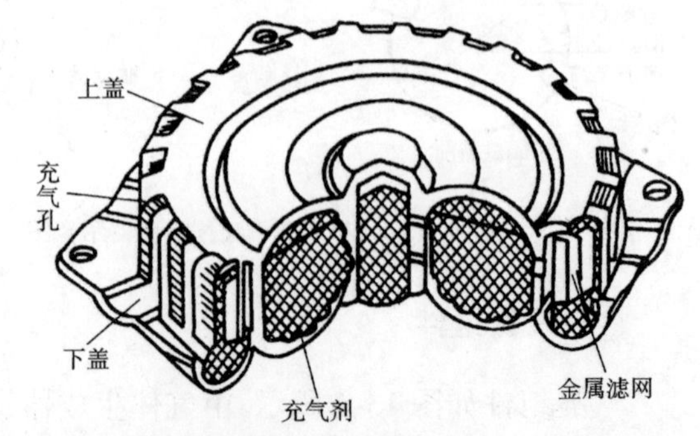

图 13-9　气体生成器结构

气使气囊变软，能起到缓冲作用，以减轻对乘员的伤害。

（4）气囊组件通过固定板与车上部件连接。

（5）盖板上面模制有撕缝，以便气囊充气时能冲破盖板而膨开。

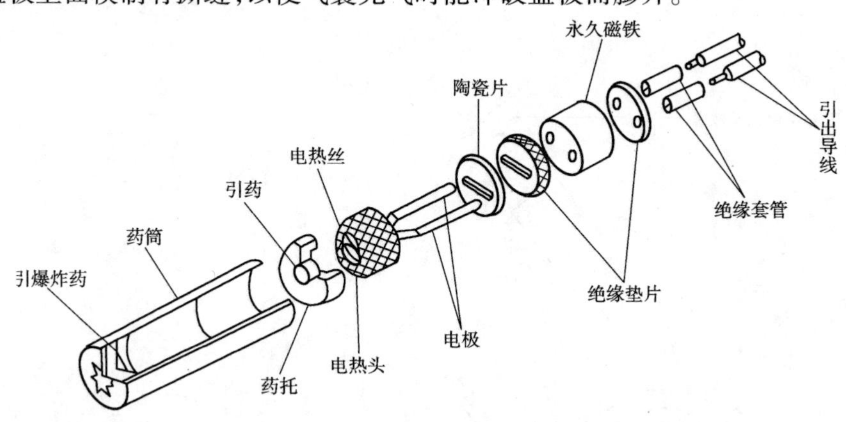

图 13-10　点火器分解图

3 安全带预张紧器

安全带预张紧器结构如图 13-11 所示。当车辆发生强烈碰撞时，安全带预张紧器快速起动，迅速收紧安全带，延缓乘员向前冲的时间，使气囊的作用更有效。

4 SRS ECU

SRS ECU 如图 13-12 所示，由逻辑模块、信号处理电路、备用电源电路、保护电路和稳压电路、安全传感器等组成。其中，备用电源电路由电源控制电路和电容器组成，包括逻辑备用电源和点火备用电源，备用电源用于当安全气囊系统与汽车电源电路在车辆碰撞断开后，在一定时间内（通常为 6s）维持安全气囊系统供电，确保安全气囊系统的正常功能。

SRS ECU 接收碰撞传感器的信号和安全传感器传来的车速变化的信号，经过计算和逻辑判断，确定车辆是否发生碰撞，控制气囊组件中的点火器引爆点火剂，使气囊充气膨开。SRS ECU 能对安全气囊系统关键部件及电路进行诊断测试，当安全气囊系统出现故障时，以故障码形式存储故障信息，并点亮 SRS 警告灯。

5 SRS 警告灯

SRS 警告灯位于仪表板内，用于反映安全气囊系统的工作情况。当点火开关置于“ON”挡后，SRS 警告灯应点亮（或闪烁）6 ~ 8s 后熄灭，表明安全气囊系统正常。如果 SRS 警告灯常亮（或不停地闪烁）或不亮，则表明安全气囊有故障，应对安全气囊进行检修。

6 螺旋电缆连接器

因驾驶人侧气囊组件安装在转向盘上，气囊组件随转向盘一起转动。为了使气囊组件的连接导线不受转向盘转动的影响，采用了螺旋电缆连接器。将气囊组件的连接线束置于螺旋弹簧内，再将螺旋弹簧及线束放在壳体内，约 5m 长的螺旋电缆可随转向盘转动而不拖

动，如图 13-13 所示。

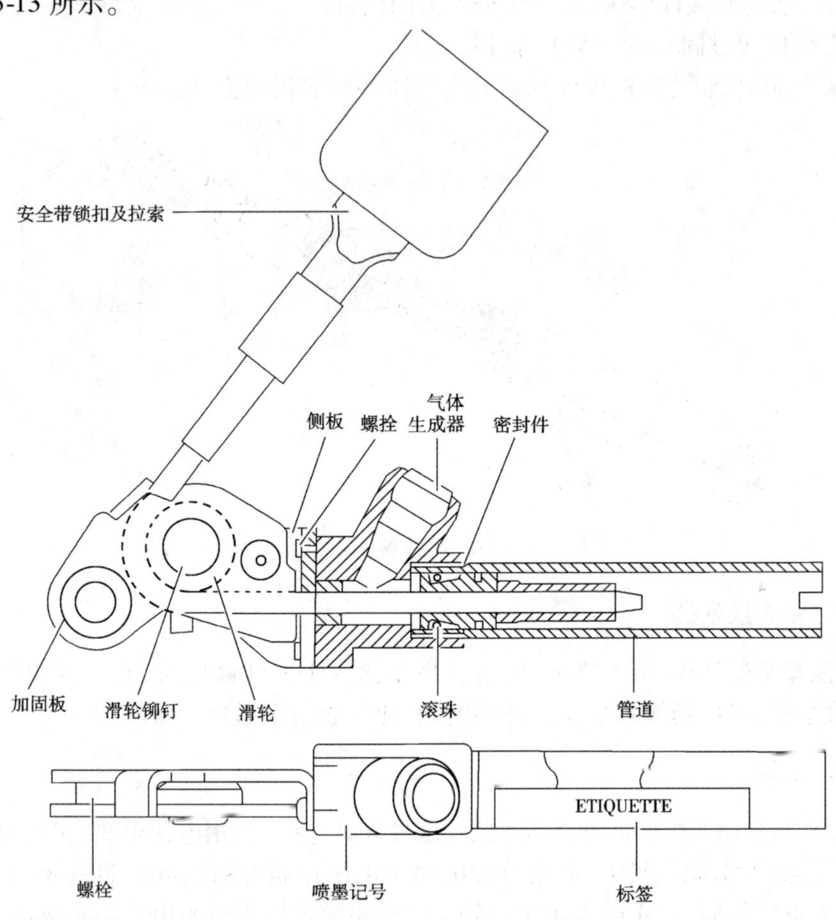

图 13-11　安全带预张紧器结构

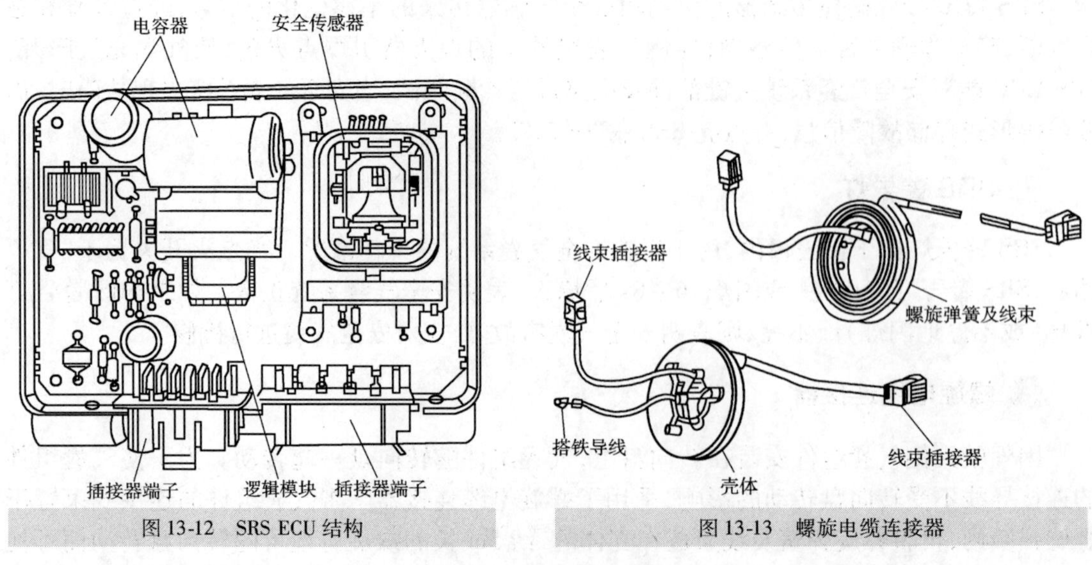

图 13-12　SRS ECU 结构

图 13-13　螺旋电缆连接器

7 插接器与保险机构

安全气囊系统的插接器如图 13-14 所示。为了保证安全气囊系统可靠工作，有的插接器采用特殊机构，如卡罗拉轿车安全气囊的插接器采用了防止气囊误爆机构、电路连接诊断机构、线束插接器双重锁定机构、插接器端子双重锁定机构等保险机构。

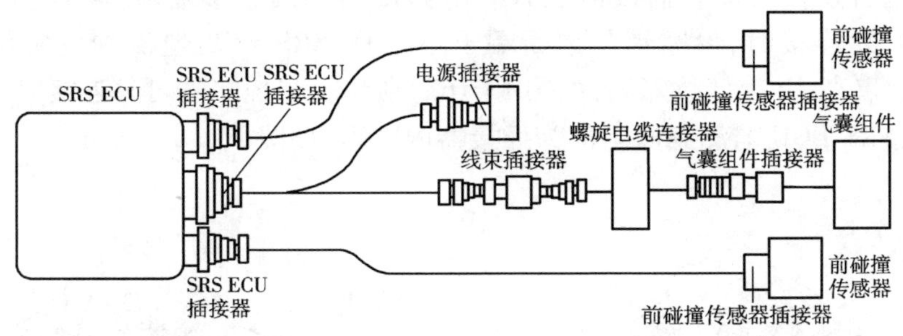

图 13-14 安全气囊系统插接器

1 防止气囊误爆机构

在 SRS ECU 至气囊组件之间的插接器采用了防止气囊误爆机构，如图 13-15 所示。插接器正常连接时，短路片与插接器端子脱开，如图 13-15a）所示。当拔下插接器时，短路片自

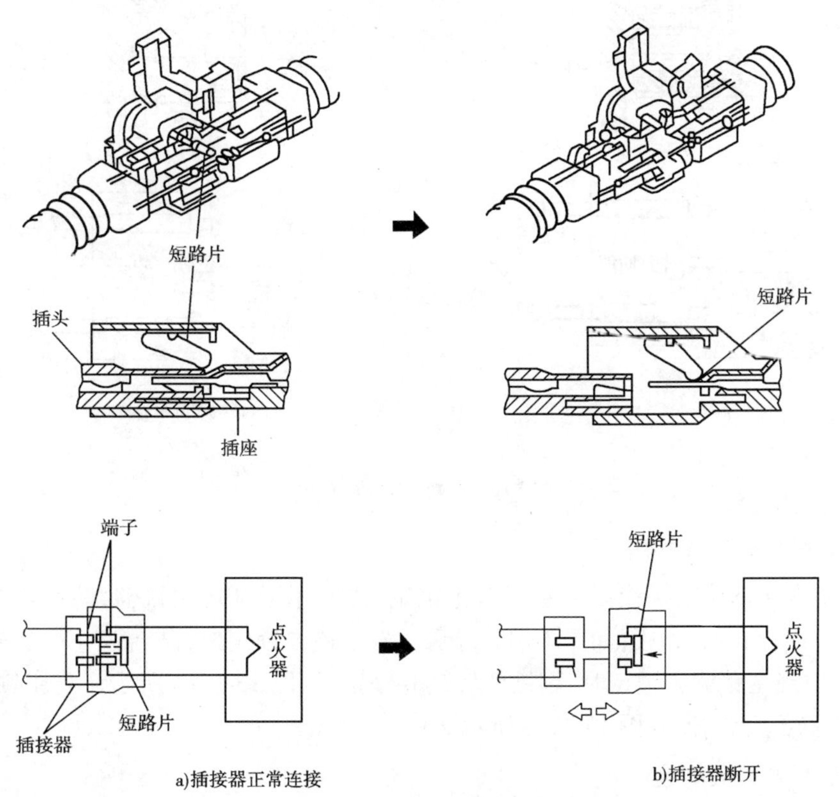

图 13-15 防止气囊误爆机构

动将气囊组件一侧插接器端子短接，以防止静电或误通电而造成气囊误爆，如图 13-15b）所示。

❷ 电路连接诊断机构

前碰撞传感器插接器及其与 SRS ECU 连接的插接器采用了电路连接诊断机构，用于监测插接器是否连接可靠。插接器上有一个诊断销和两个诊断端子，如图 13-16 所示。当插接器未可靠连接时，诊断销与诊断端子不接触，SRS ECU 监测到电阻值为无穷大，SRS 警告灯将点亮，并存储故障码，如图 13-16a）所示。当插接器可靠连接时，诊断销与诊断端子接触，SRS ECU 监测到电阻值为插接器内电阻，如图 13-16b）所示。

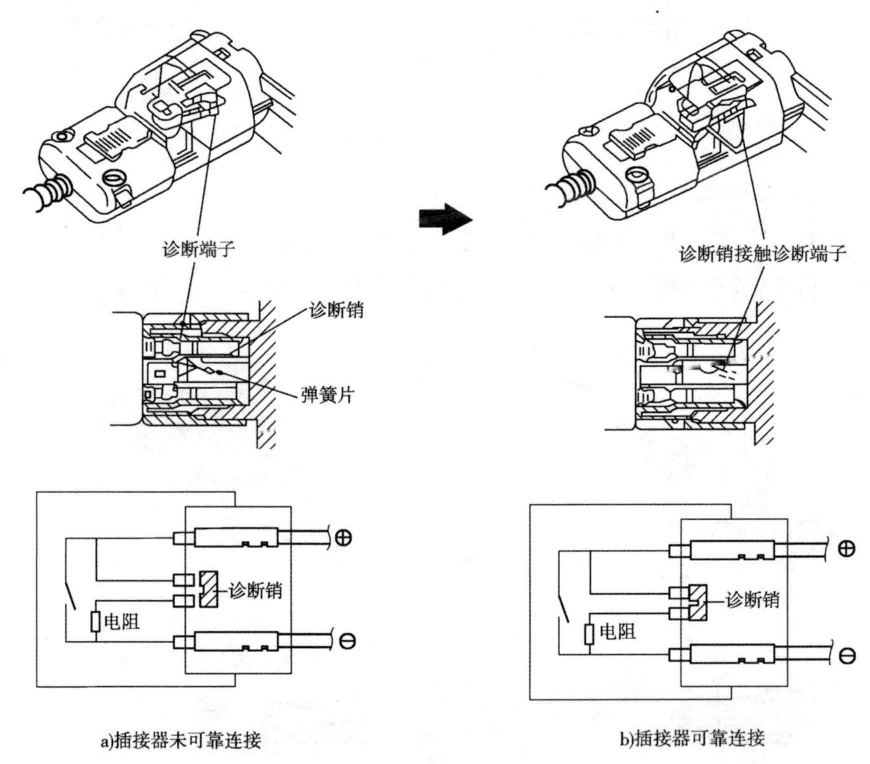

图 13-16 电路连接诊断机构

❸ 插接器双重锁定机构

线束重要连接部位的插接器采用了双重锁定机构，用于锁定插接器，防止插接器脱开。插接器上有主锁、凸台和副锁，如图 13-17 所示。当主锁未锁定时，凸台阻止副锁锁定，如图 13-17a）所示。当主锁完全锁定时，副锁能转动并锁定，如图 13-17b）所示。当主锁和副锁都锁定后，插接器不会脱开，如图 13-17c）所示。

❹ 端子双重锁定机构

安全气囊的所有插接器都设有端子双重锁定机构，用于防止端子滑动。插接器上有锁柄和分隔片，如图 13-18 所示。插接器的插头与插座连接后，由锁柄锁定端子沿导线轴向滑动（一次锁定），装上分隔片后，由分隔片锁定端子沿导线径向滑动（二次锁定）。

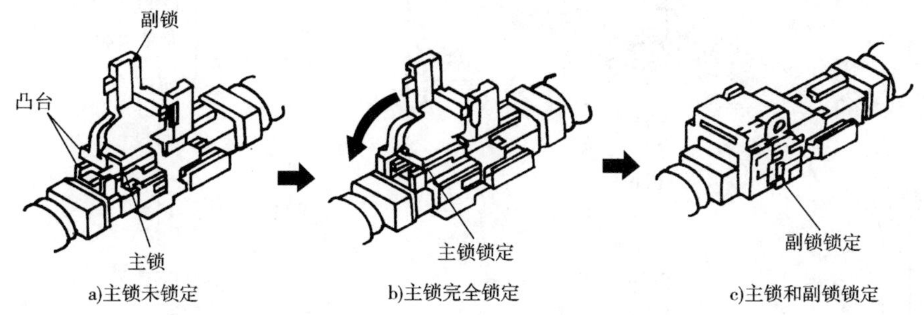

图 13-17　线束插接器双重锁定机构

引导问题 3　车辆发生碰撞时，气囊是怎样动作的？

当车辆发生碰撞时，传感器感知车辆碰撞强度并将其传给 SRS ECU，SRS ECU 进行判断，并在适当时机发出点火信号触发气体发生装置，迅速产生大量气体充入气囊，使气囊展开，如图 13-19 所示。

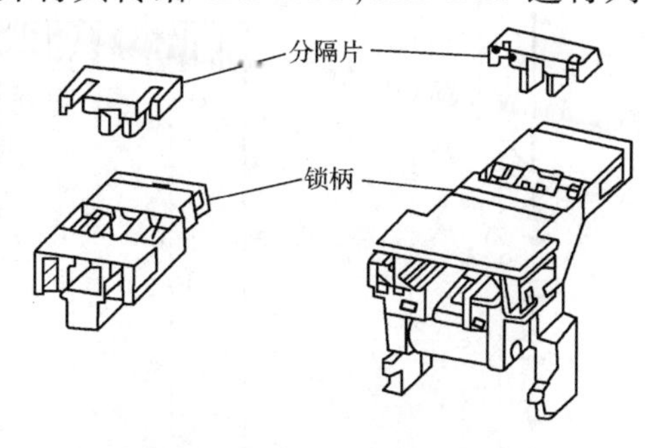

图 13-18　端子双重锁定机构

爱丽舍 1.6L 轿车安全气囊电路如图 13-20 所示。采用全电子式安全气囊，碰撞传感器和安全传感器均位于 SRS ECU 内，两个前排气囊组件和两个前安全带预张紧器由一个 SRS ECU 控制。设置有前排乘员气囊开关，单人驾驶或在前排座椅上安置儿童安全座椅时，关闭前乘员气囊开关。

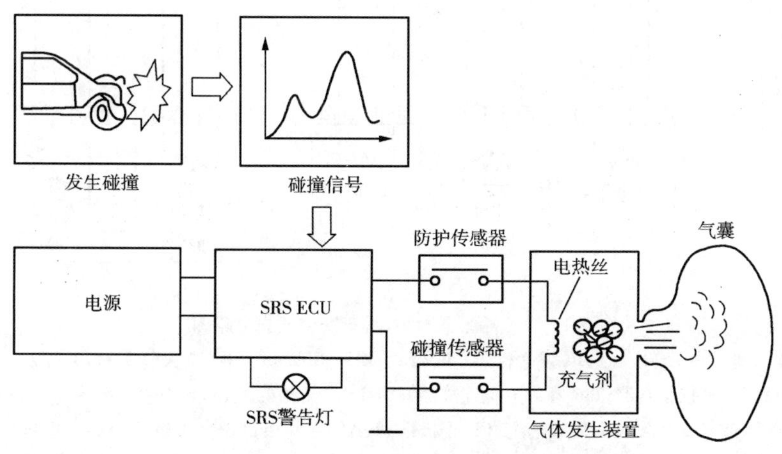

图 13-19　气囊动作过程

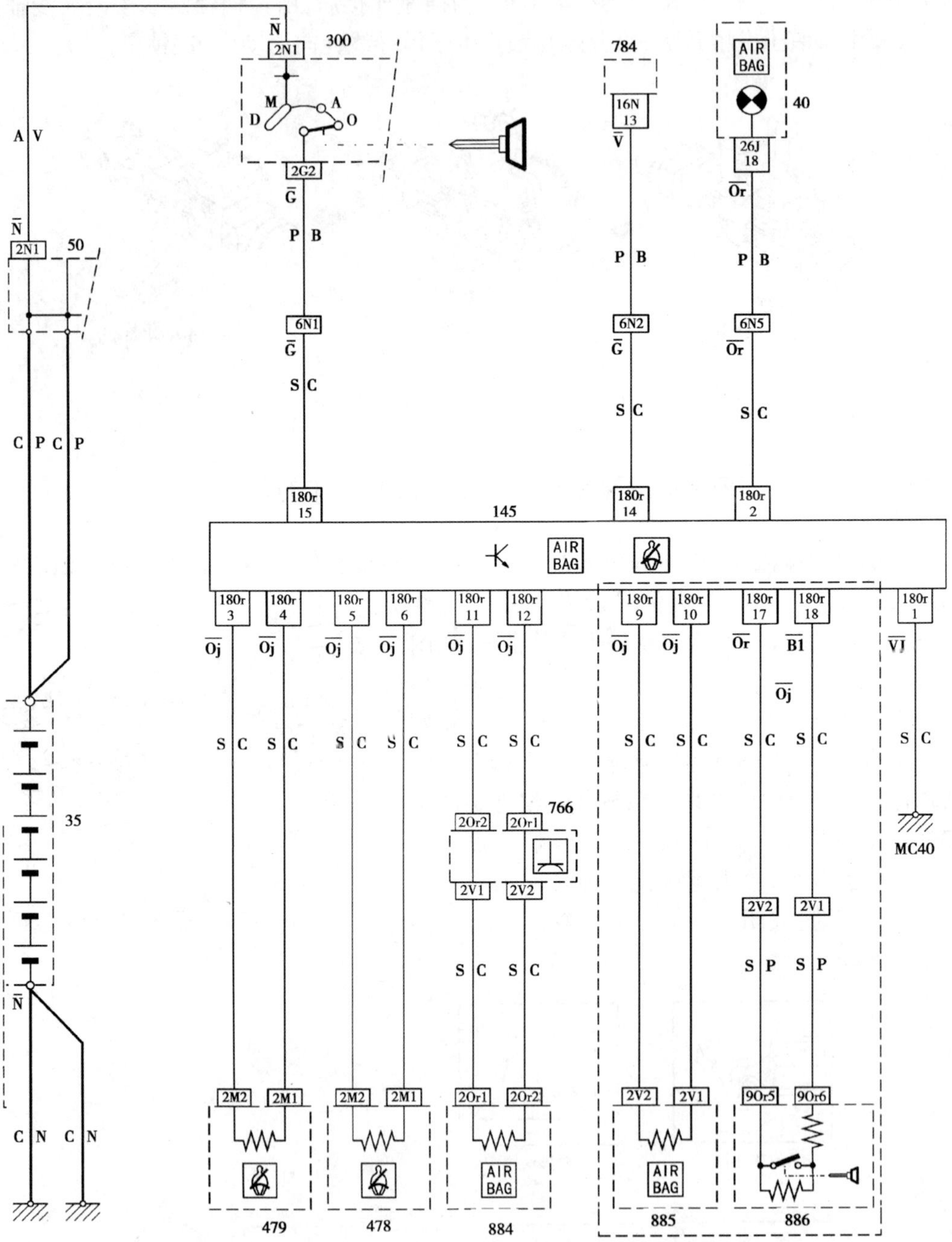

图 13-20　爱丽舍 1.6L 轿车安全气囊电路图

35-蓄电池；40-仪表板（SRS 警告灯）；50-发动机舱熔断器盒；145-SRS ECU；300-点火开关；478-驾驶人安全带预张紧器；479-前排乘员安全带预张紧器；766-螺旋电缆连接器；784-16 端子诊断座；884-驾驶人气囊组件；885-前排乘员气囊组件；886-前排乘员气囊开关；CN-负极电缆；CP-正极电缆；AV-主线束；PB-仪表线束；SC-气囊组件线束；SP-气囊开关线束

引导问题4 安全气囊检修时，注意事项有哪些？

(1)由于安全气囊故障很难确认，存储在 SRS ECU 的故障信息对故障诊断十分重要，在拆下蓄电池负极电缆前务必读取故障码，否则，故障码将被清除，从而影响安全气囊的检修。

(2)在安全气囊检修前，应拔出点火钥匙，并拆下蓄电池负极电缆 20s 或更长时间，使备用电源完全放电，以免检修中因备用电源供电使气囊误展开。

(3)绝对不能检测气囊组件(测量点火器的电阻)，否则，气囊可能会展开。检测其他部件及线路时，应断开气囊组件插接器，使用高阻抗(10kΩ 以上)的万用表，最好使用数字万用表。

(4)拆装、搬移或安放气囊组件(未展开)时，应将气囊组件的盖板一面朝上，不得将气囊组件重叠堆放，也不得将任何物品放在气囊组件上。

(5)禁止对气囊组件、碰撞传感器进行修理，如果损坏或失效，则必须更换新件。

(6)安装转向盘时，其安装位置必须正确，并使螺旋电缆连接器位于中间位置，否则，将影响转向盘的转动，或损坏螺旋电缆连接器。

(7)在引爆报废的气囊组件时，应使用专用工具，并按规范进行安全引爆。

(8)安全气囊检修后，应检查 SRS 警告灯的工作状态是否正常。

引导问题5 安全气囊警告灯常亮的检测工艺流程是怎样的？

爱丽舍 1.6L 轿车安全气囊警告灯常亮，说明安全气囊有故障，应按规定的检测工艺流程进行故障分析，如图 13-21 所示。

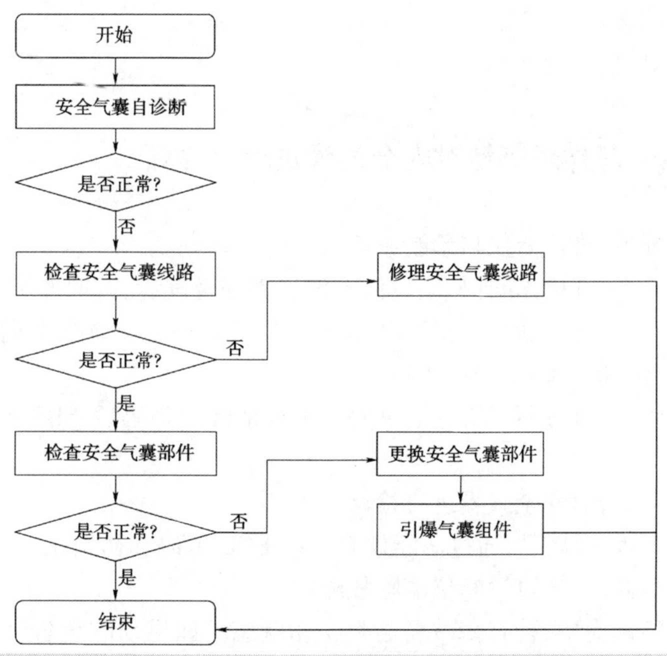

图 13-21 安全气囊警告灯常亮的检测工艺流程

二、实 施 作 业

引导问题6　作业需要使用哪些工具、设备和材料?

(1)扳手、旋具、数字万用表、诊断仪、气囊组件引爆专用工具(4180-T、4155-T)。

(2)翼子板护裙、转向盘护套、变速杆护套、座椅护套和脚垫。

(3)气囊组件。

(4)东风雪铁龙爱丽舍轿车维修手册。

引导问题7　通过查询与查找,填写车辆以下信息。

生产年份＿＿＿＿＿＿,车牌号码＿＿＿＿＿＿,行驶里程＿＿＿＿＿＿ km,车辆识别代码(VIN)＿＿＿＿＿＿＿＿＿＿。

相关引导问题

以下“实施作业”的详细内容见本书“学习任务一　蓄电池的检查和更换”:

(1)作业前的准备;

(2)蓄电池的更换。

引导问题8　怎样规范地对安全气囊进行自诊断?

(1)关闭点火开关,将诊断仪与诊断座连接。

(2)打开点火开关,开启诊断仪,通过诊断仪识别安全气囊,读取安全气囊故障码。

(3)若无故障码,通过诊断仪模拟驱动 SRS 警告灯。如果 SRS 警告灯不灭,则表明 SRS 警告灯线路搭铁,应检修 SRS 警告灯线路。

(4)若有故障码,通过诊断仪清除故障码。如果清除故障码后,SRS 警告灯仍亮,则表明安全气囊运行异常。

(5)在确认故障后,对安全气囊进行检修。

(6)在更换了 SRS ECU 后,通过诊断仪对 SRS ECU 编码和初始化。

(7)安全气囊检修后,通过诊断仪清除故障码。

(8)安全气囊检修完毕,检查 SRS 警告灯工作状态。如果 SRS 警告灯至少亮 6s 后熄灭,则表明安全气囊正常。

引导问题9 怎样规范地检查安全气囊线路?

爱丽舍1.6L轿车安全气囊电气线路图如图13-22所示。

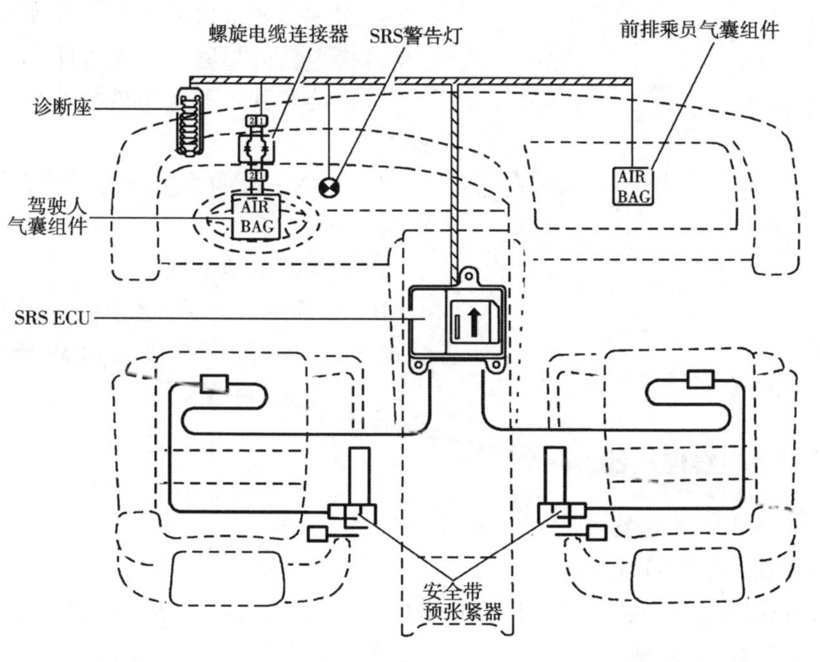

图13-22 爱丽舍1.6L轿车安全气囊电气线路图

(1)关闭点火开关,拔出钥匙,拆下蓄电池负极电缆,至少等待10min。

(2)检查气囊组件、SRS ECU插接器的连接状况。如果松脱,则重新插接或修理。

(3)断开气囊组件插接器。参照安全气囊电气线路图(图13-22)与电路图(图13-20),用万用表检查安全气囊系统线路是否断路或短路。不得对气囊组件进行测试,防止气囊误展开。

(4)线路检修后,连接蓄电池负极电缆。用诊断仪读取与清除故障码。如果故障码被清除,则打开点火开关,检查仪表板上SRS警告灯的工作状态,SRS警告灯应至少亮6s后熄灭。

引导问题10 怎样规范地更换安全气囊部件?

在拆装安全气囊部件前,应关闭点火开关,并拆下蓄电池负极电缆,至少等待10min后开始操作。

1 更换驾驶人气囊组件

(1)拆下蓄电池负极电缆。

(2)拧下转向盘上驾驶人气囊组件的两个固定螺栓,如图 13-23 所示。

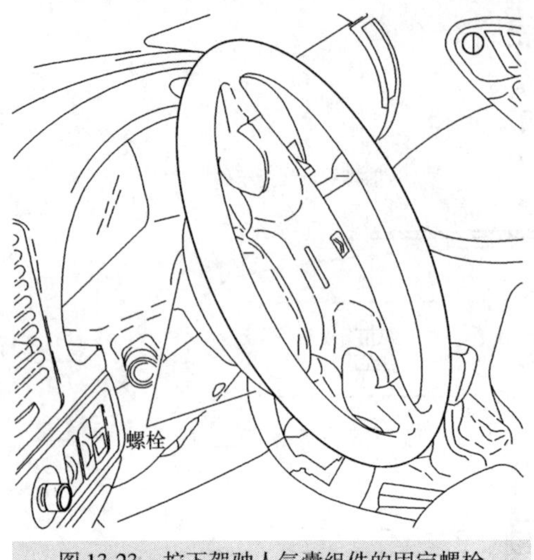

图 13-23　拧下驾驶人气囊组件的固定螺栓

(3)翻转驾驶人气囊组件。

(4)断开驾驶人气囊组件插接器(橘黄色)和搭铁线。

(5)按安全规范搬移和存放驾驶人气囊组件。

(6)换上新的驾驶人气囊组件。

(7)连接驾驶人气囊组件插接器(橘黄色)和搭铁线。

(8)以 8N · m 的力矩拧紧驾驶人气囊组件固定螺栓。

(9)连接蓄电池电缆。

(10)打开点火开关,检查仪表板上的 SRS 警告灯的工作状态,SRS 警告灯应至少亮 6s 后熄灭。

2 更换螺旋电缆连接器

(1)拆下蓄电池负极电缆。

(2)拆卸驾驶人气囊组件。

(3)插入点火钥匙,解除转向锁,将前轮保持在正前方位置,再拔出点火钥匙。

(4)拆下转向盘、转向柱罩。

(5)拧下螺旋电缆连接器固定螺钉,如图 13-24 所示。

(6)断开螺旋电缆连接器,取下螺旋电缆连接器。

(7)换上新的螺旋电缆连接器。将螺旋电缆连接器的对正标记对准,如图 13-25 所示。

(8)连接螺旋电缆连接器的插接器。

(9)拧紧螺旋电缆连接器螺钉。

(10)装上转向柱罩、转向盘。

(11)安装驾驶人气囊组件。

(12)插入点火钥匙,解除转向锁,将转向盘左右转动到极限位置,左右转动圈数应相同。

(13)连接蓄电池负极电缆。

(14)打开点火开关,检查仪表板上的 SRS 警告灯的工作状态,SRS 警告灯应至少亮 6s 后熄灭。

3 更换前排乘员气囊组件

(1)拆下蓄电池负极电缆。

(2)打开杂物箱盖,拧下杂物箱固定螺钉,如图 13-26 所示。取下照明灯座,断开照明灯

座插接器，取下杂物箱。

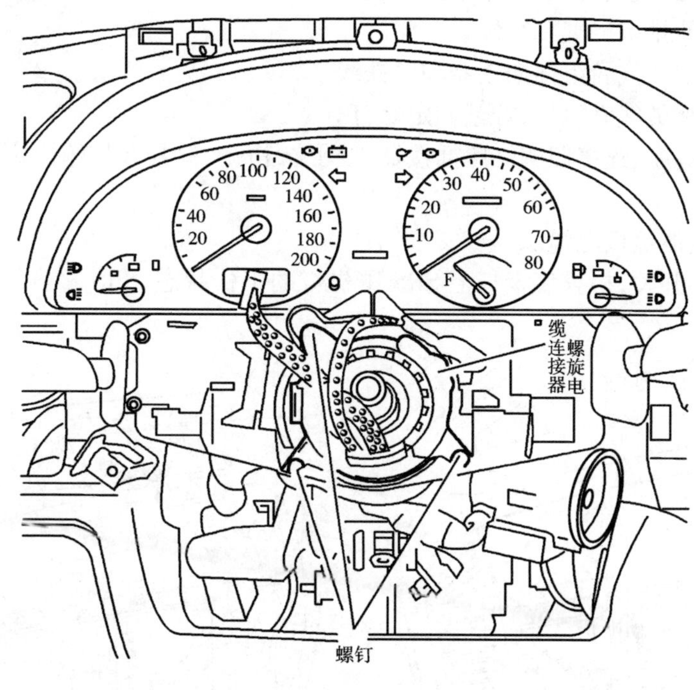

图 13-24 拧下螺钉

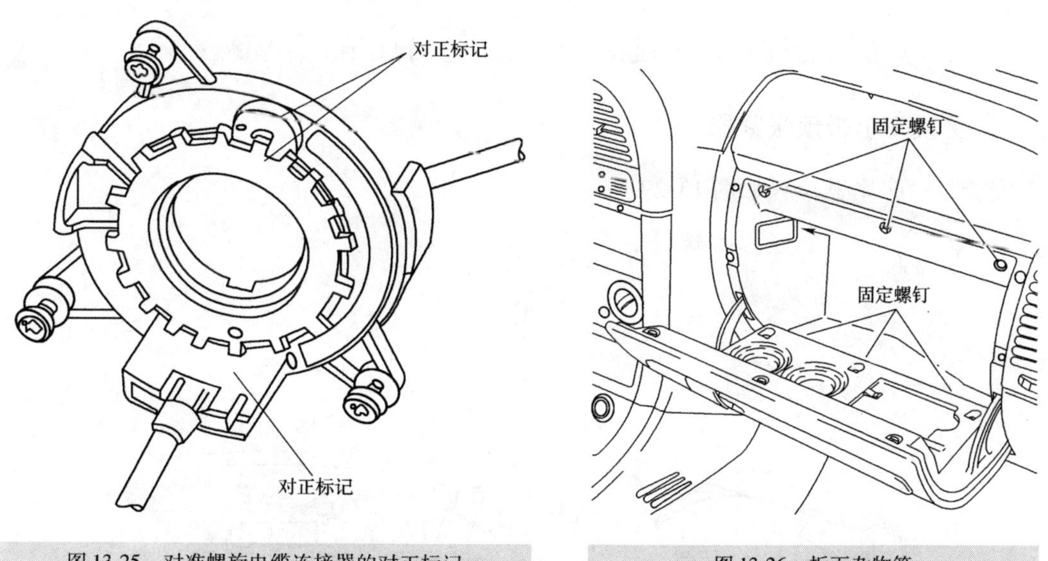

图 13-25 对准螺旋电缆连接器的对正标记

图 13-26 拆下杂物箱

(3)拧下前排乘员气囊组件固定螺钉，如图 13-27 所示。取出前排乘员气囊组件。

(4)拆下前排乘员气囊组件插接器保护卡，断开插接器和搭铁线。取下前排乘员气囊组件，如图 13-28 所示。

（5）按安全规范搬移和存放前排乘员气囊组件。

（6）换上新的前排乘员气囊组件。

（7）连接前排乘员气囊组件插接器和搭铁线。

（8）装上前排乘员气囊组件，拧紧固定螺钉。

（9）装上照明灯座，连接照明灯座插接器，装上杂物箱，拧紧杂物箱固定螺钉，关上杂物箱盖。

（10）连接蓄电池负极电缆。

（11）打开点火开关，检查仪表板上 SRS 警告灯的工作状态，SRS 警告灯应至少亮 6s 后熄灭。

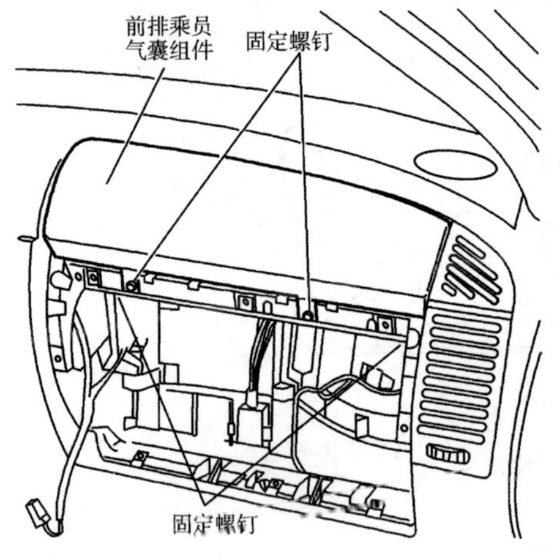

图 13-27　拧下前排乘员气囊组件固定螺钉

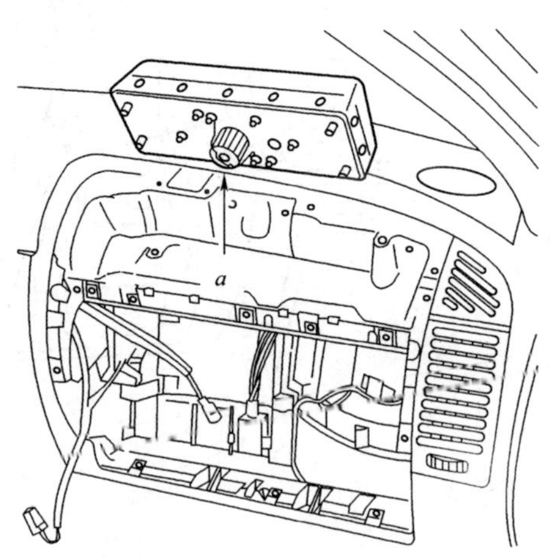

图 13-28　断开插接器和搭铁线

4 更换安全带预张紧器

安全带预张紧器位置如图 13-29 所示。

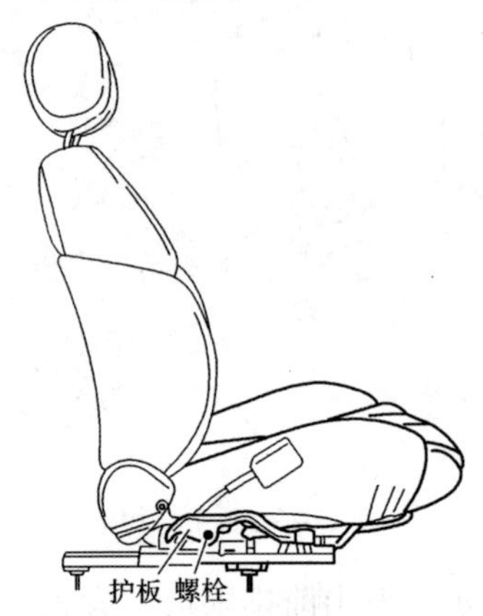

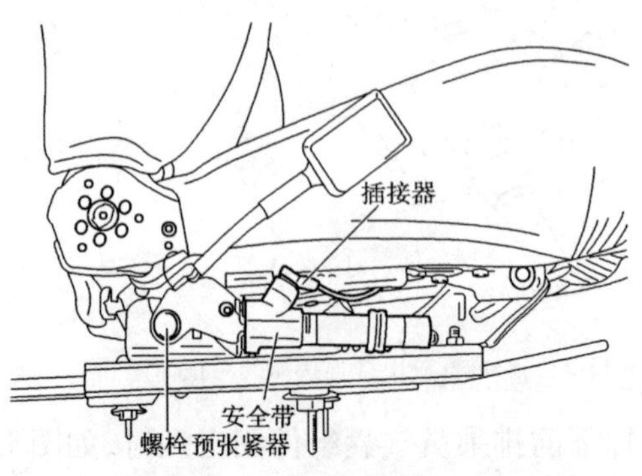

图 13-29　安全带预张紧器位置

(1)关闭点火开关。

(2)拆下蓄电池负极电缆。

(3)拆下护板。

(4)断开安全带预张紧器插接器。

(5)拆下安全带预张紧器。

(6)按与拆卸相反顺序安装安全带预张紧器。

(7)连接蓄电池负极电缆。

(8)打开点火开关,检查仪表板上 SRS 警告灯的工作状态,SRS 警告灯应至少亮 6s 后熄灭。

5 更换 SRS ECU

SRS ECU 位置如图 13-30 所示。

(1)关闭点火开关。

(2)拆下蓄电池负极电缆。

(3)拆卸中控台盖板。

(4)拧下 SRS ECU 固定螺栓。

(5)断开 SRS ECU 插接器。

(6)取下 SRS ECU。

(7)按与拆卸相反顺序安装 SRS ECU。安装 SRS ECU 时,SRS ECU 上箭头应朝汽车前进方向,如图 13-31 所示。

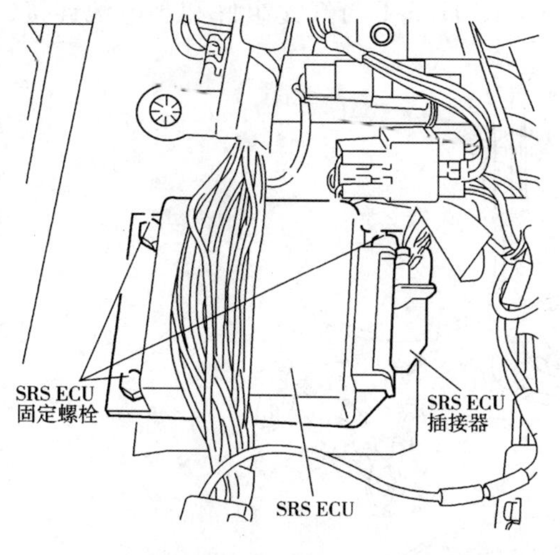

图 13-30 SRS ECU 位置

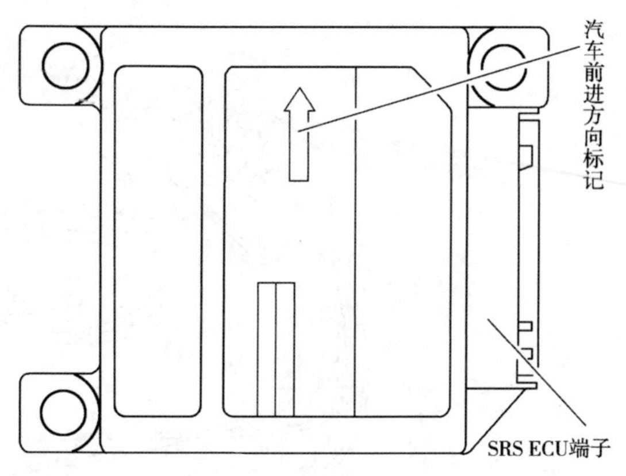

图 13-31 SRS ECU 安装方向

(8)连接蓄电池负极电缆。

(9)用诊断仪对 SRS ECU 编码和初始化。

(10)打开点火开关,检查仪表板上 SRS 警告灯的工作状态,SRS 警告灯应至少亮 6s 后熄灭。

引导问题 11　怎样安全引爆处理气囊组件？

更换的气囊组件应引爆处理，以免发生意外膨开。使用专用工具对气囊组件进行安全引爆。

(1)专用工具 4180-T 如图 13-32 所示。将气囊组件固定在专用工具(4180-T)的固定板上，用台虎钳夹紧固定板。

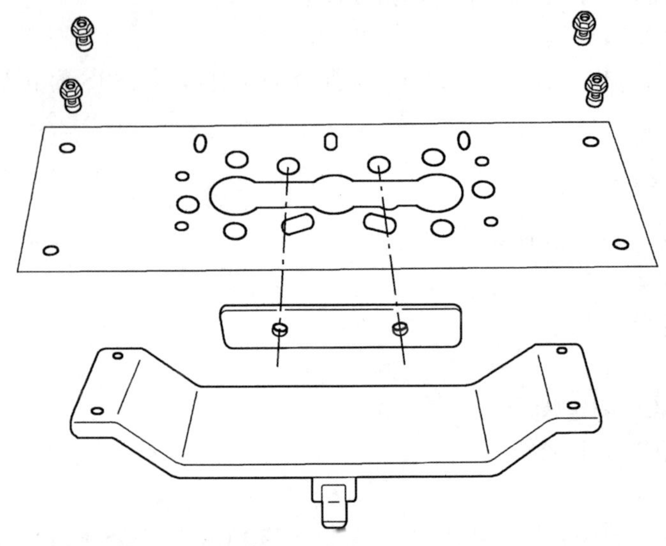

图 13-32　安全气囊引爆专用工具 4180-T

(2)专用工具 4155-T 如图 13-33 所示。将专用工具 4155-T 与气囊组件和蓄电池连接，

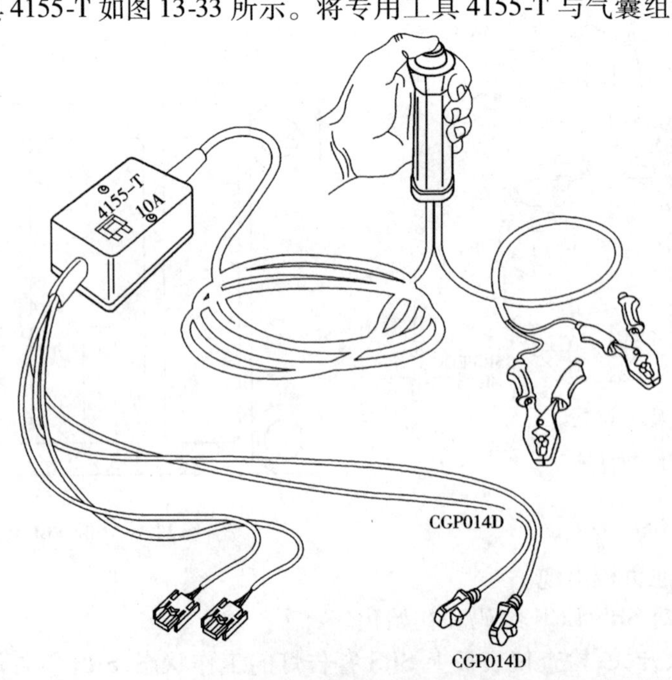

图 13-33　气囊引爆专用工具(4155-T)

不要接通电源。

(3)在安全距离(10m)外按下专用工具4155-T的启爆开关,引爆气囊组件。

(4)气囊组件引爆后,拆下专用工具和已引爆的气囊组件,并按要求处理已引爆的气囊组件。

三、评价与反馈

1. 对本学习任务进行评价,见表13-1。

评 分 表 表13-1

考核项目	评分标准	分数	学生自评	小组评价	教师评价	小计
活动参与	是否积极主动	5				
安全生产	有无安全隐患	10				
现场5S	是否做到	10				
任务方案	是否合理	15				
操作过程	安全气囊自诊断; 安全气囊线路检查; 安全气囊部件更换; 气囊组件引爆处理	30				
任务完成情况	是否圆满完成	5				
工具和设备使用	是否规范、标准	10				
劳动纪律	是否违反	10				
工单填写	是否完整、规范	5				
总分		100				
教师签名:			年 月 日		得分	

2. 在实施作业时,每一个安全事项都注意到了吗?如没有,找出忽略的地方和原因。

3. 能否向客户解释故障诊断及排除过程?如不能,分析原因并提出改进措施。

四、学习拓展

1. 检查安全气囊线路前,为什么必须断开蓄电池电缆?

2. 查阅资料,说明凯越轿车安全气囊自诊断。

3. 查阅资料,说明桑塔纳2000GSi、卡罗拉轿车安全气囊的组成及部件位置。

参考文献

[1] 周建平. 汽车电气设备构造与维修[M]. 北京:人民交通出版社,2007.
[2] 毛峰. 汽车电器设备与维修[M]. 北京:机械工业出版社,2008.
[3] 凌晨. 汽车电气设备构造与维修[M]. 天津:天津科学技术出版社,2010.
[4] 马桂秋. 汽车车身电气设备检修[M]. 北京:高等教育出版社,2009.
[5] 林文工. 汽车发动机电器维修工作页[M]. 北京:人民交通出版社,2007.
[6] 蔡北勤. 汽车车身电器维修工作页[M]. 北京:人民交通出版社,2009.
[7] 张立新. 汽车发动机及电器维修实训教程[M]. 北京:人民交通出版社,2009.
[8] 陈峰. 东风雪铁龙爱丽舍轿车维修手册[M]. 北京:人民交通出版社,2003.
[9] 张大成. 上海桑塔纳 2000 系列轿车维修手册[M]. 北京:北京理工大学出版社,2001.
[10] 张大成. 广州本田雅阁系列轿车维修手册[M]. 北京:北京理工大学出版社,2001.
[11] 张大成. 夏利 2000 轿车维修手册[M]. 北京:北京理工大学出版社,2002.